일러두기

- 단행본, 장편소설은 『 』, 단편소설, 시, 희곡, 논문 등은 「 」, 신문, 잡지는 《 》, 미술, 음악, 연극 등의 작품명은 〈 〉로 표기했다.
- 외래어 표기는 국립국어원 외래어표기법을 따랐으나 관용적으로 굳어진 일부 용어는 예외를 두었다.

클래식 클라우드 | 037

# 오스카 와일드

×

김순배

**개성과 아름다움을 해방한 예술가**

arte

오스카 와일드는 유머를 품은 진실을 표현하며 걸어다니는 예술 그 자체로 삶을 살아갔다. 그가 남긴 작품은 물론이고 오늘날에도 주목받는 '오스카 와일드'는 셀러브리티의 신화가 되었다.

# CONTENTS

**PROLOGUE** 오스카 와일드를 찾아서     007

**01**    나는 잠들어 있으니, 나를 깨우지 마라 Dublin     012
**02**    꽃만이 나를 위로할 수 있어 Oxford     050
**03**    아침 인상 London     082
**04**    아무도 빼앗을 수 없는 것이 내게 있나니 Italy     138
**05**    그들이 나를 원한다면 America     210
**06**    몰락으로 이끄는 서곡 London     250
**07**    나는 가라앉고 있어 Paris     342

**EPILOGUE** 잃어버린 빛과 자신의 침묵을 읽다     397

오스카 와일드의 키워드     402
오스카 와일드 생애의 결정적 장면     410
참고 문헌     416

PROLOGUE

## 오스카 와일드를 찾아서

　오스카 와일드를 따라가는 여정은, 언제나 시작처럼 느껴진다. 출발점은 명확했는지 모르지만, 종착지는 끝내 희미한 채로 남는다. 그의 생애와 발자취를 좇기 위해 비행기를 타고 대륙을 건너고, 도서관과 극장, 오래된 묘지와 소박한 골목길까지 기웃거렸지만, 정작 와일드는 단 한 번도 내 앞에 모습을 드러낸 적이 없다. 그는 마치 안개처럼, 손에 잡힐 듯하다가도 이내 흩어진다. 어떤 인물은 무덤 앞에서 마주할 수 있고, 또 어떤 인물은 책상 위의 문장 속에서 생생하게 되살아난다. 하지만 와일드는 그 어디에서도, 그 누구의 방식으로도 붙잡히지 않는다. 그는 언어를 남겼고, 사랑을 남겼고, 추방과 조롱을 남겼다. 그러나 정작 그의 실존은 계속해서 미끄러졌다. 나는 그를 따라간다고 생각했지만, 어쩌면 그는 내 앞이 아니라, 내 뒤를 천천히 걷고 있었는지도 모른다. 여행은 끝이 나지 않았고, 그래서 나는 계속 떠돈다. 어쩌면 그는 태생적으로 여행자의 마음속에만 존재하도록 설계된 영혼이나 유령인지도 모른다.

런던 웨스트민스터 사원, 그 안쪽 지하의 '시인의 코너Poets' Corner' 에는 수많은 영국 문호들의 이름이 새겨져 있다. 오스카 와일드의 이름도 그중 작은 한 공간에서 빛나고 있다. 하지만 스테인드 글라스 위에 새겨진 그의 이름을 향해 잠시 서 있노라면 뭔지 모를 묘한 위화감이 밀려온다. 빅토리아 사회의 관습을 조롱했고, 동성애 혐의로 법정에 서서 결국 투옥당했던 그가, 이렇게 엄숙한 장소에 들어와 한자리 잡고 있다는 사실이 좀처럼 믿기지 않는다. 그의 이름은 찬란하게 새겨져 있지만, 정작 그의 삶은 이곳과 전혀 어울리지 않는다. 어쩌면 우리가 기리고 있는 것은 와일드 그 자신이 아니라, 와일드라는 신화를 애써 길들인 결과물일지도 모른다. 냉소와 아이러니로 시대를 조롱했던 인물이, 타국의 웅장한 석조 기념비 속에서 너무나도 조용히 침묵하고 있다. 그 이름 앞에 서 있는 나는 가끔 생각한다. 우리가 기리는 것은 과연 '그' 오스카 와일드일까? 아니면 우리가 만들어낸, 박제된 와일드의 그림자일까?

오히려 진짜 와일드는 전혀 뜻밖의 장소에서 모습을 드러낸다. 독일 드레스덴, 엘베 강가에 우아하게 자리한 젬퍼 오퍼 Semper Oper, 1905년, 리하르트 슈트라우스는 이곳에서 와일드의 희곡「살로메」를 바탕으로 한 동명의 오페라를 초연했다. 와일드가 세상을 떠난 지 겨우 5년 후였다. 고음으로 치닫는 욕망과 광기, 그 안에 녹아든 와일드의 문장들은 언어를 달리하고, 리듬을 바꾸고, 음악이라는 새로운 형식을 입고 되살아났다. 그의 글은 이미 오페라 무대 위에서 고음으로, 절규로, 욕망으로 다시 태어났다. 아이러니하게도, 조국 영국에서는 이단자로 내몰렸던 그가 독일의 왕립 극장에서 화려하게 부활한 듯한 인상이다. 와일드는 죽은 뒤에도 그 존재 방식을 바꾸며 살아남았는지 모른다. 그것도 아주 영리한 방식으로. 언어를 넘어, 국가를 넘어, 시간마저 건너뛰며.

  뉴욕 맨해튼의 웨스트 27번가에 위치한 '오스카 와일드 레스토랑'에서도 또 다른 와일드가 등장한다. 빅토리아 시대를 재현한 듯한 내부는 과장되고 화려하다. 진홍색 커튼, 황금빛 프레임의 초상화들, 그리고 '아이리시 작가의 벽Irish Writer's Wall' 한쪽에는 와일드의 얼굴이 고개를 들어 미소 짓는다. 누군가는 이 공간을 인위적이고 진부하다고 할 수도 있겠지만, 나는 그 장식의 과잉 속에서 오히려 와일드의 본질에 가까이 다가간 느낌을 받는다. 그는 언제나 진지함을 가장한 유머, 유머를 품은 진실로 시대를 통과했다. 과장의 미학 속에서 그는 살아 있다. 벨벳 소파에 몸을 기대어 아이리시 맥주 한잔 받아놓고 생각에 잠긴다. 어쩌면 와일드는 언제나 이런 공간을 상상했을지도 모른다. 그가 세상을 떠난 지 한 세기가 지나서야 현실이 그를 따라온 것이다.

  런던으로 돌아와 템스강변을 따라 걷다가 우연히 마주한 〈오스카 와일드와의 대화A Conversation with Oscar Wilde〉라는 조형물 앞에서 나는 발을 멈췄다. 차링크로스 역 근처, 회색 석조 벤치 옆에 청동으로 조각된 와일드의 얼굴이 말을 걸어온다. 그의 문장 하나가 벤치 뒷면에 새겨져 있다.

"내 유일한 죄는 내가 천재였다는 것이다."

문장은 웃기고, 동시에 슬프다. 농담 같은 고백이자, 비극적인 선언. 아마도 이 이중성, 이 모순 속에서 와일드는 살아 있는 것이다. 청동의 얼굴은 고요하지만, 그 아래에서 흐르는 목소리는 여전히 명료하고 단단하다. 누군가는 지나치고, 누군가는 멈춰선다. 나는 그 벤치에 앉아 잠시 숨을 고른다. 그리고 그가 남긴 말에 조용히 대답해 본다.

돌이켜보면 이 여정은 뭔가를 붙잡기 위한 시도는 아니었는지 모른다. 여행자는 다만 단순한 문학적 이해나 전기적 재구성이 아니라, 한 사람의 진짜 온기를 느끼고 싶을 뿐이었다. 하지만 와일드는 끊임없이 형태를 바꾸며 내 손을 빠져나간다. 그의 이름은 기념비 위에 있었고, 그의 문장은 오페라 극장에 남아 있었지만, 정작 그는 거기 없다. 대신 그는 거리의 벤치 위에, 유리잔의 끝에, 낡은 연극 포스터 속에 잠시 얼굴을 비췄다가 사라진다. 그를 따라가고, 찾아보고, 기억할수록 그 인물은 하나의 단일한 이미지에서 멀어진다. 그래서 5년 넘는 시간이 흘렀어도 나는 여전히 여행 중이다. 어떤 인생은 죽음 후에도 여전히 살아 있다. 오스카 와일드는 그런 사람이다. 정지된 묘비가 아니라, 계속해서 움직이는 이야기. 그와의 여행은 아직 끝나지 않았다. 그리고 아마 끝나지 않을 것이다.

런던 애들레이드 스트리트 WC2에 있는 〈오스카 와일드와의 대화〉 조형물

**01**

OSCAR WILDE

나는 잠들어 있으니,
나를 깨우지 마라
Dublin

## 노란색 문

오스카 와일드는 더블린 대학가 한복판에서 태어났다. 피어스 Pearse 역에서 내려 트리니티 대학Trinity College 동쪽, 웨스트랜드 로우 Westland Row 거리를 따라 남쪽으로 걷다 보면 조용한 대학가를 따라 늘어선 고풍스런 건물들이 줄지어 있다. 낡았지만 여전히 기품을 잃지 않은 조지 왕조 양식의 테라스 하우스들. 그 입구마다 파랑, 빨강, 초록 같은 원색의 출입문들이 어지럽게 시선을 잡아끈다.

그중 하나, 노란색 문이 눈에 들어온다. 웨스트랜드 로우 21번지. 그 위에는 다른 아무 장식 없이 흰색 원형 플라크 하나가 붙어 있다. "시인이자 극작가, 위트의 대가 오스카 와일드, 1854년 10월 16일 이곳에서 태어났다." 영어와 아일랜드어(게일어)로 간결하게 새겨진 문장이다. 그가 이곳에서 태어났다는 사실을 알려주는 유일한 표식이다. 지금 이곳은 박물관도, 기념관도 아니지만, 트리니티의 영문학 관련 대학원 프로그램을 운영하는 오스카 와일드 센터The

Trinity Oscar Wilde Centre로 통하는 출입문이다.

 와일드의 어머니는 시인이었다. '스페란자Speranza', 희망이라는 뜻의 필명으로 아일랜드 독립을 지지하는 글을 썼고, 민족주의 운동의 전면에 나서기도 했다. 영국 정부에 맞서며 국민 시인으로 추앙받았으며, 프랑스어, 독일어, 그리스어에 능한 번역가이기도 했다. 키는 180센티미터에 가까웠고, 그 체격만큼이나 존재감도 컸다. 언제나 당당했고 자신감이 넘쳤다. 그녀는 와일드에게 언어가 단순한 표현의 도구가 아니라, 세상을 변화시킬 수 있는 힘이라는 걸 알려주었다. 오스카 와일드는 이 집에서 말이 단순한 소리의 차원을 넘어 현실을 바꾸는 강력한 무기가 될 수 있다는 걸 배웠다. 제인은 한 손에 펜을 들고, 다른 손으로 아이를 안을 수 있는 사람이었다. 강인하면서도 따뜻한, 그런 어머니였다.

 와일드가 태어난 날, 어머니 제인 와일드는 그에게 위대한 시작을 선물하고 싶었다. 형 윌리와 다르게 그를 위해 다섯 개의 이름을 붙여 주었다. 오스카 핑갈 오플래허티 윌스 와일드Oscar Fingal O'Flahertie Wills Wilde. '오스카'와 '핑갈'은 시와 낭만을 품은 이름이다. 어머니는 그 이름이 '장엄하고 안개에 싸인 듯 오시안적'이라고 말했다. 오시안은 고대 음유시인의 이름이다. 켈트 서사시에서 '오스카'는 비극적 영웅이었고, '핑갈'은 그의 조부이자 신화 속 전사 집단을 이끌었다.

―――

**오스카 와일드가 태어난 집**

'오플래허티'는 아일랜드 서부 출신의 명문 가문의 이름이다. 오스카에겐 그 가문의 피가 흘렀다. 그의 증조할머니가 바로 그 가문 출신이었다. '윌스'는 아일랜드보다는 영국적인 느낌이긴 하지만, 이 역시 와일드 집안 대대로 내려온 이름이다. 할아버지, 아버지, 그리고 형까지 이 이름을 물려받았다. 윌스 가문은 18세기 초부터 아일랜드의 유력한 집안이었다. 가문의 고귀한 위상에 기대고자 하는 의지가 엿보이는 이름이다.

어머니는 또한 영국의 낭만주의 시인 윌리엄 워즈워스 손자의 대부이기도 했던 윌리엄 해밀턴 경Sir William R. Hamilton에게 자기 아들의 대부가 되어달라고 요청했다. 워즈워스는 제인 와일드가 너무나 열광하던 시인이었기 때문이다. 하지만 해밀턴은 그 부탁을 정중히 거절했다. 시작이 그리 순탄하지만은 않았지만, 어쩌면 그것이 오히려 오스카 와일드다운 출발이었는지도 모른다.

1855년 4월 26일, 생후 6개월이 지났을 때 오스카는 트리니티 칼리지 북쪽에 있는 세인트 마크 교회St. Mark Church에서 세례를 받았다. 예식은 그의 큰삼촌이자 아버지 윌리엄 와일드의 형인 랄프 와일드 목사가 맡아서 진행했다. 하지만 몇 년 뒤, 어머니 제인의 뜻에 따라 오스카는 다시 한 번 세례를 받는다. 이번에는 로마 가톨릭이었다. 오스카가 다섯이나 여섯 살쯤 되었을 때의 일이다.

아버지 윌리엄 와일드는 더블린에서 유명한 전문 안과, 이과 의사였다. 그 명성은 단지 의술 때문만은 아니었다. 여행기와 고고학, 민속학, 지형학에 이르기까지, 그의 관심은 넓고도 깊이가 있었으며, 탐구의 노력도 끝이 없었다.

**버나드 멀레닌**Bernard Mulrenin 〈제인 와일드〉 1864

**맥과이어** J. H. Maguire 〈윌리엄 와일드〉 1847

블루 벨벳 드레스를 입은 두 살 즈음의 오스카 와일드

그는 외과의였지만 동시에 수집가였고, 기록자였으며, 모국 아일랜드를 특별히 애정하는 이야기꾼이었다.

## 메리온 스퀘어 1번지

1855년 오스카가 한 살이 채 되기 전, 와일드 가족은 웨스트랜드 로우에서 메리온 스퀘어 1번지로 이사했다. 거리로 따지면 멀지 않았지만, 사회적 위상으로는 한 계단 올라선 셈이었다. 18세기 말 조지 왕조 양식으로 조성된 동네의 초입에 위치한 이 건물은 더블린 부촌의 1번지라는 의미가 있었다.

메리온 스퀘어는 더블린의 중심, 그것도 가장 품격 있는 부촌 중 하나라는 상징이었다. 이 동네에 산다는 건 단지 부유하다는 뜻이 아니라, 전문직으로 성공했고, 재능과 교양, 그리고 시대의 흐름을 읽는 감각을 지닌 집안이라는 의미였다. 이사 결정은 어머니 제인의 선택이었다. 그녀는 메리온 스퀘어에 살게 된 것을 자신의 오랜 꿈이 이루어진 일이라 말하며 만족스러워했다.

오스카 와일드의 생가에서 남쪽으로 난 모퉁이를 돌아 메리온 스트리트에 들어서면, 곧 메리온 스퀘어 공원이 시야에 들어온다. 이 아담한 공원 부근을 천천히 걸어보면 이곳은 평범한 시민들의 쉼터가 아니라, 더블린의 근대사를 품은 말 없는 증인임을 알게 된다. 초록 울타리 너머, 규칙적으로 늘어선 벽돌 주택 건물들에는 19세기 초 조지 왕조 건축 양식의 흔적이 고스란히 남아 있다.

메리온 스퀘어는 수많은 예술가와 문인들의 거주지로 유명하다. 오스카뿐 아니라 민족주의자이자 해방론자였던 다니엘 오코넬, 시인 W.B. 예이츠. 그들은 모두 이 공원을 품은 동네의 이웃이었다. 메리온 스퀘어는 시대와 시대가 어깨를 맞대고 살아온 장소다.

여행자가 찾은 날은 햇살이 좋았고, 마침 주말이기도 했다. 공원 입구 인도에는 지역 화가들이 그림을 걸어놓고 사람들을 기다리고 있었다. 바람에 살짝 흔들리는 캔버스와 수묵의 선들, 누군가는 천천히 걸음을 멈추고, 또 누군가는 지나치며 고개만 돌린다. 무엇 하나 성급한 것이 없는 오후였다. 공원이라기보다 도시 한복판에 놓인 오래된 정원 같다고 해야 할까. 조지 왕조 양식으로 조성된 이 조용한 녹지에는 오스카 와일드를 기리는 독특한 조각상이 자리하고 있다. 기념비라기보다는 설치 미술에 가깝다. 1997년에 세워진 이 조형물은 세 개의 부분으로 나뉘어 있다.

먼저 눈에 들어오는 건 커다란 바위 위에 비스듬히 누운 오스카 와일드의 형상이다. 초록과 붉은빛이 어우러진 화려한 재킷, 짓궂은 미소를 머금은 얼굴은 얼핏 생텍쥐페리의 어린 왕자를 떠올리게도 하는 색감으로 어우러져 있다. 익살스러운 표정이 담긴 모습은 오스카만의 존재감을 드러낸다. 그의 유년기, 이 동네를 뛰놀던 소년의 기운이 그 위에 남아 있는 듯하다. 아니, 너무나 힘겨운 말년의 여정을 마치고 마침내 쉼을 찾은 듯한 작가의 표정인 듯하여 좋다.

그 앞에는 두 개의 돌기둥 같은 조각이 마주 보며 서 있다. 하나는 술과 드라마의 신 디오니소스의 토르소 상이고, 다른 하나는 여성의 나신 조각이다. 후자는 와일드의 아내 콘스턴스 로이드가 임

신했을 당시의 모습을 누드 조각으로 형상화한 것이다. 조각의 표면에는 와일드 특유의 경구들이 가득 새겨져 있다.

"거짓말, 곧 아름다운 거짓을 말하는 것이 예술의 정당한 목표다."
"사람은 결국 자신이 사랑하는 것을 죽이게 된다."

그런 문장들이 바람에 흔들리는 나뭇잎 그림자 사이로 눈에 들어온다.

조각상 맞은편, 바로 길을 건너면 메리온 스퀘어 1번지가 있다. 1760년대에 지어진 저택들이 늘어선 메리온 스퀘어는 당시 아일랜드 상류층, 특히 스스로를 '부유한 가문'이라 여겼던 사람들의 거주지였다. 오늘날로 치면 서울의 청담동이나 한남동쯤 되는 느낌이었을 것이다.

비록 19세기에 접어들며 영국 지배가 강화되고, 유행처럼 런던에 타운하우스를 마련하는 이들이 늘어나면서 정치적 중심가로서의 위상은 줄었지만, 여전히 더블린 내 전문직 엘리트들이 선호하던 동네였다.

1번지 저택은 메리온 스퀘어 안에서도 특별한 위치에 있었다. 북서쪽 모서리에 자리했고, 대부분의 집보다 두 층이 더 높았다. 작은 온실이 딸려 있었고, 그 온실 옆 방은 아버지인 와일드 박사가 환자를 돌보던 공간이었다. 지상층엔 넓은 방이 있었고, 집 안은 책과 그림으로 가득했다. 서재 한쪽에는 19세기 아일랜드 작가 찰스 매튜

---

메리온 스퀘어 정원에 있는 오스카 와일드 조형물

린의 흉상이 놓여 있었다. 트리니티 칼리지를 나온 개신교 성직자이자, 고딕 문학의 대표 작가였던 매튜린의 존재는 이 집안의 분위기를 압축적으로 보여주는 지성의 상징이었다. 지금은 그 자리에 오스카 와일드의 흉상이 놓여 있다. 창가에 기대어, 과거의 기운이 아직 남아 있는 집 안을 바라보듯.

오스카와 그의 형은 메리온 스퀘어 1번지에서 유년기 교육을 받기 시작했다. 제인은 아이들에게 아일랜드의 역사와 문화를 가르쳤고, 아일랜드의 독립을 열망하는 마음과 아일랜드의 정체성을 심어주었다. 직접 런던까지 가서 가정교사를 구해올 정도로 교육에 대한 제인의 열정은 깊었다. 아이들은 가정교사에게 프랑스어와 독일어를 배웠다.

아버지 윌리엄 와일드는 자연과 고고학을 사랑했다. 오스카가 책 속에서 빠져 있을 때, 아버지는 그를 바깥으로 끌어냈다. 함께 시골을 돌며 유적지를 조사하고, 낡은 돌과 유물 속에서 오래된 이야기들을 찾아냈다. 오스카에게 자연과 고고학에 대한 열정을 심어주었다.

'진짜 이야기는 도서관에만 있는 게 아니다. 이 땅, 이 돌, 이 바람 속에도 있다.' 와일드는 아버지와 여행하며 배웠다. 자연의 아름다움, 과거의 유산, 인간의 덧없음을. 와일드는 다시 집으로 돌아오면, 그 경험을 이야기로 바꾸는 법을 알았다. 그리고 그것이야말로 진짜 마법이었다. 오스카에게 집은 하나의 학교였고, 세상을 배우는 첫 번째 교실이었다.

더블린 메리온 스퀘어 1번지

이 집은 하나의 문화적 허브였다. 매주 토요일 저녁이면 어머니 제인 와일드가 주최하는 살롱이 열렸고, 집 안은 언제나 사람들이 넘쳤다. 정치인, 과학자, 의사, 배우, 시인 등 다양한 사람들이 모였다. 목소리들이 겹쳐지고, 팽팽한 토론이 이어지고, 담배 연기가 피어오르는 공간이었다. 아일랜드의 저명인사뿐 아니라 유럽과 미국에서 온 손님들도 있었다. 민족주의자 스미스 오브라이언도 그중 하나였고, 어린 와일드는 그를 영웅처럼 여겼다. 그곳에서 사람들은 저마다의 이야기를 풀어내고, 음악을 들으며, 시를 읊었다. 집은 와일드에게 책과 예술, 그리고 사상의 세계로 이어지는 문을 열어 주는 곳이었다.

화제는 늘 아이들로부터 시작되곤 했다. 특히 둘째 오스카 핑갈 오플래허티 윌스 와일드는 그 긴 이름만으로도 손님들의 관심을 끌기 충분했다. 아이들은 금세 자랐고, 똑똑했으며, 무엇보다도 자기만의 기질이 또렷했다. 첫째 윌리, 둘째 오스카, 그리고 푸른 눈의 막내딸 이솔라. 셋 모두 어머니의 시 낭독을 들으며 자랐다. 테니슨, 롱펠로우, 휘트먼, 포우. 거기에 아일랜드 전통 시문학까지.

오스카의 아버지는 유쾌하고 여유로운 태도로 손님들을 즐겁게 했다. 어떤 이는 그가 영국식 테이블 대화의 모범을 보여주었다고 했지만, 실은 아일랜드식에 가까웠다. 누구도 대화를 지배하지 않았고, 무엇이든 지나치게 정확할 필요는 없었다. 다소 엉성한 이야기라도 환영받았고, 시사와 문학, 과학, 농담까지 주제는 자유로웠다. 생각은 진지하게 나누되, 집착하지 않았다. 나누고, 웃고, 흘려보내면 그만이었다. 신념은 절대적이지 않았고, 언제든 허물 수 있는 것이었다. 오스카는 그런 대화 속에서 자랐다. 문장을 조율하는 법을, 적절한 순간에 침묵하는 기술을, 무엇보다 유머와 위트의 힘을 배웠다. 유년기에 귀 기울이고, 흡수하면서 언젠가 자신도 말할 차례를 기다리고 있었는지 모른다.

형 윌리는 외향적인 성격에 학창시절엔 우등생이었다. 부모의 자랑이었고, 언제나 기대를 충족시키는 모범적인 아들이었다. 오스카는 그런 형을 보며 복잡한 감정을 가졌다. 닮고 싶기도 했고, 질투도 났고, 반항하고 싶기도 했다. 경쟁하듯 그렇지 않은 듯 둘은 함께 자랐다. 같은 책을 읽고, 같은 경험을 공유하고, 같은 집에서 잠들었다. 형과의 관계는 단순하지 않았다. 경쟁자이면서 친구였고, 선생이면서 청중이었다. 그리고 그것은 와일드에게 평생 영향을 미쳤다. 그는 혼자 크지 않았다. 끊임없이 비교당했고, 끊임없이 증명해야 했다. 그것이 그를 더 단단하게 만들었는지 모른다. 그렇게 어린 시절을 보내며, 자신의 정체성을 형성해 나갔다.

와일드가 다섯 살 되던 1862년 아버지 윌리엄은 코립 호수Lough Corrib 근처에 170에이커 땅을 사들였다. 휴가철을 보내기 위한 별장을 마련하기 위해서였다. 그 지역은 과거 켈트족의 전투가 벌어졌던 역사적인 장소였고, 그는 그 집을 '모이투라 저택Moytura House'이라 불렀다. 흰색 이층집이었고, 가파른 박공지붕이 인상적이었다. 정원엔 장미와 과실수가 가득했고, 여름마다 아이들과 함께 그곳에서 전원의 시간을 보냈다.

모이투라 영지를 구입한 일은 아버지가 전문 의사를 넘어 지주가 되었음을 뜻했다. 그리고 1864년, 오스카가 아홉 살이 되던 해, 아버지 윌리엄 와일드는 기사 작위를 받았다. 흥미로운 점은, 그 작위가 의사로서의 명성 때문이 아니라 아일랜드 인구조사에서 통계학적으로 기여한 공로를 인정받아 수여되었다는 사실이다. 그날 이후, 그는 '윌리엄 경'이 되었고, 어머니는 '레이디 윌리엄'이라 불리게 되었다. 오스카는 부모의 총명함과 탁월한 지성을 알고 있었고, 그들이 사회 속에서 쌓아가는 위상 또한 의식하고 있었다.

## 포토라 로열 스쿨

17세기 제임스 1세 치하에 만들어진 이 학교는 프로테스탄트 아일랜드인들이 선호하는 학교였다. 이 학교는 또한 더블린의 명문 트리니티 칼리지와 강한 유대를 형성하고 있었다. 후에 와일드는 옥스퍼드에서 친구들과 자신의 출신학교 이야기를 하면서 향수에 젖기도 했지만 포토라에 대한 그리움은 없었던 듯하다. 지식에 대한 와일드의 첫 경험은 달콤함 그 자체였다. 배움의 즐거움에 빠져들었다. 아버지가 기사 작위를 받던 1864년, 9살이 된 와일드는 형과 함께 에니스킬렌Enniskillen(지금은 북아일랜드에 속함)에 있는 포토라 로열 스쿨에 입학했다. 더블린에서 100마일, 그러니까 160킬로미터 정도 떨어진 기숙학교였다. 1608년 제임스 1세 치하에 세워진 이 학교는 스코틀랜드계 신교도들을 위한 교육 기관으로 세워졌다. 그러나 19세기에 들어서는 보다 포용적인 교육 기관으로 탈바꿈하고 있었다. 작지만 명문 학교로 손색없는 영국식 '공립 학교public school'로 거듭나고 있었다. 혹자는 아일랜드의 이튼 스쿨이라 부르기도 했다.

보통은 열 살부터 입학하는 학교였지만, 와일드는 거의 한 해 먼저 들어갔다. 체구는 작았고, 상상력이 풍부했으며, 혼자 공상하기를 좋아하는 아이였다. 자유롭고 독립적인 성격의 그에게 그곳은 낯설고 또 낯선 만큼 마음에 들지 않았다. 친구도 없었고, 수업에도 흥미를 느끼지 못했다. 조정, 수영, 축구 같은 스포츠도 마찬가지였다. 처음엔 스스로 주변인처럼 굴었고, 단체 활동에도 마음을 열지 않았다. 수학에 특별한 소질도 없었다.

형은 오스카와 달랐다. 게임도 좋아하고 사교적이고, 활달하며 다정한 성격의 소유자였으며, 수업도 무난히 따라갔다. 입학 첫 학기 만에 우등상까지 받았다. 오스카가 교정의 가장자리에서 머뭇거릴 때, 윌리는 자연스럽게 중심으로 들어섰다. 하지만 그해 시상식은 열리지 않았다. 두 명의 학생이 보트 사고로 익사하면서 학교 전체가 깊은 침묵에 빠졌기 때문이다. 그것은 훗날 오스카와 윌리의 학창 시절을 간헐적으로 흔들게 될, 첫 번째 사건이었다. 곧이어 또 다른 사건이 터졌다.

메리 트래버스Mary Travers 사건이었다. 그녀는 오스카의 아버지, 윌리엄 와일드 경을 성추행 혐의로 법정에 고소했다. 더블린 사회는 발칵 뒤집혔고, 신문들은 연일 선정적인 기사를 쏟아냈다. 저명한 안과 의사이자 사회적 명망을 지닌 와일드 경은 자신의 명예를 걸고 법정에 섰다. 형사상 유죄는 인정되지 않았지만, 법원은 트래버

열 살 즈음의 오스카 와일드, 작자 미상

스에게 상징적 배상금 1페니를 지급하라는 판결을 내렸다. 이 같은 판결은 실질적인 승리가 되지 못했으며, 와일드 집안은 큰 사회적 망신을 당하게 되었다. 어머니 스페란자는 그것을 "이제는 지나간 불쾌한 사건"이라며 덮으려 했다. 그러나 사람들의 입은 멈추지 않았다. 더블린은 작았고, 악의는 빠르게 퍼졌다. 시인인 어머니는 조롱받았고, 아버지는 겁쟁이라는 소문까지 들었다. 트리니티 대학의 학생들은 풍자 섞인 노래까지 만들어 불렀다. 하지만 가족은 버텨냈다. 여전히 친구는 있었고, 사회적 지위도 무너지지 않았다. 윌리엄의 병원은 여전히 환자들로 북적였고, 어머니는 모든 것이 이제 끝났다고 단언했다. 오스카와 윌리 두 소년은, 어쩌면 그들의 나이가 가져다주는 무구함 덕분에, 학교로 다시 돌아갈 수 있었다.

포토라는 여전히 그들을 받아주었고, 형제는 서로 다른 방식으로 그곳을 견뎌냈다. 윌리는 학교를 좋아했다. 오스카는 그 반대였다. 소년은 여전히 외로웠고, 여전히 꿈을 꿨다. 하지만 오스카에게는 책이 있었다. 수업보다는 책 속에서 더 빨리 길을 찾았고, 책 안에서는 언제나 주인공이었다. 상상력으로, 고전으로, 그리고 무엇보다 자신만의 거리두기로. 그리고 어쩌면 그 모든 '어긋남'이, 훗날의 오스카 와일드를 만들었는지 모른다. 와일드는 나중에 말했다.

"나는 읽는 모든 위대한 인물과 나를 동일시하곤 했다."

그해 여름, 와일드는 마침내 고전 부문 우등상을 받았다. 수학에서는 바닥이었지만, 라틴어에서는 가능성을 보여줬다. 그것은 그가 세상을 만나는 방식, 혼자만의 방식으로 터득한 첫 번째 승리였다.

학교가 쉬는 여름이면, 와일드 가족은 더블린을 떠나 모이투라 Moytura로 향했다. 모이투라는 아일랜드 서부의 코네마라Connemara 지역에 위치한 와일드 가족의 여름 별장이었다. 그곳은 피신처였다. 도시의 소음과 험담, 법정과 신문, 대문 밖 타인의 시선들로부터의 도피. 모이투라에는 중세 아일랜드의 모습을 보여주는 증거들이 많았고 그것이 인간의 상상력을 자극했다. 황량하고 거대한 풍경, 하루에도 몇 번씩 변하는 서부의 하늘은 오스카의 눈에 어떤 '격렬한 자연의 감정'을 심어주었다. 그곳에서, 오스카는 단지 아일랜드인으로서가 아니라, 한 명의 시골 사람, 한 명의 켈트족으로 다시 태어났다. 아버지 윌리엄 와일드는 그 땅을 사랑했고, 그 사랑을 아들에게 전해 주려 하였다. 아버지 윌리엄은 고대 켈트족이 고대 그리스인들과 같은 혈통에서 왔다고 믿었다. 그래서 서로 멋진 기질과 기개를 공유한다고 믿었다. 어머니 레이디 와일드도 켈트족이 그리스인들과 같이 명예와 아름다움, 탁월함을 사랑했다고 말해 주었다. 그리고 또한 아일랜드인들은 그리스인들과 같이 노역을 싫어하고 무역을 경멸했다고 믿었으며, 이 두 민족은 모두 배움과 시에 가장 큰 명예를 부여한다고 믿었다.

와일드는 코립 호수Lough Corrib와 그 옆의 마스크 호수Lough Mask를 보트를 타고 건너다녔다. 잉어 낚시도 배웠다. 그 물고기들은 호수의 밑바닥에서 거의 움직이지 않았다. 그들을 위로 끌어올릴 수 있는 건 오직 게일어 노래뿐이었다. 와일드는 오래된 아일랜드어를 유창하게 구사하진 못했지만, 한 구절만은 오래 기억했다.

'나는 잠들어 있으니, 나를 깨우지 마라.'

이 문장은 마치 그의 마음을 표현해 주는 듯했다. 자신만의 꿈에서 깨어나지 않기를 바라는 소년. 그는 호수 바닥에서 천천히 올라오는 잉어처럼, 조용하고도 끈질긴 성장을 이어가고 있었다. 와일드는 사냥을 배웠고, 이웃의 다른 아이들과도 어울렸다. 윌리와 함께 노를 저어 호수를 건너 친구들을 만나러 가기도 했다. 하지만 오스카의 즐거움은 따로 있었다. 그곳의 특이한 돌들이었다.

역사에 관심이 많았던 아버지 윌리엄 경은 작은 돌 하나도 빛나는 로맨스를 위한 교과서로 탈바꿈시킬 수 있는 열정의 소유자였다. 1866년 여름, 오스카와 아버지는 마스크 호숫가의 작은 마을 이니쉬마인Inishmaine에서 이상한 구조의 석조 건축물 유적을 발견했다. 윌리엄 경은 그곳이 수도원의 '참회소'였으리라고 보았다. 나중에 그는 자신의 책에 유적의 사진과 함께 이런 설명을 실었다. "이 구조물은 저자와 그의 아들 오스카에 의해 발견되었다." 이 유적은 오늘날에도 호숫가의 작은 유적으로 보존되고 있다.

소년 오스카는 아주 일찍부터 자신만의 세계를 만들어갔다. 다른 아이들과는 달랐다. 공을 차거나 수학 문제를 풀기보다는, 책장을 넘기고, 문장 속의 그림자를 따라 걷는 쪽을 택했다. 그러나 그가 처음으로 인생의 진짜 무게를 느낀 것은 책 속에서가 아니라, 현실에서였다.

1866년 겨울, 포토라 학교 교장의 큰아들이 호수에 빠져 죽는 사고가 있었다. 그리고 얼마 지나지 않아 1867년 2월, 열두 살의 오스카는 여동생 이솔라의 죽음을 맞이했다. 아홉 살이었다. 그녀는 아직 세상의 슬픔을 다 배우지도 못한 채, 조용히 사라졌다. 감기처럼 시작된 병은 갑작스럽게 악화되었고, 회복하리라는 희망은 짧은 시간 안에 파국으로 뒤바뀌었다. 정확한 사인은 알려지지 않았지만 아마도 뇌수막염인 듯했다.

이솔라는 오스카에게 특별한 존재였다. 형 윌리와는 달리, 여동생은 말 없는 와일드에게 다가와 주는 존재였다. 와일드는 이솔라를 '살아 숨 쉬는 햇살'이라 불렀다. 여동생의 묘비 앞에서 와일드는 반복해서 울었다. 이 고요한 슬픔은 그를 바꾸어 놓았다. 오스카 와일드는 여동생의 머리카락 한 가닥을 봉투에 담아 보관했고, 거기에 꽃과 십자가, 왕관의 그림을 조심스럽게 그려 넣었다. 말로 다하지 못한 감정을 시로 쏟아내기도 했다. 그것은 투박했지만 진심이었다. 그리고 이 모든 감정의 표현은, 훗날 그가 선택하게 될 길, 곧 예술가의 길을 조용히 예고하고 있었는지 모른다.

형 윌리는 우등상과 피아노 연주와 유쾌한 농담으로 학우들의 인기를 사로잡았다. 와일드는 형보다 훨씬 조용하고 내성적인 방식으로 자기 자리를 만들어갔다. 머리를 뒤로 넘기고, 빨간 셔츠와 보라색 셔츠를 고집했으며, 책 역시 일반 교과서 대신 고급 장정을 고집했다. 그는 말했다.

"나는 항상 내 주변의 모든 것이 독특하길 원했다."

와일드의 독특함은 곧 재능으로 이어졌다. 말솜씨는 탁월했고, 구두 번역 수업에서는 그의 유려한 표현이 모두의 귀를 사로잡았다. 연극 같은 몸짓과 장난기로 학우들에게 즐거움을 주었다. 학교 모임에서는 스테인드글라스에 그려진 성스러운 인물들의 자세를 흉내 내며 팔다리를 기묘하게 비틀기도 하였고, 어떤 날은 세 권짜리 소설을 삼십 분만에 읽고 줄거리를 요약하기도 했다. 오스카 와일드는 사람들 앞에서 있을 때 존재감이 더욱 빛나는 아이였다. 관객이 있을 때, 그는 가장 와일드다웠다.

소년 와일드의 독서량은 거의 집착에 가까웠다. 셰익스피어와 낭만주의 시인들의 작품을 읽으며 시를 사랑하게 되었다. 제인 오스틴, 새커리, 에드거 앨런 포, 고딕 소설과 희귀한 로맨스까지, 그는 무엇이든 읽었고, 잊지 않았다. 라틴어와 그리스어도 마찬가지였다. 고전 문학 속 인물들, 특히 알키비아데스와 소포클레스 같은 예술가형 인물들에게서 그는 자신을 보았다. 소년 오스카는 군인이 아니라 시인을 닮고 싶어 했다. 아일랜드인으로서, 그리고 켈트족의 후예로서, 그는 그리스와의 어떤 정서적 친밀감, 유대감을 느꼈다. 남다른 학문적 성취도 이루었다. 그는 마지막 학년에서 학교 최고 수준의 고전반에 속했으며, 그리스 희곡 「아가멤논」의 구술 시험에서는 경쟁자들을 가볍게 제쳤다. 물론, 그는 수학에서는 끝내 약점을 보였지만, 인문학에서 그의 빛은 점점 더 밝아지고 있었다. 선생들도, 학우들도, 그리고 무엇보다 자신이 그것을 잘 알고 있었다.

그러나 언제나 형 윌리와 비교되었다. 선생님은 "너도 열심히 하면 형처럼 학교의 자랑이 될 수 있어."라고 말했다. 와일드는 대꾸하지 않았다. 조용히 웃었을 뿐이다. 그는 누군가의 그림자 안에 머물고 싶지 않았다. 와일드는 자신이 이미 왕좌에 오른 사람이라 믿었다. 그즈음 와일드는 어머니와 함께 떠난 첫 파리 여행을 떠올렸다. 만국박람회, 일본 예술 전시, 그리고 그 모든 눈부신 도시의 색채들. 더블린은 갑자기 재미없는 곳이 되었다. 세계는 지금 막 열리고 있었다. 그는 어쩌면 그때부터 현실보다 상상을 더 진지하게 받아들이기 시작했는지도 모른다.

포토라 로열 스쿨에서 보내는 마지막 해, 와일드는 자신의 자리에서 조용히 일어났다. 고전과 역사, 미술에서 우등상을 받았다. 졸업식에서 그의 긴 이름, '오스카 핑갈 오플래허티 윌스 와일드'가 울려 퍼졌을 때, 교실은 웃음으로 출렁였다. 하지만 오스카 와일드의 마음은 이미 먼 곳으로 향하고 있었다. 더 큰 무대, 더 빛나는 청중, 더 아름다운 언어를 꿈꾸고 있었다.

## 트리니티 칼리지

1871년 10월 10일, 열일곱 번째 생일을 엿새 앞두고, 와일드는 더블린에 있는 트리니티 칼리지에 입학했다. 입학 시험에서 그는 44명의 응시자 중 두 번째로 높은 점수를 받았고, 필수 수학 과목은 간신히 통과했지만, 그리스어와 역사 부문에서는 압도적 실력을 발휘했다. 같은 시험에서 1등을 차지한 퍼서와 함께 그는 왕립 장학생 명단에 이름을 올렸다. 그리고 그 이름은 포토라 로열 스쿨의 명예의 전당에 새겨졌다. 그러나 대학은 생각보다 어색한 공간이었다. 아버지는 이 대학에서 명예 학위를 받았으며, 형 윌리는 이미 이곳의 유명 인사였다. 익숙함이 도리어 소외로 작용했다.

트리니티는 와일드에게 갑자기 조잡해진 포토라처럼 느껴졌다.

학문보다는 운동, 독서보다는 술자리가 중심이 되는 공동체. 오스카는 그것을 '야만적'이라 표현했다. 그를 괴롭힌 것은 또 있었다. 성장기의 급격한 체격의 변화를 겪으며 적응하지 못해 자세가 어설프고 부자연스러웠다. 동기생은 그의 첫인상을 "뭐든 쓰러뜨리고 다니는, 우울하고 좀 덜 자란 듯한 아이"라 평했다. 그의 겉모습이 보기에는 그랬다. 오스카는 스포츠에는 별 재능이 없었다. 크리켓은 관심 밖이었고, 대신 테니스에는 열정을 보였다. 그러나 진정한 열정은 여전히 책에 있었다.

와일드는 메리언 스퀘어 1번지의 집에서 통학했다. 어머니의 토요일 살롱은 계속되었다. 집 안 벽에는 그림이 걸려 있었고, 책장이 가득 찬 거실에서는 어른들의 대화가 흘러나왔다. 강의실 밖에서, 그는 말하는 법을 배웠다.

처음엔 대학 생활에 실망했던 와일드는, 이내 새로운 방향을 발견했다. 또래 학생들과의 거리감은 여전했지만, 그는 그것을 대화와 사유로 채웠다. 여전히 정치는 무관심했고, 사랑도 문학을 통해 접근했으며, 성적 취향도 아직 문장 속에 숨어 있었다. 그러나 그를 감싸고 있는 말과 상징, 고전과 인용, 관찰과 서술은 점차 하나의 정체성을 형성해갔다. 그는 말하고, 쓰고, 읽는 자로서의 자신을 만들어가고 있었다. 와일드는 말없이 새로운 세계를 관찰하고 있었고, 트리니티에서 만난 두 사람에게 빠져들었다. 로버트 터렐Robert Tyrrell과 존 마하피John Mahaffy 교수. 두 사람 모두 고전학 교수였으며 그에게는 트리니티 자체였다.

터렐은 그리스어 문학을 사랑했고, 강의는 자유롭고 창의적이었

더블린 트리니티 칼리지

다. 그는 미리 읽지 않은 책을 들고 들어와, 학생들과 함께 그 내용을 파고들었다. 한 문장, 한 문단을 두고 시처럼 감탄했고, 고전의 문체를 가볍게 인용하면서도 깊은 울림을 남겼다. 그의 말투는 파이프처럼 얇고 날카로웠지만, 거기엔 유머와 품격이 있었다. 그는 결코 체계적인 학자가 아니었지만, 고전 문학의 아름다움을 심어 주는 데는 누구보다 탁월했다.

마하피는 전혀 다른 인물이었다. 키가 크고, 수염을 길렀으며, 목사의 예복을 입은 그의 외관이 풍기는 압도적인 기운이 있었다. 그러나 날카로운 유머 감각을 지녔고, 분명한 자기애를 지녔다. 그는 '트리니티 최고의 인사'라 자평했으며, 고대 그리스 문명의 생동감을 오늘의 삶에 끌어오려 애썼다. 그는 그리스의 철학, 예술, 정치, 사회를 통합적으로 이해했고, 소포클레스보다 에우리피데스를 높이 평가하는 관점을 공유하며 오스카의 사고를 열어주었다.

오스카는 이 두 사람을 통해 공부보다는 생각을 배웠다. 터렐에게서는 언어의 미묘함을, 마하피에게서는 사유의 깊이를. 그들은 오스카에게 고전을 읽는 이유를 생각하도록 했다. 단지 시험을 위한 것이 아니라, 세계를 다르게 보기 위함이라는 것을.

터렐과 마하피는 그에게 대화의 기술을 터득하도록 독려했다. 말은 단순한 커뮤니케이션이 아니라, 인격과 지식, 유머와 미학이 만나는 예술이었다. 마하피는 말했다. "진실이라 해서 이야기하지 말고, 좋은 이야기이기 때문에 이야기하라." 와일드는 이 말을 오래도록 간직했다.

고전어와 문학은 언제나 와일드의 지적인 감각을 자극했다. 고대 그리스어의 중간태 표현에서 보이는 미묘한 변화, 조건문 속에 숨겨진 논리의 흔적들. 그는 그것들을 곧잘 이해했고, 고전 번역에서도 탁월한 재능을 보였다. 터렐은 그를 '가장 빛나는 대화 상대'라 회고했고, 마하피는 그를 '진정한 학문적 대화를 할 수 있는 몇 안 되는 학생'으로 기억했다.

트리니티에서의 시간은 그를 변화시켰다. 더 이상 어설픈 소년 오스카 와일드가 아니었다. 이제 와일드는 누군가의 아들이나 동생이 아니라, 자신만의 언어를 가진 사람으로 자리 잡아가고 있었다. 그는 곧 옥스퍼드를 향하게 될 것이고, 거기서 또 다른 삶의 국면이 시작되겠지만, 트리니티는 그에게 첫 번째 진짜 무대였다. 와일드는 거기서 처음으로, 자신이 만든 문장 안에서 살기 시작했다.

## 예술 세계로

더블린에서 오스카는 마치 세상 밖의 모든 것이 귀찮은 방해물이라도 되는 듯, 책 속에 자신을 파묻고 지냈다. 트리니티는 운동선수나 주정뱅이, 시를 비웃는 학생들뿐이었다. 포토라의 고전반에서 느꼈던 동료애는 찾을 수 없었고, 그리스 시의 운율이나 자신이 사랑하는 스윈번의 시에 관해 대화할 만한 상대는 없었다. 형 윌리가 주도하던 철학 모임조차 그에게는 만족을 주지 못했다. 와일드는 더블린에서 자신의 갈증을 해소할 수 있는 공간을 찾았다. 메리언 스퀘어 1번지에서 계속되는 토요일 살롱이 그런 곳이었다.

메리온 스퀘어 1번지 실내

오래된 장정의 냄새와 어른들의 대화가 메아리치는 그 공간에서, 오스카 와일드는 마치 언어 자체가 자신만의 성전인 듯 책을 읽었다. 그의 독서는 교과과정을 훨씬 뛰어넘었다. 포는 여전히 그림자 속에서 그에게 속삭였고, 휘트먼의 생명력 넘치는 숨결은 그의 상상력을 끊임없이 자극했다.

어머니 레이디 와일드가 주최한 이 모임은 '더블린의 파리식 살롱'이라 언론에 보도되기도 했다. 딸 이솔라가 죽은 후 멈추었던 살롱 모임은 와일드가 트리니티에 입학하던 즈음에 다시 시작되었다. 매주 토요일 3시부터 6시 사이 메리언 스퀘어 1번지는 100여 명의 손님으로 북적였다. 마하피도 그중 한 명이었다. 살롱 모임은 응접실과 문학적 무대의 경계가 허물어지는 대화의 공간으로, 정치인, 시인, 과학자들이 오갔으며, 와일드는 그들 사이에서 듣고 말하며 자기 생각을 시험했다. 이 살롱은 와일드에게 진짜 대학이었다. 그는 여기서 말하기의 힘을 배웠다. 단순한 잡담이 아니라, 기지와 역설이 가득한 정제된 언어. 그는 런던을 사로잡을 미래의 목소리를 여기서 빚기 시작했다.

시인 앨저넌 스윈번Algernon Swinburne을 발견하게 된 시기는 오스카가 대학 생활에 소외감을 느끼던 바로 그때였다. 스윈번의 「시와 발라드(1866)」는 단순한 문학이 아니라 하나의 계시였다. 그 시편들은 온화한 지혜 대신 불꽃과 향기로 다가왔고, 욕망과 신화, 미학적 반란이 뒤섞인 중독적인 향기를 품고 있었다. 스윈번의 시는 금기를 넘나들었다. 「아낙토리아」에서는 옛 시인 사포의 목소리가 절절한 감각으로 울려 퍼졌고, 「돌로레스」에서는 쾌락과 고통이 뒤엉켰으며, 「프로세피네 찬가」에서는 기독교의 승리를 오싹한 우아함으로 애도했다. 십 대였던 오스카 와일드는 이 시들을 그의 제자인 듯 몰입해 읽었다. 그는 훗날 스윈번을 '살아 있는 영어의 가장 위대한 마스터'라 부르며, 언어를 바이올린처럼 연주할 줄 아는 시인이라 묘사하기도 했다.

 스윈번의 시가 보여주는 것은 단지 새로운 문학이 아니라 새로운 시선이었다. 그리스라는 세계가 그의 시적 운율 속에서 살아나고 있었다. 이미 고대 그리스어를 읽을 줄 알았던 와일드는 이제 그 언어를 느끼기 시작했다. 스윈번의 시는 고대와 감각적 언어, 서사와 에로스를 결합했다. 와일드는 이를 따라 시를 쓰기 시작했다. 대학 노트에는 '너희는 신이 되리라'는 제목의 60행짜리 시가 등장하고, 시는 스윈번의 운율과 헬리니즘적 이미지를 그대로 차용했다. 그는 그리스 비극의 합창 구조를 차용하여 새로운 시적 구조에 활용하기도 했다.

 또한, 와일드는 스윈번을 통해 라파엘전파의 세계를 파고들어 갔다. 단테 가브리엘 로세티Dante Gabriel Rossetti, 윌리엄 모리스William Morris, 에드워드 번존스Edward Burne-Jones, 이 화려한 이름들은 오스카에게 신성한 어떤 것의 대명사가 되었다. 이들의 회화는 색채와 중세적 신비로움으로 가득했고, 오스카가 사랑하게 된 시들과도 궤를 같이했다. 로세티의 시는 섬세하면서도 강렬했고, 예술을 시각적이고 문학적이며 감정적인 총체적 경험으로 받아들이는 사상이 오스카 와일드 안에 뿌리내렸다.

 트리니티 근처에 자리 잡은 국립 미술관에는 라파엘전파의 세계

작품이 없었고, 와일드는 직접 볼 기회도 없었다. 그러나 재현된 이미지와 평론, 스윈번의 글들로나마 자신의 갈증을 채울 수 있었다. 스윈번의 「1868년 왕립 아카데미 전시회 노트」와 휘슬러의 인상주의적 색채의 향연 〈심포니〉 시리즈에 대한 찬사는 와일드의 시야를 넓혀 주었다. 그럼에도 그는 언젠가 라파엘전파의 예술 세계를 직접 마주하리라 생각했다.

와일드의 미학적 몰입은 낭만주의 시인 존 키츠John Keats에게로 이어졌다. 로세티가 존경했던 시인이며, 짧은 생애로 신화가 되어 버린 인물. 와일드는 그의 시에서 감각과 슬픔의 조화를 보았다. 키츠는 시적 감성을 정직하게 표현하는 시인의 자세를 보여주었고, 와일드는 그런 그의 스타일을 모빙하며 언어에 부드러우면서도 풍요로운 소리를 담아내고자 하였다.

스윈번과 로세티에게서 중심 주제로 부상한 '아름다움'은 또 다른 작가 존 애딩턴 시먼즈John Addington Symonds를 통해 한층 더 강조되었다. 그의 「그리스 시인 연구」는 미적 감각을 도덕의 기반으로 제시했다. 그리스인에게 아름다움은 탐닉이 아니라 윤리적 조화였다. 시먼즈는 또한 개인주의를 옹호했다. 각 개인은 자신만의 유형을 최대한 실현해야 한다는 생각이다. 와일드는 그에게서 지적 자극뿐 아니라, 자기 자신으로 존재할 수 있다는 허락을 받았다.

시먼즈는 키츠를 고대 그리스의 낭만 시인 테오크리토스Theocritus와 비교했고, 휘트먼을 현대 시인 중 가장 그리스적인 인물로 칭송했다. 이미 두 사람을 존경하고 있던 와일드는 자신의 취향이 확인받은 듯한 기분을 느꼈다. 이 시인들은 와일드의 예술적 동반자가 되어 갔다. 와일드의 스승 마하피는 시먼즈의 구체적 견해에는 이견을 보였지만, 그 정신에는 공감해 주었다. 그는 그리스 문화를 살아 있는 것으로 소개했고, 그 영향력은 실로 지대했다.

마하피는 학문의 유희 가능성을 보여줬다. 그의 농담과 역설, 대화의 자신감은 와일드가 자신의 스타일을 정제하는 데 큰 영향을 주었다. 로마를 조롱하고 플라톤을 찬양하는 그의 수업은 와일드에게 대화의 품격과 타이밍, 유머의 경계를 가르쳤다. 그는 훗날 이렇게 말했다. "나는 트리니티에서 아무것도 하지 않았다. 다만 이야기했을 뿐이다." 그러나 그 말은 곧 자기 교육의 핵심이었다.

트리니티에서 와일드의 열정을 이해해주는 친구는 드물었다. 훗날 법정에서 그를 괴롭혔던 에드워드 카슨Edward Carson은 성실한 학생이었지만 상상력이 부족했고, 같은 포토라 출신 친구들도 파트너라기보다는 동급생에 가까웠다. 와일드의 세계는 책과 시로 이루어진 내면에 머물렀다.

어느 날 와일드는 수업 시간에 자신의 시를 낭독하게 되었는데, 누군가가 그것을 비웃었다. 순간 화가 난 와일드는 그에게 다가가 뺨을 때렸다. 수업 후에 큰 싸움이 벌어질 뻔했지만, 와일드는 예상치 못한 강타로 모든 것을 끝내 버렸다. 짧은 사건이었지만 의미는 상당했다. 조롱과 운동으로 가득한 대학에서 그는 자신의 예술을 그의 강펀치로 지켰다. 동료들은 놀라워했고, 어느 정도의 존경을 보냈지만, 진정한 우정으로 이어지지는 않았다. 그는 여전히 혼자였다.

와일드의 고립은 오히려 예술에 더 깊이 헌신하도록 만들었다.

그리스어 부분에서 버클리 금메달을 받는 등 줄곧 상위권을 유지했지만, 진짜 교육은 여백에서 이루어졌다. 저녁이면 와일드는 그림을 그렸고, 노트에는 중세의 여인과 그리스 신들에 관한 시가 채워졌다. 그는 화폭에 자신이 그린 나비를 언급하며 휘슬러의 서명을 흉내 냈고, 그 말은 윙크처럼 농담이었다. 형 윌리는 이성에 관심을 보이기도 했지만, 오스카는 무관심했다.

댄디즘은 이때 뿌리내렸다. 그는 절제된 음주가였고, 때때로 카드놀이를 했으며, 기괴함을 즐기는 청년으로 기억되었다. 한밤중, 잠을 방해하는 파리를 쫓으며 반쯤 벗은 채 방을 뛰어다닌 적도 있었다. 이런 퍼포먼스는 반은 유머였고, 반은 반항이었다. 그는 자신이라는 인물을 만들어가고 있었다.

와일드는 잠시 가톨릭에 매혹되기도 했다. 의식과 상징에 끌려 개종을 고려하기도 했다. 그러나 아버지와 마하피는 반대했다. 와일드에게 죄의 매혹은 그 죄를 규정할 수 있는 교회 없이는 불완전했다. 비너스는 로마가 있어야만 비너스가 된다. 졸업을 앞두고 마하피가 옥스퍼드를 제안했다. 더블린은 많은 것을 주었지만, 한계도 있었다. 옥스퍼드는 모리스와 번존스, 스윈번의 고향이었다. 와일드는 모들린 칼리지에 지원했고, 장학생이 되어 영국으로 향했다. 그의 손에는 상장과 책뿐 아니라, 하나의 비전이 들려 있었다. 그 비전은 여러 목소리로 이루어졌다. 스윈번의 음악, 로세티의 색채, 키츠의 부드러움, 시먼즈의 이론, 마하피의 역설, 그리고 어머니의 퍼포먼스. 트리니티는 그에게 많은 친구를 주지 않았지만, 그에게 '자기 자신'이란 선물을 주었다. 책과 그림 사이, 조용한 방 안에서 그는 자신이 될 사람을 미리 연습했다. 아직 대중 앞에 나서지 않았고, 아직 스캔들의 주인공도 아니었던 그는, 그저 수련생이었다. 그러나 그의 교육은 이미 스스로 완성되고 있었다.

**02**
OSCAR WILDE

꽃만이
나를 위로할 수 있어
Oxford

## 스무 살의 가을

와일드는 모들린 칼리지Magdalen College를 선택했다. 옥스퍼드의 여러 대학을 둘러본 끝에 내린 결정이었다. 마하피 교수의 지인이 몸담고 있던 퀸즈 칼리지도 있었고, 학문적 명성으로 이름난 베일럴, 사교계 중심지로 알려진 크라이스트 처치, 깊은 역사를 자랑하는 머튼, 전통 있는 뉴 칼리지도 눈에 띄었지만, 오스카의 발길은 결국 모들린으로 향했다. 그곳은 무엇보다도 캠퍼스가 아름답기로 유명했다. 1870년대의 옥스퍼드는 중세의 환상이 그대로 살아 있는 무대, 현실과 비현실의 경계가 흐려진 풍경이었다. 돔과 첨탑, 꿀 빛깔 벽돌로 둘러싸인 대학 건물들, 자갈 깔린 거리, 그리고 멀리 전원 풍경과 맞닿은 도시의 경계선. 누군가는 그 아름다움을 '눈에 보이는 것이 아니라 영혼에 스며드는 것'이라 했고, 와일드는 이곳을 천국이라 불렀다. 그 천국 안에서도 모들린 대학은 특별한 장소였다. 하이 스트리트High Street의 끝자락, 강물이 휘돌고 식물원이 펼쳐지는 그곳에서 그는 세상에서 가장 행복한 사람이라 여겼다.

1874년 봄, 「옥스퍼드 가제트」에 공고가 떴다. 모들린 칼리지가 고전학 분야에서 두 명의 학생을 선발하여 연간 95파운드씩 최대 5년간 장학금을 수여한다는 내용이었다. 와일드는 주저 없이 지원을 결심했다. 6월 22일, 와일드는 옥스퍼드에 도착했다. 출생증명서와 '품행이 방정하다.'는 추천서를 들고, 학장이었던 프레더릭 벌리 앞에 섰다. 일부러였는지 실수였는지 알 수 없지만, 그는 자신을 열여덟 살이라고 소개했다. 지원 자격은 만 20세 미만이었다. 다음 날 그는 열여덟 명의 지원자들과 함께 시험을 치렀다. 와일드는 특유의 큰 글씨체로 가득 채운 수많은 분량의 답안지를 써내어 경쟁자들을 압도했다. 그렇게 와일드는 장학생으로 선발되었다.

1874년 10월 옥스퍼드에서의 첫 학기를 시작한 와일드는 살아 있다는 느낌을 온몸으로 받아들였다.

와일드에게는 2층에 난 창을 가진 방이 주어졌다. 새로운 시작이었다. 옥스퍼드의 공기는 이전과는 완전히 달랐다. 아일랜드에서의 촌스러움은 그림자처럼 사라졌고, 영국 퍼블릭 스쿨 출신의 젊은이들 사이에서도 그는 묘하게 눈에 띄었다. 키는 크고, 머리는 숱이 많고 길었으며, 얼굴은 면도 때문이 아닌 어떤 자연적인 투명함을 띠고 있었다. 정장으로 포멀함을 갖추었지만 유행과는 동떨어진 옷차림, 어딘지 어울리지 않는 인상. 모들린의 동기생들은 그를 '이상하게 생긴 신입생'이라 불렀다. 하지만 와일드는 그런 시선에 무심했다. 새로운 환경에 대한 흥분, 자기 자신에 대한 자신감이 어색함을 덮었다. 그는 처음 며칠 동안 정해진 예법도 잘 몰랐고, 그래서 다소 엉뚱한 행동들을 하기도 했다. 누군가에게 명함을 나눠주고, 때로는 외부 손님에게까지 그렇게 했다. 예절을 몰라 생긴 작은 해프닝들이었지만, 대체로 사람들은 웃어넘겼다. 옥스퍼드는 마치 마법에 걸린 듯한 자유의 세계였고, 그는 그 안에서 부드럽게 흘러가기 시작했다.

모들린 칼리지는 작은 공동체였다. 학부생은 100명이 채 되지 않았고, 그중에서도 장학금 수혜자는 몇 되지 않았다. 그들은 언제나 책을 들고 다녔고, 검은 가운은 바람을 따라 흔들렸다. 와일드는 그해 고전학 우등생으로 선발된 단 두 명 중 하나였지만, 학문적 성취는 이곳에서 유일한 통행증이 아니었다. 운동 실력이나 유머 감각, 사회적 감수성이 오히려 더 중요했다. 그는 조정 팀에 들어가 스트로크를 맡기도 했지만, 곧 그만두었다. 기술 습득이 느렸고, 몸이 따라주지 않았다. 그러나 그런 일쯤은 아무것도 아니었다. 옥스퍼드에서 와일드는 이미 자신만의 방식으로 중심에 들어서고 있었으니까. 와일드는 좋은 이야기꾼이었고, 유쾌한 대화 상대였으며, 무엇보다 엉뚱하면서도 매력적인 존재였다.

처음 옥스퍼드에서의 생활은 와일드에게 낭만과 감탄으로 가득한 세계였지만, 학문적 자극이라는 면에서는 그리 만족스럽지 못했다. 트리니티에서 경험했던 활기찬 수업과 인물들, 특히 마하피 같은 교수에 비하면, 모들린의 고전학 교수들에게서는 별다른 감흥을 느끼지 못했다. 그는 자신의 천재성을 굳이 드러내려 하지 않았고, 별 노력 없이 이룬 듯 보였지만 이미 그리스어 번역과 라틴어 시 작문에서는 수준 높은 경지에 올라 있었다. 그럼에도 그는 더 깊은 사

옥스퍼드 모들린 칼리지

유, 새로운 사상의 흐름에 자신을 던지고 싶어 했다.

당시 옥스퍼드는 단지 고전을 되풀이하는 공간이 아니었다. 산업화와 물질주의가 확장되는 영국 사회의 흐름 속에서, 대학은 이에 대한 사상적 해답을 찾고 있었다. 매튜 아놀드는 종교 대신 교양을 주장했고, 조웻은 플라톤 철학으로 신학을 대체하려 했다. 그린은 윤리학을, 막스 뮐러는 비교 종교학을 통해 믿음의 공통 뿌리를 추적했고, 존 러스킨은 자연과 예술의 아름다움 속에서 인간 정신의 구원을 찾았다. 와일드는 이 모든 흐름에 관심을 가졌고, 책을 읽고 인물들을 찾아다녔다.

그중에서도 러스킨은 단연 빛나는 존재였다. 러스킨은 평론가이자 시인이며, 개혁가이자 예술가였다. 말에는 색채가 있었고, 문장은 음악처럼 울렸다. 와일드는 그를 '영국의 플라톤'이라 불렀고, 진리와 선, 아름다움이 하나로 어우러지는 세계의 예언자로 여겼다. 그의 강연은 다른 예술사 수업과 달랐다. 피렌체의 르네상스를 이야기하면서도, 말의 리듬과 열정으로 청중의 마음을 뒤흔들었다. 와일드는 거기서 낭만적 비전과 정신적 아름다움의 가능성을 보았고, 그에게 다가가 제자가 되기로 마음먹었다. 러스킨은 단지 강단 위에만 학생들과 소통하는 인물이 아니었다. 도로를 넓히는 노동 현장에 학생들을 불러냈고, 대부분은 외면했지만 일부는 그의 이상에 따라 땅을 파는 일에 동참했다.

모들린 칼리지 내부

와일드는 육체노동에는 별로 소질이 없었지만, 언젠가 쓸모 있을 관계를 위해 그 현장에 나타났다. 스스로를 소개하고, 러스킨의 관심 안에 들어가는 데 성공했다. 낭만과 실용의 경계에서 그는 자신만의 위치를 찾으려 애썼다. 그러나 열정에는 대가가 따랐다. 미학과 철학, 예술과 인간 정신에 대한 사유로 정신이 흘러가면서, 눈앞의 시험은 뒷전이 되었다. 라틴어와 그리스어야 큰 문제가 없었지만, 수학 시험은 발목을 잡았다. 단순한 통과 시험이었지만 그는 실패했고, 학교는 이를 심각하게 받아들였다. 학장은 그를 '비추천' 학생으로 분류했고, 장학금 박탈 가능성까지 경고했다. 결국 와일드는 다음 학기에 시험을 다시 치러 간신히 통과했다.

옥스퍼드에서의 시간은 단순한 학업의 시기가 아니었다. 와일드는 그곳에서 자신의 감수성과 정신을 확장시켰고, 이상적인 스승을 만나고, 실패의 쓴맛도 보았다. 그것은 예술가가 되어 가는 데 필요한 훈련이었고, 세계를 새롭게 바라보게 하는 통과의례였다.

옥스퍼드에서의 두 번째 해, 와일드는 학문에 갑작스러운 열정을 불태우지도 않았고, 강의실을 성실히 드나드는 우등생이 될 생각도 없었다. 오히려 그는 다른 방식으로 자신을 실험해 보기로 했다. 1875년 초, 친구들을 놀라게 한 변신이 시작된다. 그는 머리를 짧게 자르고, 체크무늬 정장과 파란 넥타이, 테두리가 동그랗게 말린 모자를 삐딱하게 눌러쓰고 등장했다. 그 모습은 운동에 열중하는 여느 학생들 틈에서도 눈에 띄었다. 운동은 싫어했지만, 그들만의 말투와 태도는 능란하게 흉내 냈다. 와일드는 점점 더 '공부하는 학생'이라기보다 '즐기는 존재'로 변해갔다.

몇 학기 동안 와일드는 자유로운 삶에 몰두했다. 밤이면 카드놀이와 노래, 친구들의 방을 돌며 와인을 마셨고, 낮이면 하이 스트리트의 스피어스 같은 고급 상점에서 외상 장부를 만들어가며 방을 장식했다. 도자기 주전자와 촛대, 와인 디캔터와 유리잔, 텀블러 컵, 카드 한 벌, 또 한 벌. 그의 공간은 점점 더 소규모 연회장처럼 변해갔다. 돈은 부족했지만, 신용이 주는 아찔한 자유를 배워버렸다. 그는 마치 자신이 진짜 귀족이라도 되는 듯 굴었고, 실제로 그렇게 느끼기 시작했다. 사람은 돈이 있어야 하고, 그렇지만 그걸 신경 쓰면 안 된다고.

와일드는 그 생각을 행동으로 옮겼다. 청구서를 무시하는 법도 익혔고, 현실적인 걱정은 유예했다. 마치 부정직한 인생의 그림자와는 일정한 거리를 유지하며 사는 것이 고등한 삶의 방식인 양 행동했다. 사교 모임은 늘 활기찼고, 미터Mitre 펍에서의 연어 아침 식사와 매운 간 요리는 특별한 추억이 되었다. 작은 점심 파티와 휘스트 게임, 합법적인 산책과 보트 타기, 마차를 타고 나선 시골 소풍, 그 모든 것이 그에겐 삶의 무대였다.

연극 공연은 금지되어 있었지만 조지 스트리트의 빅토리아 극장에선 콘서트와 뮤직홀이 열렸다. 인기 있는 학생 이벤트였고, 당연히 규칙과 충돌했다. 특히 와일드는 학생들의 규율을 관리 감독하던 프록터들과 자주 부딪혔다. 늦은 밤 외출, 술이 있는 지역 출입, 경범죄 수준의 위반들. 벌금은 일상이었고, 그는 어느 순간 '그해 옥스퍼드에서 가장 운이 없는 학생'이라는 전설적인 별명을 얻었다. 하지만 그것조차 그에겐 놀이의 일부였다.

유쾌하고 다정한 농담꾼이었던 와일드는 친구들과의 장난도 즐겼다. 오늘날 여행자에겐 윈스턴 처칠이 태어난 곳으로 유명한 블렌하임 궁전과 주변 공원은 이 시절 와일드에겐 친구들과 유희하던 놀이터였다. 특히 블렌하임 공원에서의 하루, 가장 덩치가 컸던 그가 친구들에게 붙잡혀 언덕 아래로 굴려졌을 때조차, 그는 그 순간을 최고의 유머로 기억했다. 시험보다도 재미, 규칙보다도 모험, 현실보다도 연극적 삶─그것이 당시 와일드가 택한 길이었다.

와일드는 즉흥적이고 유쾌한 일탈을 즐겼지만, 그 와중에도 꾸준히 붙들고 있던 관심사가 있었다. 프리메이슨이었다. 단순한 유행을 좇은 것이 아니었다. 그를 끌어당긴 건 상징적 의식이었다. 남성들 사이의 은밀한 유대, 비밀스러운 상징, 화려한 장식, 우아한 예복, 그 모든 것이 와일드의 감수성에 정확히 들어맞았다. 그는 1875년 2월 23일, 메이슨 회원들의 모임인 아폴로 로지Apollo Lodge에 입문했다. 그리고 불과 석 달 만에 마스터 메이슨이 되었다. 전례를 찾아보기 힘든 속도였다. 옥스퍼드에서의 프리메이슨은 겉으로는 자선과 도덕을 표방했지만, 실상은 유쾌한 연회와 축제의 장이었다. 술과 노래, 건배사와 농담. 와일드는 세례 요한을 기리는 상징적인 건배사를 하기도 했다. 세례 요한이 그들 모임의 창립자라고 들었다며, 그의 삶은 본받더라도, 우리 머리는 지켜내서 그의 죽음은 따라가지 말자고 말해 모두의 웃음을 불러일으켰다. 형식은 진지했지만 내용은 유쾌했다. 와일드는 그중에서도 돋보였다.

한편, 예술에 대한 열정은 여전히 살아 있었다. 봄학기가 끝나갈 무렵, 옥스퍼드에서는 대학 간 조정경기가 열린다. 이 경기는 주로 여름 학기Trinity Term의 여덟째 주에 열리기 때문에 '에이츠위크Eights Week'라 불린다. 아이시스 강가에서 축제가 한창이던 그 주간에도 와일드는 프리메이슨 모임에서 친해진 보들리Bodley와 예술 이야기를 멈추지 않았다. 그는 스윈번을 '유일한 시인'이라 불렀고, 그의 스타일을 흉내 내어 시를 쓰기도 했다. 예술은 그에게 일시적인 흥밋거리가 아니라 내면의 화염이었다.

1875년 여름, 러스킨이 다시 옥스퍼드로 돌아왔다. 와일드는 다시 그를 찾았다. 도로 공사장에서 함께 일하며 수레 끄는 법을 배우고, 아침 식사 초대를 받아 그의 담화를 들었다. 그 자리엔 밸리올 칼리지Balliol College의 유망한 젊은이들, 즉 알프레드 밀너, 아놀드 토인비, 레오나드 몽트피오레, 찰스 스튜어트-워틀리 등이 함께 있었다. 와일드는 그들과 섞이며 자신이 이제 조금씩 다른 세상을 향해 발을 딛고 있음을 느꼈다.

그중에서도 프랭크 마일즈Frank Miles는 특별했다. 와일드보다 두 살 많은 화가였고, 세련되고 도시적인 감각을 지닌 인물이었다. 그는 부유한 성공회 성직자의 아들이었고, 건축과 원예, 미술에 정통했다. 색맹이었지만 그 한계는 화려한 감각으로 극복됐다. 로열 아카데미 여름 전시에 연이어 참여하였고, 여성의 얼굴을 그린 채색화로 대중성을 확보해가고 있었다. 마일즈는 옥스퍼드 밖의 세계를 대표하는 인물처럼 보였다. 그는 런던을 잘 알고 있었고, 신문에 이름이 오르내렸으며, 셀럽들에 대한 흥미로운 이야기도 잘 알고 있었다. 와일드는 그를 통해 처음으로 대학이라는 울타리 너머의 세계를 엿보았다. 예술과 야망, 화려함과 자유.

마일즈는 친구이면서 동시에 하나의 가능성이었다. 와일드는 그 가능성에 마음을 뺏겼고, 그것이 그의 길을 조금씩 바꾸기 시작했다. 이탈리아 여행을 마치고 돌아온 1875년 6월 말, 와일드는 주머니가 가벼워졌다. 동행자와 작별한 뒤 아일랜드로 돌아가 여름을 보냈다. 마일즈도 잠시 더블린을 찾았고, 와일드는 서부의 모이투라에서 고요한 시간을 보냈다. 그러나 10월 말, 옥스퍼드로 돌아온 그는 전보다 더 세련된 모습으로 모들린 칼리지에 복귀했다. 새로 배정받은 방은 처웰 강이 내려다보이는, 그림 같은 장소였다. 누군가는 그 방을 캠퍼스에서 가장 즐거운 공간이라 불렀고, 와일드는 그곳을 더욱 대담하고 개성적인 공간으로 만들었다. 마일즈에게서 받은 누드 인물화, 푸른 꽃병, 골동품들로 그의 방을 꾸몄다. 그의 위층에는 윌리엄 워드William Ward가 살고 있었다. '바운서(조정 같은 운동을 하며 생긴, 옥스퍼드 대학생 특유의 유머 감각이나 행동 방식을 지닌 사람)'라는 별명의 이 선배는 학문적으로도 뛰어났고, 유머와 지성을 겸비한 인물이었다. 그는 와일드에게 중요한 친구이자 자극의 원천이었다. 바운서를 통해 와일드는 새로운 서클을 만났고, 그중에는 하딩 형제도 있었다. 레지날드 하딩, 와일드가 '키튼'이라 부른 동생 하딩은 이후에도 그의 삶에 자주 등장하는 존재였다.

이 시기의 와일드는 대화의 중심이었다. 사소한 것에서부터 시와 종교, 인간과 사물에 이르기까지 끝없는 주제를 던졌고, 그 말들은 대개 도발적이고 방어하기 힘든 것이었다. 특히 헌터 블레어와의 대화는 와일드에게 신선한 자극이었다. 블레어는 로마 가톨릭으로 개종한 귀족 청년이었고, 와일드는 그의 결정에 큰 관심을 가졌다. 종교적 예식, 가톨릭의 장엄한 미학, 고요한 교회와 깊은 음악, 이 모든 것이 와일드를 끌어당겼다.

  와일드는 세인트 클레멘트St Clement교회의 예배에 참석했고, 성 알로이시우스St Aloysius 교회의 창립 예배에도 동행했다. 방 안에는 매닝Manning 주교의 사진과 싸구려 교황 초상화, 석고 마돈나상이 쌓여 갔다. 로마 가톨릭은 어느새 와일드의 '연극적 자아'를 위한 의상처럼 다가왔다. 그는 진지했고, 동시에 놀이하듯 그것을 소비했다. 신앙과 회의, 그 사이의 긴장감은 시적 주제가 되었다. 그는 자신의 시 「산 미니아토San Miniato」를 마리아 찬가로 바꾸었고, 교황을 보지 못한 아쉬움을 노래한 시 「가보지 못한 로마Rome Unvisited」도 이 무렵에 썼다. 하지만 그를 바라보던 한 성직자는 이렇게 말했다. "신의 손이 아직 그를 만지지 않았다." 와일드는 여전히 무언가를 진지하게 받아들이는 데 익숙하지 않았다. 그의 중심엔 여전히 '찬사'에 대한 갈망이 있었고, 종교적 신념보다는 미학적 체험이 더 중요했다.

  학문적 측면에서도 와일드는 수업에 전념하진 않았다. 러스킨의 강의는 이번엔 화가 조슈아 레이놀즈Joshua Reynolds를 다뤘고, 주제는 예술에서 산업화까지 자유롭게 흘러갔다. 와일드는 다시금 러스킨의 수사에 매료되었지만, 이제는 그 안에 내포된 도덕주의가 낯설게 느껴졌다. 그는 다른 목소리에 귀 기울이기 시작했다. 월터 페이터였다. 「르네상스 역사 연구」라는 작은 책에서, 페이터는 삶을 향유하는 방식으로서 예술을 이야기했다. 예술은 도덕을 가르치기 위한 도구가 아니라, 감각과 인상 자체가 목적이 되어야 한다는 선언. 강렬하고도 짧은 생의 순간들, 보석처럼 빛나는 감각, 그것을 가능

### 옥스퍼드 모들린 칼리지 근처 처웰 강

모들린 칼리지 옆으로 흐르는 처웰 강River Cherwell이 자연에 생명력을 더한다. 잔잔하게 흐르는 강물 위로는 나무들이 가지를 드리우고, 강가를 따라 걷는 이들의 발걸음에는 자연스러운 여유가 묻어난다. 특히 여름철이면 많은 이들이 펀팅punting을 즐기며 강 위에서 도시의 고요한 아름다움을 만끽한다. 나무와 덤불이 드리운 강변은 야생 동물들의 보금자리이기도 하여, 운이 좋다면 사슴이나 백조와 마주치는 경험도 할 수 있다.

한 한 정제된 방식으로 경험하는 것. 와일드는 이 책을 자신의 '두 번째 성서'라 불렀다. 페이터의 영향력은 문장보다 강력했다. 페이터는 고전적 소년사랑을 암시하는 암호 같은 표현까지 담아냈고, 어떤 옥스퍼드의 청중들에게 그것은 위험하고도 유혹적인 것이었다. 마하피조차 자신의 책에서 이 주제를 삭제할 만큼 예민한 시대였다. 페이터는 그런 경계에서 미학의 지평을 넓혔다. 그는 차를 내며 젊은이들을 초대했고, 그 공간은 교육과 감정의 경계를 흐리는 공간이었다. 조심스럽고 위험한 분위기. 와일드는 그 모든 것을 관찰하고 있었다.

　러스킨, 페이터, 프리메이슨, 가톨릭, 고대 그리스… 와일드는 이 모든 사상과 이미지들을 자신만의 무대에 올렸다. 어느 하나를 선택하지 않았고, 통합하려 하지도 않았다. 그는 줄타기를 즐겼고, 실험의 연속이었다. 신념보다는 장면, 교리보다는 분위기, 명확함보다는 미묘함이 그의 방식이었다.

　1875년 크리스마스, 와일드는 아일랜드로 돌아갔다. 집안 분위기는 아버지의 병으로 가라앉아 있었고, 그는 더블린의 친구 리처드 트렌치의 집에서 머물며 시를 썼다. 가톨릭의 엄숙함에서 멀어지며 라파엘전파의 부드러운 관능을 담은 시를 완성했고, 그것은 더블린과 보스턴에서 출간되었다. 대학생으로서 놀라운 성취였다. 와일드의 명성은 점점 퍼져갔다. 그는 머리를 다시 길렀고, 옥스퍼드의 시인으로 자리 잡았다. 하지만 그 성공은 학업과는 거리를 벌렸다. 그는 시험을 준비하되, 진지한 것처럼 보이지 않으려 애썼다. '딜레탕트(아마추어 예술 애호가)'라는 표현을 떠올리며 그는 그 단어의 의미를 자신만의 스타일로 재정의하려고도 했다. 하지만 그의 친구들, 특히 장학생 앳킨슨은 알고 있었다. 와일드는 몰래 열심히 공부했다. 부활절 방학에도 학교에 남아, 함께 식사를 해결하며 조용히 책을 읽었다. 하지만 얼마 후, 두 사람은 공통점이 없다는 걸 깨닫고, 따로 밥을 먹기 시작했다. 각자의 방식대로, 서로 다른 길로 향했다.

와일드의 삶에서 옥스퍼드 3년차는 경계선이었다. 한쪽 발은 여전히 고전학의 세계에 디디고 있었고, 다른 발은 이미 감각과 표현, 야망의 세계로 내딛고 있었다. 그해 봄, 메리온 스퀘어에서 날아온 소식은 그를 멈춰 세웠다. 아버지, 윌리엄 경이 중병에 걸렸다는 소식이었다. 그가 도착했을 땐, 아버지는 이미 쇠약해져 침상에 누워 있었고, 검은 베일을 쓴 여인이 매일 아침 조용히 방문하곤 했다. 누구도 그녀의 방문을 막지 않았다. 와일드는 그 여인이 아버지의 정부이자, 죽은 두 딸의 어머니였을 것이라 생각했다. 어머니는 질투했지만, 더 깊은 사랑으로 그 여인을 받아들였다.

4월 19일, 아버지는 조용히 눈을 감았다. 어머니는 아버지의 손을 잡고 있었다. 그녀는 비통했고, 와일드 또한 상실감에 휩싸였다. 존경하던 아버지를 잃은 것이다. 슬픔은 그것만이 아니었다. 남겨진 유산은 거의 없었다. 일 년에 3000파운드를 벌던 사람이 남긴 것은 거대한 빚이었다. 과도한 자선, 무모한 부동산 투자, 아버지의 충동성과 무계획이 남긴 유산이었다.

옥스퍼드로 돌아온 와일드는 시험 준비에 몰두했다. 신학과 논리학 시험을 치렀고, 스스로는 1등이 어렵지 않을까 걱정했다. 하지만

OSCAR WILDE AS AN UNDERGRADUATE, APRIL 3, 1876.
(Photo by Hills & Saunders, Oxford.)

옥스퍼드 모들린 칼리지 재학 시절의 오스카 와일드, 1876년 4월 3일

주위는 달랐다. 그가 얼마나 준비를 열심히 하였는지 잘 알고 있었기 때문이다. 시험은 6월 2일부터 16일까지 이어졌고, 결과는 최상위권 성적이었다. 친구들과 소풍을 다니고, 테니스를 치고, 웃으며 사진을 찍던 와일드의 얼굴은, 이제 한 사람의 학자라기보다, 한 사람의 작가에 가까웠다.

그해 여름, 마일즈가 새로운 인물, 로널드 가우어 경 Lord Ronald Gower을 데려왔다. 귀족 출신, 조각가이자 작가, 문화적 취향의 집약체였던 가우어는 와일드를 강하게 끌어당겼다. 그의 언어—세련됨, 냉소, 풍자—는 와일드의 가톨릭 취향을 조롱했지만, 와일드는 오히려 그로부터 더 넓은 세계를 보았다. 마일즈가 그에게 예술과 런던 문화를 열어줬다면, 가우어는 그것을 현실로 연결시켜 준 인물이었다.

와일드는 이후 가우어가 그토록 좋아하던 예술과 세련된 삶의 방식에 몰입했다. 와일드는 윈저의 로널드 가우어 경의 저택도 방문했다. 프랑스 가구, 고전 회화, 마리 앙투아네트 시대의 그림들이 걸린 그 집은 아름다움의 박물관 같았다. 와일드는 인테리어에 눈을 떴고, 그 감각은 단지 장식이 아니라 하나의 문화적 신념으로 확장되었다. 러스킨과 라파엘전파의 예술가들처럼, 그는 수공예적 미감, 고전적 양식, 중세적 취향에 매혹되었다. 모리스, 로제티, 번-존스가 서로 협업하여 이상적인 예술가의 집으로 기획한 '레드 하우스'가 보여주는 미학은 그의 방 안에도 스며들었다. 자신의 방 하나를 도자기, 그림, (액자에 넣지 않은 작품들을 보관하는)포트폴리오, 피아노로 채워 놓았다. 그의 방은 이제 하나의 갤러리였다. 와일드는 그 공간에서 시를 썼고, 1877년에는 12편의 시를 출간했다.

빙햄 렉토리에서 마일즈와 함께 보낸 여름은 풍경, 장미, 파티, 테니스로 채워졌다. 와일드는 매력을 뽐냈고, 더 많은 것을 바라기 시작했다. 그는 더 이상 대학에 머무를 수 없었다. 그럼에도 불구하고, 추기경 매닝과 추기경 뉴먼을 존경하며 가톨릭 책을 사서, 여름엔 그것을 읽을 계획도 세웠다. 하지만 더블린으로 돌아가면 금세 다른 관심사가 그를 끌어당겼다. 마하피의 책 교정을 도왔고, 아버지의 미완 원고를 정리했으며, 시몬즈의 책을 리뷰하고, 테니스를 치고 바다에서 수영을 즐기기도 했다. 그의 말처럼, "바다에 들어가면 약간은 불멸이 된 듯한 느낌"을 받았다. 그러다 8월, 마일즈가 와일드를 찾아왔고, 두 사람은 아일랜드 서쪽으로 떠났다. 모이투라에서 보트 타기, 사냥, 낚시, 그리고 그림. 와일드는 처음으로 수채화를 그리고, 시를 썼다. 아름다운 소녀 플로렌스 발콤Florence Balcombe을 만나기도 했다. 그녀에게 그림을 주었고, 은 십자가도 선물했다. 그러나 이 만남은 운명적 로맨스로 이어지진 않았다. 와일드는 그녀에 대한 시를 쓰지도 않았다. 자신이 생각하는 사랑에 대해 그는 옥스퍼드 시절 노트에 이렇게 적었다.

"사랑은 항상 부분적인 오해이다. 사랑 그 자체는 모든 것 중 최악의 오해이다." 나중에 플로렌스는 「드라큘라」의 저자로 잘 알려진 브람 스토커Bram Stoker와 결혼했다.

와일드는 기회가 있을 때마다 옥스퍼드의 고요한 담장을 넘어, 바깥 세계의 자극 속으로 스스로를 던졌다. 9월의 성 미카엘 축제일 이후, 그리고 크리스마스를 맞아 더블린으로 돌아가기 전까지 그는 런던에서 머물며 전시회, 콘서트, 극장을 빠짐없이 찾아다녔다. 무엇보다도 연극은 그에게 강한 인상을 남겼다. 특히 헨리 어빙의 맥베스 공연은 말 그대로 충격이었다. 그는 그 연기에 완전히 매료되었다. 연극 무대는 그에게 단순한 오락이 아닌, 새로운 감각의 발견이었다. 그러나 그의 미학은 사물에만 머물지 않았다. 와일드는 살아 있는 육체의 아름다움, 움직임, 표정, 자세에도 눈을 돌렸다. 시몬즈의 조언처럼, 새벽에 물놀이하는 소년들, 운동장에서 훈련하는 젊은이들, 이시스 강에서 조정하는 운동 선수들을 바라보며 헬레니즘적 감각을 불태웠다. 어떤 육상 선수를 두고는 '저 친구의 왼쪽 다리는 하나의 시(詩)'라고 표현했고, 또 다른 장거리 달리기 선수의 경기를 보면서는 '내가 본 가장 아름다운 장면'이라고 말했다. 한 장학생 친구의 얼굴을 보며 '그리스적 얼굴'이라 감탄하기도 했다. '그리스적'이라는 단어는 이제 그의 미학적 언어의 핵심이며 최고의 찬사를 담은 표현이 되었다. 와일드는 모든 아름다움을 시처럼 받아들였다. 그러나 단지 감상에 머문 것은 아니었다. 그는 가우어의 누이, 콘스탄스 백작 부인을 만났을 때 그녀를 "키르케를 닮은, 가장 매혹적인 여인"이라 썼다. 감탄은 찬사로, 찬사는 글로 변환되었다.

그러나 옥스퍼드에서의 와일드의 평판이 위태로워졌다. 수업엔 잘 나오지 않았고, 학업 태도는 불성실했다. 학기 말 칼리지 홀에서 교수와 학생들이 모두 모인 자리에서 로마사 튜터였던 앨런 선생이 그의 불성실한 학습태도를 지적했을 때, 와일드는 "하지만 학장님, 앨런 선생은 신사도 아닙니다."라고 받아쳤다. 그러자 학장은 그를 그 자리에서 쫓아냈다. 채플 시간에 모세의 신명기 대신 솔로몬의

아가서를 낭독하고, 거룩함 대신 관능을 읊조리며, 그는 정해진 규율을 우습게 무시해버렸다. '나쁜 학생'이라는 낙인은 그에게 경고가 아닌 훈장으로 받아들였다. 그는 이제 더는 시험으로 자신을 입증하고 싶지 않았다. 자신의 실력을 보여주는 방식은, 이제 시와 사회적 유희, 장식된 공간과 예술에 대한 언어였다.

이 모든 감정과 사건의 흐름 속에서, 재정 상황은 악화됐다. 더블린 외곽 남쪽에 있는 도시 브레이에 있던 네 채의 집은 경매에서 계속 유찰되었고, 수리 비용과 부동산 광고비는 쌓였다. 장학금조차 위태로웠다. 하지만 어머니는 침착했고, 와일드를 다독였다. 그리고 이 현실의 압박 속에서, 와일드는 결심했다.

"신만이 아시겠지만 나는 절대 시들어버린 교수처럼 살지는 않을 것이다. 시인이 되고 작가가 되고 극작가가 될 것이다. 어떻게든 유명해질 것이다. 유명해지지 못한다면 악명을 떨칠 것이다." 그 말은 허풍이 아니라 예언이 되어버렸다. 그리고 그는, 정말 그렇게 되었다.

1877년 10월, 4학년을 시작하며 옥스퍼드로 돌아왔을 때, 그는 이미 장학금을 몰수당한 상태였다. 전년도 학업에서 주어진 과제를 끝내지 못했기 때문이었다. 더욱이 아테네와 로마 여행에서 뒤늦게 돌아온 이유로 인해 와일드는 정학 처분을 받았다. 그러나 옥스퍼드의 건물들과 회랑, 그리고 강의실로 돌아오는 순간, 그는 다시 자신이 사랑하는 공간 안에 있다는 사실에 안도했다. 처음 그가 한 일은, 월터 페이터에게 답장을 쓰는 일이었다.

와일드는 뉴디게이트 상이라는 새로운 목표를 향해 마음을 다잡았다. 그 상을 받은 이들 중에는 매튜 아놀드와 존 러스킨 같은 인물도 있었다. 와일드는 그 계보에 이름을 올리고 싶었다. 6월 학교 신문에 주제가 발표되었다. 라벤나Ravenna. 그가 직접 다녀왔던 이탈리아 도시 중 하나였다. 이국적이면서도 고전적, 감각적이면서도 사색적인 도시. 그의 감수성과 정확히 맞닿아 있는 풍경이었다. 이때 와일드가 구상한 「라벤나」는 그가 그동안 접해온 모든 것 즉 페이터의 세련된 인상주의, 러스킨의 도덕적 열정, 그리스의 아름다움, 라파엘전파의 회화, 플로베르의 상상력을 하나로 응축시켜 구현하는 시도였다. 그 시는 단순한 수상 목적이 아니라, 이제 작가로서의 자신을 세상에 드러내기 위한 진지한 모색이었다.

그해 옥스퍼드에 지내면서 가장 뚜렷한 변화는 두 거장과 형성된 깊은 관계였다. 페이터, 그리고 러스킨. 이들은 와일드의 미학적, 지적 세계의 양축이 되었다. 와일드는 두 거장의 말 사이에서, 감각과 사유, 언어와 이미지 사이에서 자신의 미학적 자아를 조율했다. 페이터와는 차를 마시고, 산책하고, 식사를 함께했다. 서로 책과 사진을 교환하며 감각과 언어를 공유했다. 페이터는 그에게 플로베르의 단편집 「세 가지 이야기Trois Contes」를 건넸고, 와일드는 그중에서도 특히 헤로디아와 살로메라는 두 캐릭터 묘사에 강하게 끌렸다. 감각적 정밀함, 불길한 매혹. 그것은 와일드의 문학 세계에 깊은 흔적을 남기게 된다.

이들의 지적 교류는 단지 책을 읽는 행위에 머물지 않았다. 두 사

〈미학주의자 대 운동선수들〉,《펀치》 1881.
토피드 위크Torpid Week는 겨울학기Hillary Term(1월 중순~3월 중순)가 마무리되는 2월 말에서 3월 초에 열리는 조정 경기 주간이다.

람 사이에는 묘한 긴장감이 흘렀다. 그들을 지켜본 동료 보들리는 '정교한 전문 용어의 대화'를 따라갈 수 없었다고 회상했고, 페이터가 '무구한 와일드를 타락시키고 있다.'는 평을 남기기도 했다. 페이터는 조용하고 신중한 사람이었지만, 와일드에게는 끊임없이 질문을 던졌다.

"왜 시만 쓰나요? 산문은요? 산문이 훨씬 더 어렵습니다."

시인으로 자신을 정의했던 와일드에겐 충격적인 도전이었다. 처음엔 방어적으로 받아들였지만, 그 질문은 천천히 그의 내면에서 발아하기 시작했다. 와일드는 훗날 이렇게 말했다. "그는 나를 칭찬하지 않았지만, 나로 하여금 나보다 더 나은 나를 끌어내었다. 그의 영향력은 그리스 예술이 가장 절정에 달했을 때처럼 생생했다."

한편, 러스킨은 여전히 그에게 열정과 언어, 감각의 깊이를 제공하는 또 다른 축이었다. 마이클마스 학기(10월부터 12월 초)에 러스킨은 다시 옥스퍼드로 돌아왔고, 현대 화가들에 대한 강연을 이어갔다. 그것은 수업이기보다 일종의 공연이었고, 대화였으며, 계시 같았다. 터너의 그림, 건축 스케치, 때로는 갑작스러운 인생론까지. "가능한 한 빨리 사랑에 빠져라!"는 조언이 그 어떤 철학보다도 와일드의 가슴에 남았다.

옥스퍼드에서 마지막 해를 보내면서, 와일드는 자신만의 정체성을 뚜렷하게 빚어내는 작업에 몰두했다. 그것은 단지 시를 쓰고 사유하는 데 그치지 않았다. 그의 삶 자체가 하나의 미적 구성물이 되어 갔다. 그 중심에, 한 송이의 꽃이 있었다.

꽃은 와일드의 미학주의를 상징하는 상징이자 실천이었다. 그는

윌리엄 모리스의 디자인, 번-존스의 회화, 로세티의 시에서 꽃이 어떻게 사용되는지 주의 깊게 관찰했고, 그 아름다움을 자신의 언어로 옮겼다. 그의 시는 꽃들로 가득했다. 앵초, 눈꽃, 제비꽃, 크로커스, 하벨벨, 마디꽃, 그리고 '별처럼 밝게 빛나는 수선화'에 이르기까지. 그러나 그는 식물학자가 아니었다. 실제로 언제 피는지보다 이름이 얼마나 음악적인지가 더 중요했다. 친구의 회상에 따르면, 와일드는 시를 쓸 때 식물도감을 뒤적이며 가장 듣기 좋은 꽃 이름을 고르는 데 열중했다. 그러나 그것이 단순한 언어적 장식에 그쳤다면 와일드는 와일드가 아니었을 것이다. 몸이 아파 자기 방에 누워있으면서 그는 오직 "꽃만이 나를 위로할 수 있어."라고 말했다. 친구 하딩에게는 "저 건물 밖에 핀 그 붉은 꽃 가지 하나만 꺾어다 줄 수 있겠나?"라고 청하기도 했다. 그의 방에는 늘 백합이 있었고, 때로는 "수선화만 먹고 보름을 지낸 적이 있다."는 농담을 하기도 했다. 물론 친구의 반응을 살핀 뒤 "진짜는 아니야."라며 웃어넘겼지만.

이 사랑은 철저히 미학적이었다. 러스킨과 페이터가 주장했던 '아름다움의 힘'은 그에게도 실재하는 믿음이었다. 그의 노트에는 플라톤, 스윈번, 프랑스 작가들의 문구가 줄지어 적혀 있었다.

"오직 아름다움만이 진리다." 그에게 아름다움은 신념이었다. 고통과 쾌락, 공포와 기쁨, 그 모든 감정은 아름다움이라는 문을 지나

옥스퍼드 모들린 칼리지에 핀 영국 장미

며 다시 태어났다.

"아름다움은 시들지 않는 꽃이며, 실망시키지 않는 기쁨이다."

"아름다움은 단 하나를 요구할 뿐이다. 완벽함."

와일드는 이 믿음을 방 안 곳곳에 구현했다. 그리스 양탄자, 타나그라 조각상, 메리언 스퀘어에서 가져온 귀도 레니의 판화, 청백자 도자기들. 심지어는 금박 천장도 계획했다. 가난해질수록 그는 더 아름다운 것을 원했다. 사치가 아니라, 신념이었다. 그의 시선은 런던을 넘어 일본까지 닿았다. '지구상에서 가장 고도로 문명화된 나라'라고 생각한 일본은 그에게 또 다른 아름다움의 보고였고, 실제로 몇 달간 긴 여행을 계획하기도 했다. 휘슬러나 친구들과 동행을 고려했지만, 결국 실현되지는 않았다. 그러나 그 마음은 계속 남았다. 미지의 아름다움에 대한 집착, 그것이 와일드를 움직이는 진짜 동력이었다.

와일드의 삶은 '아르누보' 운동의 현장이기도 했다. 그는 번-존스의 그림을 주문했고, 그로브너 갤러리에서 전시된 작품 중 세 점을 수집했다. 도자기 수집에도 열정을 보였지만, 안목이 경험을 따라가지 못해 속는 일도 있었다. 그러나 실수조차 그에겐 배움의 일부였다. 미에 대한 갈망, 감각에 대한 충실함이 와일드를 예외적인 존재로 만들고 있었다.

단어 하나, 포즈 하나, 웃음 뒤에 숨은 말까지, 모두 와일드는 의도적이었다. 과거의 장난기 많은 농담은 여전히 남아 있었지만, 그것은 이제 정제된 말장난과 역설, 속뜻을 품은 유희로 변모해 있었다. 그는 점점 더 재치 있는 말을 수집했다. 노트에는 경구들이 줄

지어 적혀 있었다. '형이상학의 위험은 명사를 신으로 바꾸는 데 있다.' '역사에서 찾아야 하는 것은 혁명이 아니라 진화다.' '사실을 모으는 건 쉽지만, 그것을 제대로 쓰는 건 어렵다.' 그의 언어는 간결하고, 기억에 선명하게 남았다.

어느 일요일 저녁, 그는 사람들 앞에서 이렇게 말했다. '나는 내 청백자 수준에 맞춰 살아가는 게 점점 힘들어진다.' 자신이 추구하는 아름다움과 세련됨의 기준에 스스로 도달하기 어렵다는 자조적 유머라고 할 수 있다. 이 말은 미학주의자로서의 삶의 무게를 재치 있게 표현하고 있다. 이 말은 곧 옥스퍼드 전체에 퍼졌다. 누군가는 설교까지 했다. "어떤 청년이 청백자에 걸맞게 살기 어렵다고 말하는 순간, 우리는 이교적 삶의 침입을 막아야 할 의무가 생긴다." 우스꽝스럽지만, 와일드는 자신의 말이 퍼져가는 걸 즐겼다. 와일드의 말은 농담이었고, 동시에 선언이었다.

어떤 학생들은 그런 그의 태도와 행동에 염증을 느끼기도 했다. 하지만 대체로 그는 유쾌했고, 웃겼고, 결국엔 받아들여졌다. 봄에는 모들린 보트 클럽 만찬에도 초대받아 축배를 들었다. 교수들은 덜 호의적이었다. 그가 학업을 거의 포기한 줄 알았고, 성적은 3등급쯤 될 거라 생각했다. 하지만 와일드는 비밀리에 읽고 또 읽었다. 노트 여백에 메모를 빽빽이 적었고, 휴가 중에도 친구 밀너와 함께 공부했다.

그러나 와일드의 방황은 여전했다. 그는 어느 일요일 한 성당을 찾아가 신부를 만났다. "나는 믿음도 없고, 목적도 없는 사람입니다." 그렇게 말했고, 신부는 개종을 권했다. "기꺼이 받아들인다면 진정한 행복이 시작될 겁니다." 약속한 다음 날, 와일드는 그 교회에 다시 찾아가지 않았다. 대신 백합 한 상자를 보냈다. 사람들은 와일드가 개종을 하지 않은 이유로 그것이 충분히 충격적이지 않았기 때문이라고 추측했다. 그는 고귀한 개신교 가문 출신도 아니고, 단지 더블린 의사의 아들이었다. 개종한들 "또 하나의 아일랜드 가톨릭 신자"가 될 뿐이었다. 헌터 블레어는 그가 진심이었다고 믿었지만, 결국 와일드는 선택하지 않았다. 그는 신념을 선택하지 않음으로써, 더 많은 가능성을 갖고자 했다.

와일드는 여전히 아름다움에 집착했고, 런던의 사교계와 멋진 의상에 끌렸다. 옥스퍼드의 어느 무도회에 초대받아 아름다운 여인들과 춤도 췄다. 하지만 그가 진정으로 즐긴 것은 자신의 옷차림, 혹은 신발에 단 버클에 대해 주변에서 어떻게 반응하는지 관찰하는 일이었다. 머리가 금발이 아닌 건 아쉽지만, 그는 그 밤을 최고의 순간이라 기억했다.

그러다 또 시험이 다가왔다. 종교 시험에 지각했을 때, 교수는 화를 냈고, 와일드는 피곤한 듯 말했다. "이런 시험은 처음이라서요." 별로 그는 사도 바울의 로마 항해기를 그리스어로 베껴야 했다. 한참이 지나서야 교수는 말했다. "그만 베껴도 됩니다." 와일드는 고개를 들며 대답했다. "바울이 죽을까 봐 걱정돼서 계속 읽고 있었어요. 그런데 살아남더군요. 그래서 교수님께 알려드리려 했어요." 그는 또 낙제했다. 하지만 곧 시작된 정식 시험에서 그는 모두의 예상을 깨고 최고 성적을 받았다.

1878년 6월, 「라베나Ravenna」라는 시로 와일드는 뉴디게이트 상을 받았다. 누구보다 기뻐해준 사람은 어머니 레이디 제인이었다. 와일드는 영국의 유명 출판사 맥밀런에 시를 보냈지만 거절당했고, 결국 지역 서점에 비용을 내고 인쇄했다. 백칠십오 부를 자비로 구입했다. 처음 자신의 이름이 표지에 오른 책이었다. 시집은 작고 얇았지만, 존재감은 컸다.

　와일드는 다시 옥스퍼드로 돌아와 구술 시험을 치렀다. 예상과 달리 그의 답안지는 가장 뛰어났다. 교수들은 질문 대신 축하 인사를 건넸다. 이로써 그는 더블 퍼스트(두 개의 시험에서 가장 높은 성적을 받았다는 의미), 즉 옥스퍼드 최고의 영예를 손에 넣었다.

　졸업 시험 직후 와일드는 옥스퍼드 행사에서 시「라베나Ravenna」를 낭독했다. 다른 수상작은 졸렸지만, 와일드는 큰 박수를 받았다. 모든 시선이 와일드에게 쏠렸고, 사람들이 몰려들었다. 그날은 옥스퍼드에서 그의 위상이 절정에 달한 날이었다. 이 모든 성공에도 불구하고 와일드는 그 자리에 머무를 생각은 없었다.

　다가오는 여름을 즐겨야 했다. 와일드는 친구 마일즈와 함께 카누를 타고 템스강을 따라 레딩에서 가까운 팡본Pangbourne까지 노를 저어 내려갔다.

**03**
OSCAR WILDE

# 아침 인상
# London

## 런던으로

와일드가 처음 런던을 찾은 해는 1874년, 옥스퍼드 입학을 준비하던 시기였다. 그는 어머니, 형과 함께 런던에서 짧은 여행을 즐겼다. 당시의 런던은 세계의 수도라 불릴 만큼 거대하고 강력했다. 런던은 처음이었지만, 어쩐지 오래 알고 지낸 듯한 느낌을 주었다. 이때 와일드는 첼시에 가서 어머니와 함께 노년의 토머스 칼라일을 만났다. 칼라일은 19세기 영국의 문학과 사상을 이끈 인물이었고, 와일드의 어머니와는 젊은 시절 이후 편지를 주고받은 사이였다. 어머니는 시인 테니슨에 대한 열정을 두 아들과 나누었고, 그와의 만남 또한 성사되었다. 그렇게 한 달 가까운 시간을 런던에서 보내고, 와일드 가족은 대륙으로 향했다.

와일드의 런던 사교계 진출은 뜻하지 않게 시작됐다. 1877년, 학교에 늦게 돌아온 와일드는 옥스퍼드에서 정학을 당하고, 장학금도 절반 삭감됐다. 받아들일 수밖에 없는 현실이었다. 그는 런던으로 향했고, 그곳에서의 일탈을 즐겼다. 마치 전장에서 물러난 병사가 잠시 숨을 고르듯, 와일드는 프랭크 마일스와 몇몇 친구들과 어울리며 시간을 보냈다. 런던은 완벽했다. 그가 꿈꾸던 예술과 사교의 중심지였고, 문화 행사는 끊이지 않고 이어졌다.

와일드는 프랭크 마일즈나 로널드 가우어의 만남을 통해 런던의 사회적, 문화적 성취를 보다 가까이서 마주했다. 도시가 뿜어내는 낯선 활기가 그의 감각을 하나씩 열어젖혔다. 왕립 알버트 홀에서는 바그너의 선율이 천장을 타고 흐르고, 세인트 제임스 극장에서는 루빈스타인의 음악이 그의 내면을 조용히 흔들었다. 친구들과는 그림과 음악이 남긴 흔적에 대해, 연극 속 한 장면과 배우의 목소리에 대해 이야기했다.

어느 날, 코벤트 가든 남쪽 웰링턴 가에 자리한 라이시엄 극장에서 그는 「맥베스」를 만났다. 무대 위 헨리 어빙의 연기는 언어적 표현만이 아니라 현실을 밀어낸 틈 사이로 솟아오른 또 다른 진실 같았다. 와일드는 그 순간을 잊지 못했다. 세기말 공연계를 이끌던 헨리 어빙Henry Irving, 그리고 그 곁에서 무대를 채우던 엘렌 테리Ellen Terry. 그들의 연기는 예술이라기보다 하나의 풍경이었고, 와일드는 그 풍경 속에 스스로를 서서히 배치해 나아갔다.

런던 사교계에서도 와일드는 자기 자리를 만들어가려 했다. 그는 웨스트민스터에 위치한 세인트 스티븐스 클럽에 가입했다. 공식적인 정치 단체는 아니었지만, 이 모임은 보수당 성향의 배타적인 사교·정치 클럽으로, 아무나 들어갈 수 있는 곳이 아니었다. 그러나 와일드에겐 옥스퍼드 인맥이 있었다. 그 덕에 문이 열렸다. 이곳은 정치적 담론의 장이기도 했지만, 예술에 관한 관심 또한 공유되던 공간이었다. 제임스 위슬러 역시 세인트 스티븐스 클럽의 회원이었다. 가입비는 무려 42파운드. 오늘날의 금전 가치로 환산하면 약 6,250파운드에 이르는 금액이었다. 당연히, 파산 직전까지 몰려 있던 와일드에게는 큰 부담이었다. 결국 그해 유월절에 예정되어 있던 로마 여행은 포기할 수밖에 없었다. 원래라면 워드, 헌터-블레어와 함께 떠날 계획이었다. 하지만 여행 대신 그는, 런던이라는 거대한 무대에 더 깊숙이 발을 들여놓았다.

그해 5월 5일, 벌링턴 하우스Burlington House에서 왕립 미술 아카데미Royal Academy of Arts 전시가 막을 올렸다. 와일드도 전시장에 있었다. 로널드 가우어와 프랭크 마일즈 같은 친구들의 작품이 걸린 벽 앞에서 그는 천천히 걸음을 옮겼다. 익숙한 이름들, 익숙한 색감. 하지만 그의 시선을 완전히 사로잡은 것은 따로 있었다. 그해 런던에서 가장 눈부신 문화적 사건은 벌링턴 하우스에서 멀지 않은 본드가에 새로 문을 연 그로브너 갤러리Grosvenor Gallery의 개장이었다. 와일드는 그곳에서 무언가가 바뀌고 있다는 감각을, 누구보다 먼저 알아차렸다.

지금은 고급 매장들로 빼곡한 뉴 본드가. 그로브너 갤러리의 자리는 이미 오래전에 사라졌다. 하지만 그 건물이 품고 있던 분위기, 그 안에 담겼던 의지까지 완전히 지워지진 않았다. 그로브너 갤러리는 다른 미술품 전시와 차별화되어 있었다. 쿠츠 린지 경Sir Coutts Lindsay과 그의 아내 블랜치Blanche는 자신들의 안목과 자금을 아낌없이 쏟아부어, 아르누보적 감각이 살아 있는 공간을 만들어냈다. 두

1877년 5월 《일러스트레이티드 런던 뉴스》에 실린 그로브너 갤러리

사람은 기획자이자 큐레이터였다.

회록색과 암적색의 다마스크 벽지, 진초록과 금빛이 어우러진 기둥, 팔라디오식 출입문, 이국적인 튀르키예풍 카펫과 일본 도자기들 모든 요소가 하나의 조화를 이루며 '미'를 중심에 둔 세계를 완성했다. 그림은 전통적인 방식처럼 벽을 가득 채우지 않았다. 눈높이에 맞춰, 한 점 한 점 간격을 두고 걸렸다. 라파엘전파의 계보를 잇는 화가들의 작품도 전시되었다. 홀먼 헌트Holman Hunt, 밀레이(그중엔 로널드 가우어의 초상도 있었다), 월터 크레인Walter Crane, 그리고 린지 부부 본인의 작품들까지. 하지만 진짜 중심은 따로 있었다. 번-존스Burne-Jones와 휘슬러. 번-존스는 〈멀린의 유혹〉, 〈창조의 날들〉, 〈비너스의 거울〉 같은 대형 캔버스를 정성껏 준비해 걸었다. 반면 휘슬러는 세밀한 묘사나 서사를 배제하고, 조용한 색조로 풍경과 인물을 그려냈다. 〈심포니〉, 〈하모니〉, 〈구성〉이라 이름 붙인 연작들. 그는 오히려 말하지 않음으로써, 보는 사람을 오래 붙들었다.

그로브너 갤러리는 왕립 아카데미의 개막 전시보다 먼저, 4월 30일에 초대전을 열었다. 런던 사교계는 그날 본드가로 몰려들었다. 언론은 흥분을 감추지 않았다. '모든 이가 왔다.'고 보도했다. 귀족과 정치인, 예술가, 작가, 배우, 고위 성직자, 그리고 '꿈처럼 아름다운 여성들'까지. 윌리엄 글래드스턴 같은 유명 정치인도 그 자리에 있었다. 와일드 역시 인맥 덕에 초대를 받았다. 그는 런던의 이름 있는 사람들 틈에서 진심으로 들떠 있었다. 마하피의 친구이자 키츠의 전기작가였던 호턴 경Lord Houghton을 만났고, 제임스 휘슬러와는 그 자리에서 인연이 시작되었다. 런던 문화계에 입성하기에 더없이 좋은 순간이었다. 하지만 와일드가 그날의 주인공은 아니었다. 모두의 시선을 사로잡은 데뷔자는 따로 있었다. 새로운 여신이 등장한 것이다. 금발 머리에 회색 눈동자, 살아 있는 그리스 조각처럼 완벽한 균형을 지닌 얼굴. 그녀의 이름은 릴리 랭트리Lillie Langtry, 스물세 살. 눈썹은 아치형으로 부드럽게 휘어 있었고, 턱선은 단단하면서도 풍만했다. 입술은 정교하게 다듬어진 조각처럼 닫혀 있었고, 목은 '기둥처럼 엄숙하게 솟아올랐다'고 표현될 만큼 매끄럽고 곧았다. 아름다움에도 유행이 있다면, 그 시절의 기준에서 그녀는 이상에 가까웠다. 저지Jersey 섬 출신의 그녀는 런던에 왔을 때, 검은 드레스 한 벌과 결혼반지 하나만 지니고 있었다. 별다른 장식도, 화려한 배경도 없었다. 그런데도 단 하룻밤, 그것이면 충분했다. 모든 시선은 그녀에게로 쏠렸다.

예술가들도 그녀의 등장에 흥분을 감추지 못했다. 모두가 그녀를 작품 안에 담고 싶어 했다. 프랭크 마일스는 한 극장에서 처음 그녀를 알아보았고, 얼마 지나지 않아 로운즈 스퀘어Lowndes Square의 살롱 모임에서 그녀를 스케치할 기회를 얻었다. 왕립 아카데미 회원인 존 밀레이 역시 그녀의 초상화를 그렸다. 마일스는 와일드와 함께 야심 찬 계획을 세우기도 했다. "나는 연필로, 내 친구 오스카는 펜으로 그녀를 새로운 조콘다, 다시 말해 모나리자로 만들 것이다." 마일스는 와일드를 재촉했다. 와일드는 그녀를 유럽에서 가장 사랑스러운 여인이라 여겼지만, 당장 시를 쓰지는 않았다. 그 순간에 그는 침묵을 택했다.

파산 직전에 다다른 와일드는 결국 더블린으로 돌아가 정학 기간

에드워드 번-존스 〈멀린의 유혹〉 1872-1877

프랭크 마일즈 〈릴리 랭트리 초상화〉 1884

을 보내게 된다. 그러나 물러선 자리가 곧 새로운 무대가 되었다. 그는 그곳에서 예술 비평가로서 자신의 이름을 알리기 시작한다. 그로브너 갤러리 전시에 대한 긴 리뷰를 《더블린 대학 매거진》에 실으며, 런던에서 본 것들을 글로 다시 살려냈다. 특히 휘슬러에 대해선 '어둠의 위대한 거장'이라 칭하며 겉으로는 극찬했지만, 그 말투 속엔 특유의 장난기가 숨어 있었다. 저채도의 침잠해 들어가는 듯한 색조, 우울한 분위기를 담은 휘슬러의 작품들, 즉 〈검정과 금빛의 녹턴: 떨어지는 불꽃〉, 그리고 그와 짝을 이루는 〈블루와 실버의 녹턴〉에 대해 그는 이렇게 평했다. "이 그림들은 실제 로켓을 바라보는 시간만큼은 볼 가치는 있습니다. 그러니까, 15초도 안 되는 정도겠죠." 농담 같지만, 비평이었다. 반면 번-존스의 작업에는 훨씬 진지하고 아낌없는 찬사를 보냈다. 와일드는 그 안에서 자신이 믿고 싶은 예술의 미래를 보았는지도 모른다.

와일드가 그로브너 전시에 대한 리뷰를 쓴 이유는 단순히 미술계에서의 입지를 다지기 위한 것만은 아니었다. 그는 그 글을 일종의 정교하게 짜인 자기소개서처럼 사용했다. 목표는 분명했다. 옥스퍼드 브래스노스 칼리지Brasenose College의 월터 페이터. 와일드는 리뷰 안에 페이터의 글을 인용했고, 그를 "러스킨에게 기원을 빚지고 있으며 문화와 미적 감수성의 부흥을 이끄는 소수의 인물 중 하나"라고 소개하며 신중히 경의를 표했다. 그 모든 문장은 계산된 것이었다. 그리고 그 전략은 통했다. 페이터는 와일드의 글과 편지에 흥미를 보였고, 그를 직접 만나고 싶다는 뜻을 전해왔다. 답장에는 와일드의 '세련된 취향과 미에 대한 상당한 지식'을 높이 평가하는 구절도 담겨 있었다. 이 짧은 교류는 하나의 징후였다. 와일드는 글을 무기로, 조용히 자신을 당대 미학주의의 핵심 인물들에게 끌어올리고 있었다.

그러나 와일드가 막 미술계와 연결 고리를 만들기 시작했을 때, 정작 그 세계는 이미 조용히 방향을 틀고 있었다. 새로운 흐름은 예고 없이, 그러나 분명하게 밀려오고 있었다. 러스킨 역시 가만있지 않았다. 그로브너 전시회에 대한 논평을 자신의 저널 「포르스 클라비게라Fors Clavigera」에 실었다. 와일드보다 훨씬 날이 선 글이었다. 특히 휘슬러의 〈검정과 금빛의 녹턴〉을 향한 혹평은 결국 법정으로 이어졌다. 휘슬러는 명예훼손 소송을 제기했고, 승소했다. 하지만 판결은 아이러니했다. 배상금은 단 1파딩, 0.0025파운드에 불과했고, 정작 비싼 소송 비용은 휘슬러 자신이 감당해야 했다. 결과적으로 그는 파산했고, 영국 미술계는 이 사건으로 깊이 갈라졌다. 번-존스는 본인의 뜻과는 상관없이 러스킨 측 증인으로 법정에 서야 했고, 그로 인해 오랜 친구였던 휘슬러와 반대편에 서게 됐다. 와일드는 이 복잡하고 미묘한 지형 속에서 조심스럽게 발을 디뎠다. 판단을 유보한 채, 방향을 읽으려 애썼다.

1878년, 옥스퍼드를 졸업한 와일드는 본격적으로 런던 사교계에 발을 들였다. 그리고 자신의 이름을 세상에 알리는 일에 결코 게으르지 않았다. 런던 언론에 실린 와일드 관련 기사는 곧장 지방지로 퍼졌고, 대서양을 건너 미국과 호주, 심지어 남아프리카와 뉴질랜드의 신문에도 재활용되었다. 그는 이런 관심을 피하지 않았다. 오히려 기민하게 활용했다. 자기 자신을 광고하는 요령을 익혀가며, 직접 실천에 나섰다. 사교계 잡지가 쏟아져 나오던 시기, 그는 틈틈이 자신의 소식과 사적인 정보를 그들에게 흘렸다. 형 윌리 역시 동생 오스카를 알리기 위해 인터뷰를 자청했다. 그는 자신을 하나의 이름, 하나의 인물로 만들어가는 중이었다.

시대를 풍자하던 잡지《펀치Punch》에서 활동하던 조지 듀 모리에 George du Maurier는 미학주의 운동을 비틀어 보는 데 주저함이 없었다. 그리고 그 풍자의 중심에는 종종 와일드가 있었다. 그는 와일드를 패러디한 삽화들을 여럿 그렸는데, 그중 특히 유명한 것은 해바라기 속에서 얼굴을 내민 와일드의 초상이다. 얼핏 보면 야성적인 사자를 연상케 하지만, 자세히 들여다보면 감상적이고 길들여진 심미주의자의 모습이 과장되어 있다. 우아함을 흉내 낸 자세, 어딘가 멍하니 떠 있는 표정. 그것은 단지 외모를 희화화한 것이 아니라, 그의 문학적 성취마저 조롱하는 뉘앙스를 담고 있었다. 아름다움을 말하지만, 실체는 없다는 식의 비아냥. 와일드는 이미 그런 시대의 표적이기도 했다.

풍자와 조롱이 이어졌지만, 와일드는 언제나 화제의 중심에 있었다. 1880년대 초, 런던 사교계에서 그는 시인이자 심미주의의 대제사장으로 통하게 되었다. 1881년 여름, 왕립 아카데미 미술관 개막 초대전에서도 그는 여성들의 시선을 받으며 등장했고, 사람들의 이목이 자연스럽게 그를 따라 움직였다. 화가 윌리엄 프리스 Wililam Powell Frith는 대형 군상화에 밀레이, 브라우닝 같은 인물들과 나란히 와일드를 그려 넣었다. 그의 얼굴은 런던 곳곳에 퍼져 있었고, 그의

〈펀치의 상상에 의한 초상화 37호: 오스카 와일드〉 1881년 6월 25일

사진은 '모든 상점의 쇼윈도를 장식했다.'는 말이 나올 정도였다. 어느새 그는, 살인자와 정치인을 제외하면 가장 많은 기사에 등장하는 인물이 되어 있었다.

그런 인기에도 불구하고, 첫 희극 작품 「베라」는 전혀 다른 반응을 마주했다. 현대 러시아를 배경으로 한 이 낭만 비극은 무대보다는 담론에 가까웠고, 대화는 지나치게 무거웠다. 극장 측의 반응은 차가웠고, 공연은 큰 반향 없이 사라졌다. 와일드에게 처음 닥친 시련이었다. 조롱과 실패가 그림자처럼 따라붙었지만, 그는 여전히 자기 차례가 올 것이라고 믿고 있었다.

영국 화가 프리스가 1883년 왕립 아카데미에 출품한 대형 군상화에는 1881년 여름 전시회를 찾은 빅토리아 시대 인물들의 모습을 담고 있다. 당시 영국 총리였던 벤저민 디즈레일리Benjamin Disraeli가 서거한 직후였기에, 그림 배경의 아치형 입구 너머에는 존 에버렛 밀레이John Everett Millais가 그린 디즈레일리의 초상화가 보인다. 이 초상은 빅토리아 여왕의 특별 요청으로 전시장에 걸린 것이었다. 화면 속 공간은 벌링턴 하우스 내에서도 가장 크고 웅장한 제3전시실로, 그 안엔 정치인, 예술가, 작가, 사회 명사들이 밀도 있게 배치되어 있다. 하지만 그 많은 얼굴들 사이에서도 가장 먼저 눈에 들어오는 인물은 오른쪽 삼분할 지점에 서 있는 한 사람—큰 키, 단정한 옷차림, 어딘가 연극적인 자세의 와일드였다. 이미 런던의 셀럽이었던 그는, 그곳에서도 단연 눈에 띄었다. 무대는 미술관이었지만, 시선을 끄는 배우는 따로 있었다.

윌리엄 파월 프리스 〈1881년 왕립 아카데미의 초대 관람A Private View at the Royal Academy, 1881〉 개인 소장

## 첼시 타이트 스트리트

지금은 조용한 주택가로 알려진 첼시. 하지만 와일드에게 이곳은 특별한 기억으로 남아 있는 장소였다. 1881년, 콘스턴스를 알아가기 시작하던 무렵, 그는 제임스 휘슬러와 개인적인 친분을 쌓기 시작했다. 당시 휘슬러는 마흔일곱, 와일드는 스물일곱이 채 되지 않았다. 나이 차는 컸지만, 두 사람은 가까운 거리에 살며 미학과 예술을 두고 자주 대화를 나누는 사이가 되었다. 휘슬러는 타이트가에 새 작업실을 마련했고, 프랭크 마일즈의 집도 그리 멀지 않은 곳에 있었다. 와일드는 이들을 비롯해 여러 예술가들과 어울리며 첼시의 분위기 속으로 스며들었다.

휘슬러는 중년에 접어든 나이에도 여전히 예민하고 날이 선 예술가의 기질을 유지하고 있었다. 프랑스에서는 에드가 드가와 교류했고, 말라르메의 시를 읽으며 자라난 감수성을 지녔다. 그의 회화는 설명을 거부했고, 의미를 벗어나려 했다. 예술은 그 자체의 아름다움을 위해 존재해야 한다—휘슬러는 '예술을 위한 예술'이라는 태도를 실천하는 인물이었다. 그리고 그 곁에서, 와일드는 자신이 나아갈 방향을 천천히 가늠하고 있었다.

와일드는 처음부터 휘슬러와 가까워지고 싶어 했다. 기회를 엿보고, 틈을 만들고, 자신을 눈에 띄게 배치했다. 그러다 마침내 휘슬러의 유명한 '조찬 모임'에 초대받았고, 거기서 비로소 자리를 잡기 시작했다. 휘슬러는 초반에 그를 다소 귀찮아했지만, 와일드의 능

런던 첼시 타이트 스트리트

청스러운 아부와 점점 커져가는 명성에 서서히 흥미를 느꼈다. 결정적인 건 인맥이었다. 휘슬러가 가장 아꼈던 두 배우—릴리 랭트리와 엘런 테리—와 가까운 사이였다는 사실이 와일드의 호감을 끌어당겼다. 타이트가에 있는 휘슬러의 스튜디오에서 둘의 우정은 빠르게 깊어졌다. 휘슬러는 자신을 중심으로 지식인과 예술가들의 작은 우주를 꾸리는 걸 즐겼고, 와일드는 그 안에 자연스럽게 스며들었다. 그러나 이 관계는 우정이라기보다는 위계가 느껴지는 사이였다. 선배와 후배, 혹은 사부와 견습생. 휘슬러는 중심에 있었고, 와일드는 그 곁을 돌며 배우고, 흡수하고, 때로는 흉내 냈다.

휘슬러는 가만히 있는 인물이 아니었다. 그는 고전적 권위에도, 시대의 유행에도 굴복하지 않았다. 윌리엄 터너는 그의 눈에 '아마추어'였고, 라파엘전파 화가들은 "회화의 본질을 모르는 사람들"에 불과했다. 로세티는 '화가가 아닌 시인', 번 존스는 '그림을 이해하지 못하는 인물'이라고 단언했다. 이런 거침없는 언행과 단단한 태도는 와일드에게 충격이었다. 와일드는 월터 페이터를 통해 '예술을 위한 예술'이라는 개념을 접했지만, 그것이 살아 있는 예술가의 삶 속에서 어떻게 실천되는지를 휘슬러를 통해 처음 보았다. 그 경험은 이론을 현실로 바꿔놓았고, 와일드 자신을 송두리째 흔들었다.

와일드는 즉각 반응했다. 그는 휘슬러에 대한 찬사를 담은 시 「아침 인상Impression de Matin」을 발표하며, 화가의 미학을 시로 옮기려 했다. 수동적 감상자에 머무르지 않고, 그 세계를 시적 언어로 재현할 줄 아는 후계자가 되고자 한 것이다. 이 짧은 시에는 휘슬러의 그림처럼 희미한 색조와 조용한 긴장이 담겨 있다. 눈에 보이는 장면이 아니라, 그 장면이 품고 있는 공기의 결을 옮기려는 시도. 와일드는 이제 예술을 말하는 사람이 아니라, 예술로 말하는 사람이 되고 있었다.

### 아침 인상

템스강의 푸른 황금빛 야경은
회색의 하모니로 변해가고,
황토빛 건초를 실은 바지선은
부두에서 천천히 떠내려간다.

노란 안개가 스며들어
다리를 타고 내려오더니
집들의 벽을 그림자로 만들고,
세인트 폴 대성당은 마치 거품처럼 솟아오른다.

그러다 갑자기 울려 퍼지는
아침 종소리, 거리에는
들판에서 온 수레들이 몰려들고,
한 마리 새가 반짝이는 지붕 위로 날아올라 노래한다.

그러나 한창 창백한 여인,

햇빛이 창백한 머리를 스치건만,

가스등 아래를 배회하며

불꽃 같은 입술과 돌 같은 심장을 지닌 채 서 있다.


와일드가 휘슬러에게서 배운 것은 예술 이론만이 아니었다. 와일드는 그를 통해, 자신을 하나의 브랜드로 만드는 법을 배웠다. 휘슬러는 화가의 차원을 넘어 자신이라는 인물을 무대 위에 올려놓고 끊임없이 연출하는 존재였다. 예술가이면서 동시에 퍼포머였다. 세상의 이목을 끌 줄 알았고, 논란조차 도구처럼 활용했다. 누군가가 "당신과 벨라스케스만이 위대한 화가입니다."라고 말했을 때, 휘슬러는 주저 없이 되받았다. "벨라스케스를 왜 끼워 넣습니까?" 이 한 마디에 와일드는 충격을 받았다. 그것은 그만의 허세가 아니었다. 자신을 대담하게 드러내는 방식, 시대를 유쾌하게 조롱하는 태도, 그리고 예술가로 살아남는 법. 와일드는 거기서 살아 있는 한 수를 본 것이다. 이런 태도는 와일드에게 적지 않은 영향을 남겼다. 그는 휘슬러가 '천재는 남들과 다르게 살아야 한다.'는 신념을 망설임 없이 실천하는 모습을 보며 깊은 인상을 받았다. 그러나 와일드는 휘슬러처럼 '악마적인 경멸과 논쟁을 즐기는 성향'을 지닌 것은 아니었다. 그는 다투기보다는 매혹시키는 것을 선호했다. 사람을 밀어내기보다는 끌어당기는 쪽을 택했다. 결국, 이 차이가 두 사람의 관계를 결정했다.

처음엔 와일드가 분명 제자였다. 휘슬러의 말에 고개를 끄덕이고, 그의 방식에 감탄하며 따라 배웠다. 하지만 시간이 흐르자, 와일드는 점점 자신만의 언어를 갖기 시작했다. 휘슬러가 날카로운 비수를 던지는 사람이라면, 와일드는 벨벳 장갑 속에 그 비수를 감추는 사람이었다. 독설 대신 농담을, 경멸 대신 위트를 택했다. 그리고 그런 방식으로 사람들의 마음을 사로잡았다. 그러나 휘슬러는 점점 불편해졌다. 와일드가 자신의 미학을 빌려, 더 부드럽고 대중적인 무언가로 바꾸고 있다는 느낌. 휘슬러는 자신이 도둑질을 당하고 있는 것처럼 느껴졌다.

한 번은 와일드가 휘슬러의 날카로운 비평을 듣고 감탄하며 말했다. "그 말을 내가 했으면 좋았을 텐데요." 휘슬러는 망설이지 않았다. "곧 그렇게 될 거야, 오스카. 곧 그렇게 될 거야." 짧지만 의미심장한 이 대화는 두 사람의 관계를 정확히 드러낸다. 와일드는 휘슬러에게서 많은 것을 배웠다. 예술에 대한 태도, 언어의 위력, 세상을 상대하는 방식. 그러나 그는 단순히 모방하는 사람이 아니었다. 그는 유혹하는 법을 알고 있었고, 사람들의 관심을 강요하지 않고 끌어당겼다. 결국 와일드는 자신만의 목소리, 자신만의 이미지로 무대에 올라섰고, 휘슬러조차 예상하지 못한 방식으로—그를 넘어서는 아이콘이 되었다.

## 영국 강연 여행

1883년 가을, 와일드는 짧았던 미국 여행을 마치고 다시 런던에 발을 디뎠다. 대서양을 건너 9월에 도착했을 때, 그 앞에 놓인 현실은 떠날 때와는 완전히 달라져 있었다. 불과 20개월 전만 해도 와일드는 떠오르는 젊은 작가였고, 미학운동의 상징 같은 존재였다. 그러나 귀국한 그를 당시 언론은 실패의 그림자를 안고 돌아온 사람 취급했다. 미국 언론《뉴욕 선》은 그를 '패배자'라고 규정했고, 영국의 한 풍자지는 피투성이가 된 모습의 와일드를 삽화로 그려냈다. 손에는 실패작 베라의 원고가 들려 있었고, 얼굴엔 지친 전사의 표정이 덧씌워졌다. 영국의 반응도 크게 다르지 않았다.

잡지《펀치》는「베라」에 대해 "베라 나쁜(Vera bad라는 표현은 very bad를 연상시킴)" 작품이라며 조롱했고, 삽화가 앨프레드 브라이언은 그를 실패한 극작가로 그려냈다. 어떤 언론은 아예 그를 범죄자처럼 다뤘다. "유죄가 입증된 악명 높은 범죄자"라는 표현까지 등장했다. 이 귀국은 귀환이 아니라, 일종의 추방처럼 보였다. 하지만 와일드는 쉽게 무너지지 않았다.

와일드는 '패배자'라는 언론의 비난에 개의치 않았다. 그는 다시 강연을 택했다. 미국 투어만큼의 화려함은 없었지만, 최소한 생계를 유지하고 재기의 기회를 모색할 수 있었다. 1883년 연말까지 그는 약 60회의 강연을 소화해야 했다. 일정은 런던에서 시작했지만 곧 전국을 방랑하듯 이어졌다. 엑서터에서 애버딘까지, 헤이스팅스에서 버큰헤드까지, 그는 기차를 타고 영국 전역을 오갔다. 콘스턴스의 오빠 오토 로이드에 따르면, 와일드 본인조차 이 일정을 "어이없고 말도 안 된다."고 했을 정도였다. "하루는 브라이턴, 다음 날은 에든버러, 그다음은 콘월 끝자락 펜잰스, 그리고는 더블린!" 그는

아름다움이란 영원한 기쁨이 아니다.
미학도 와일드의 「베라」 흥망성쇠

모든 일정을 매니저에게 맡겨버렸고, 본인도 자신이 어디로 가는지 모를 때가 많았다며 웃음을 터뜨리곤 했다. 하지만 그 모든 여정은 당시 빅토리아 시대를 관통하던 철도망 덕분에 가능했다. 거미줄처럼 얽힌 철길 위를, 와일드는 한 시대의 고독한 연설자로 달리고 있었다.

와일드에게 강연은 단지 수입을 위한 수단이 아니라, 자신을 다시 세우는 과정이자, 하나의 인간 궤도였다. 무대가 달라졌을 뿐, 그는 여전히 말할 수 있었고, 사람들을 매혹시킬 준비가 되어 있었다. 실패와 조롱의 문턱에서, 그는 다시 말을 고르기 시작했다. 세상이 등을 돌릴 때, 그는 책장을 넘기며 자신을 붙들고 있었다.

이 시기의 와일드는 어쩌면 더 이상 '우아한 사상가'가 아니었다. 미학적 이상을 논하는 귀족적 지식인이라기보다는, 생존을 위해 떠도는 순회 연극배우에 가까웠다. 화려한 무대 대신 그가 선 곳은 작은 마을 회관, 지방 극장, 혹은 후원회가 간신히 마련한 초라한 강연장이었다. 그는 그곳에서 자신의 목소리 하나로 사람들을 만났다. 어떤 날은 조롱 섞인 웃음이 돌아왔고, 또 어떤 날은 청중이 조용히 귀를 기울였다. 중요한 건, 그가 여전히 세상과 말을 주고받고 있었다는 사실이다. 와일드의 강연 여행은 성공이었을까? 그것은 정의에 따라 달라진다. 그는 경제적으로 버텼고, 여전히 무대 위에 설 기회를 가졌다. 그러나 그의 작품은 아직 환영받지 못했고, 미국에서의 실패는 그림자처럼 그를 따라다녔다. 그는 '유명한 실패자'였고, 그 명성을 벗어나기 위해 쉼 없이 자신을 밀어붙였다. 그는 실패를 견디는 동시에, 그 안에서 새로운 가능성을 탐색하고 있었다. 언젠가 '패배한 극작가'가 아니라 '당당한 작가'로 다시 무대에 설 수 있으리라는 믿음. 그에게는 그 믿음을 지탱할 만한 의지와 여유가 있었다. 그리고 결국 그는, 자신의 작품으로 자신을 증명해냈다.

여행자로 그의 여정을 따라가다 보면, 종종 상상하게 된다. 오늘도 강연을 위해 기차에 오른 와일드의 모습. 빗속을 가르며 달리는 차창 밖으로 영국의 흐릿한 풍경이 스쳐 지나간다. 그는 무릎 위에 독일어 사전을 펼쳐 들고, 낯선 단어를 더듬는다. 손끝엔 약간의 긴장, 그러나 눈빛은 또렷하다. 다시 무대에 자신의 이야기를 올리기 위해, 다시 오스카 와일드로 남기 위해—그는 그렇게 하루하루를 견디고 있었다. 그것은 단지 재기의 시간이 아니라, 한 인간이 자신의 이야기를 다시 써 내려가던 시간이었다.

## 랭카스터 게이트에서

와일드가 콘스턴스와 처음 만난 건 1881년이었다. 그해 여름, 콘스턴스의 어머니가 주최한 티 파티에서였다. 그녀는 와일드의 오래된 더블린 지인의 손녀딸이었고, 오빠 오토 로이드 Otho Lloyd는 와일드가 옥스퍼드 시절부터 알고 지낸 사이였다. 당시 콘스턴스는 런던 패딩턴 역 근처, 랭카스터 게이트에서 할아버지와 고모와 함께 살고 있었다. 처음 만난 자리에서 와일드는 스물두 살의, 초록빛이 감도는 푸른 눈을 가진 이 젊은 여성에게 깊은 인상을 받았던 듯하다. 모임이 끝난 후 어머니와 함께 집으로 돌아가며 그는 말한다. "그런데 말이죠, 어머니, 저 여자와 결혼할까 생각 중입니다." 말은 가벼웠지만, 시작은 이미 정해져 있었는지도 모른다. 곧 두 사람은 자연스럽게 다시 만날 기회들을 맞게 되었다. 콘스턴스의 이모가 랭커스터 게이트에서 주최한 다과 모임, 와일드의 어머니 레이디 와일드가 여는 토요일 '살롱.'—이 자리에서 와일드는 거의 내내 오직 콘스턴스와 시간을 보냈다. 그리고 킹스 칼리지 근처에 위치한 라이시엄 극장에서 열린 헨리 어빙의 〈오셀로〉 공연 초대까지. 일정은 마치 누가 조율한 듯 이어졌고, 그 사이에서 두 사람의 관계는 조용히 가까워졌다.

콘스턴스는 다소 내성적인 여인이었다. 처음 와일드를 만났을 때, 그녀는 "무서워서 몸이 딜덜 떨릴 정도였다."고 고백했다. 하지만 그녀는 단지 수줍기만 한 인물이 아니었다. 매력적인 외모와 함께 문학과 예술에 대한 관심을 지닌, 총명하고 섬세한 여성이었다. 오빠 로이드는 여동생에 대해 이렇게 썼다. "어떤 논리 속에서도 허점이나 약점을 놀랄 만큼 빠르게 간파할 줄 알았다." 그는 또 그녀가 "어떤 논쟁에서도 자기의 주장을 분명하게 펼칠 줄 알았고, 언제나 끝까지 자신의 의견을 고수할 용기를 지녔던 사람"이라고 덧붙였다. 여기에 더해, 콘스턴스는 조용한 유머 감각과 익살스러움을 보는 눈까지 갖춘 인물이었다. 이후 두 사람의 관계가 어떻게 발전했는지는 정확히 전해지지 않지만, 분명한 건, 콘스턴스는 점차 와일드를 낭만적인 감정으로 바라보기 시작했다는 것이다.

1883년, 런던은 다시 와일드를 맞이하는 듯했다. 파리에서 돌아온 그는 곧바로 사교계의 한복판으로 뛰어들었다. 디너 파티, 살롱 모임, 연극, 전시회—그의 일정은 빽빽했고, 그는 셰라드에게 "나는 게으름을 부리는 데 전력을 다하고 있다."고 쓴 편지에서조차 바쁜 나날을 유머로 감쳤다. 그러나 외모는 이전과 달라져 있었다. 한때 가냘픈 미학도의 모습은 사라지고, 살이 오르고 윤기 도는 곱슬머리를 가진 새로운 와일드가 런던에 모습을 드러냈다.

진짜 변화는 겉모습이 아니라 마음속에서 일어나고 있었다. 그는 오랫동안 잊고 지냈던 콘스턴스 로이드를 다시 만났다. 상류층 여성으로 자란 그녀는 단지 아름다운 외모로만 기억될 사람이 아니었다. 예술을 사랑했고, 자기만의 견고한 의견을 갖고 있었으며, 와일드의 말에 유려한 언어로 반박할 줄 아는 사람이었다. 그리고 그 순간부터, 와일드는 단지 명성을 좇는 인물이 아니라, 누군가와의 삶을 그려보기 시작했다.

그해 5월 중순, 와일드는 어머니 레이디 와일드의 살롱 모임에서 콘스턴스와 다시 재회한다. 그녀의 오빠 로이드는 "그는 콘스턴스와 긴 대화를 나누었다. 주제는 미술과 풍경에 관한 것이었다."고 기록했다. 그날 이후 두 사람은 점점 더 자주 만나기 시작했다. 함께 전시회를 관람하고, 공원을 거닐며, 때로는 몇 시간씩 예술에 대해 논쟁을 벌이기도 했다.

와일드는 그녀의 의견에 귀를 기울였다. "나는 도덕과 예술이 완전히 분리될 수 없다고 생각해요." 콘스턴스가 말했다. 와일드는 미소를 지었지만 쉽게 동의하지 않았다. "완벽한 예술은 완벽한 도덕성과 함께해야 한다고요? 하지만 예술은 때때로 도덕의 바깥, 혹은 그 너머에 존재하기도 하죠." 말은 다르지만, 그는 그녀의 목소리와 눈빛, 세련된 태도에서 눈을 떼지 못했다. 이제 그는 그녀를 자주 찾았고, 그녀가 살롱에 들어오는 순간이면 다른 이들과의 대화를 멈추고 온전히 그녀에게 집중했다. 와일드에게 콘스턴스가 점점 더 특별한 존재가 되었다. 그들의 사랑은 점점 깊어졌고, 편지는 서로의 존재를 확인하는 숨결이 되었다. 그녀는 와일드를 '영웅이자 신'이라 불렀고, 그 말은 와일드에게 세상 어떤 찬사보다 큰 위안이었다.

11월, 강연을 하며 떠도는 생활을 이어가던 와일드는 더는 기다릴 수 없었다. 그는 더블린에서 콘스턴스에게 청혼했다. "내 삶을 당신과 함께하고 싶습니다." 간결하고 단호한 말이었다. 그녀는 주저 없이 승낙했다. 오빠에게 보내는 편지에는 이렇게 적혀 있었다. "나는 완전히, 그리고 미친 듯이 행복해요." 하지만 감정만으로는 해결되지 않는 현실적인 문제들이 남아 있었다.

1883년 11월 말, 와일드가 청혼한 지 이틀도 채 지나지 않아 콘스턴스는 이런 편지를 보냈다.

"나의 사랑, 오스카. 방금 당신의 편지를 받았어요. 당신의 글을 읽을 때마다 기쁨에 미쳐버릴 것만 같고, 당신을 더 간절히 만나고 싶어져요. 다시 한 번, 당신이 내 사람이라는 걸 느끼고 싶어요. 이 모든 게 꿈이 아니라, 당신이 나를 사랑한다는 사실이 살아 있는 현실이라는 걸 확인하고 싶어요. 어떻게 하면 내가 당신의 편지에 제대로 답할 수 있을까요? 내 어떤 말로도 담아낼 수 없을 만큼 아름

결혼 전의 콘스턴스 로이드

다운 편지인걸요. 나는 온종일 당신만 생각하고 있어요. 마치 내가 만나는 모든 사람들이 내 얼굴에서 이 비밀을 읽어낼 것만 같고, 내가 얼마나 당신을 사랑하는지를 다 알고 있을 것만 같아요, 나의 단 하나뿐인 사랑이여."

이런 문장은 연서라기보다, 변방을 떠돌던 시기에 와일드를 조용히 떠받치던 마음의 닻이었다.

콘스턴스의 가족은 와일드가 지고 있는 빚을 걱정했고, 그녀의 할아버지는 결혼 승낙에 앞서 와일드의 경제적 상황을 직접 확인하고 싶어 했다. 와일드는 숨기지 않았다. 자신의 빚과 수입을 솔직하게 설명하며 진심을 담아 설득했다. 결국 할아버지는 콘스턴스에게 상당한 재산을 신탁 형식으로 지원하기로 결정했고, 그 덕분에 두 사람은 보다 안정된 기반 위에서 결혼을 준비할 수 있었다. 사랑만큼이나, 그들은 현실도 함께 마주하고 있었다.

1884년 5월 29일 목요일 오후, 오스카 와일드와 콘스턴스 로이드의 결혼식이 거행되었다. 예식은 랭커스터 게이트에서 가까운 세인트 제임스 교회에서 열렸다. 언론의 관심을 피하기 위해 날짜와 장소는 철저히 비밀에 부쳐졌고, 초대받은 하객들만이 특별 입장권을 받아 참석할 수 있었다. 보헤미안과 귀족이 함께 모인 조용하지만 눈부신 행사였다. 콘스턴스는 연미색의 아름다운 드레스를 입었고, 그녀의 머리에는 고대 그리스 신부들이 쓰던 노란색 베일이 얹혀 있었다. 와일드는 전통적인 예복을 입었지만, 긴 셔츠 소매와 세련된 단추 장식은 여전히 그만의 개성을 드러내고 있었다. 한 신문은 이 결혼식을 이렇게 요약했다. "기록할 만한 사실은 딱 세 가지다. 신부는 여섯 명의 아름다운 들러리와 함께 매혹적인 자태였고, 오스카는 차분하고 위엄 있는 태도를 유지했으며, 모든 하객들은 만족한 듯한 표정이었다." 짧지만, 그날의 분위기를 정확히 포착한 문장이었다.

결혼 후, 와일드와 콘스턴스는 런던 첼시 타이트 스트리트 16번지—지금은 34번지로 바뀐 주소에—새로운 보금자리를 마련했다. 와일드는 이 집을 평범한 신혼집이 아닌, 자신이 꿈꾸어 온 실제의 '아름다운 집'으로 구현하고자 했다. 그는 인테리어 디자인에 직접 참여하며 세세한 부분까지 신경을 썼다. 처음엔 휘슬러에게 디자인을 의뢰했지만, 거절당했다. 휘슬러는 와일드가 그동안 아름다운 집에 대해 강연하며 말로만 떠들어왔다며, 이제는 와일드가 말해온 그 집을 보여줄 차례라고 말했다. 말뿐인 미학 전도사로 남을 것인가, 아니면 자신의 이상을 삶 속에 구현하는 사람으로 나아갈 것인가. 그는 이제 실천의 무대에 서 있었다.

와일드는 자신의 미적 감각을 믿었지만, 현실적인 문제 앞에서는 전문가의 도움이 필요했다. 그는 건축가 에드워드 윌리엄 고드윈을 불러 집의 구조를 확장하고, 맞춤형 가구와 희귀한 직물, 독특한 마감재를 활용한 장식을 계획했다. 완벽한 미의 공간을 만들겠다는 꿈은 구체적인 도면과 견적서로 옮겨졌다. 하지만 곧 한 가지 결정적인 문제가 드러났다. 돈이 부족했다. 결혼을 앞둔 몇 주 동안, 와일드는 빚을 갚기는커녕 오히려 콘스턴스의 신탁 기금에서 1,000파운드를 빌릴 계획까지 세웠다. 변호사가 돈을 언제 갚을 수 있겠느냐고 묻자, 와일드는 특유의 유머로 이렇게 답했다. "정확한 시기는 모르겠습니다만, 원하신다면 소네트 한 편을 써드릴 수 있습니다. 도움이 될까요?"

파리 여행에서 돌아온 와일드는 타이트 스트리트 16번지를 건축가 고드윈, 그리고 아내 콘스턴스와 더불어 이 집을 독창적이고도 기발한 장소로 만들어갔다. 겉보기엔 전형적인 붉은 벽돌의 연립주택이었지만, 내부는 점차 '미학의 신전'이라 불릴 만큼 하나의 세계로 재구성되었다. 말로 전하던 아름다움의 이상은, 이제 눈으로 확인할 수 있는 현실이 되었다.

현관 출입문부터 예사롭지 않았다. 광택이 흐르는 흰색으로 칠해져, 마치 법랑처럼 반짝였다. 주위의 집들이 하나같이 오크 무늬나 갈색을 띤 것과는 극명한 대조를 이루었다. 당연히 이웃들의 반응도 곱지 않았다. 어떤 이는 익명의 편지를 보내어, 이 문이 지나치게 사람들의 눈길을 끌어 와일드가 자신을 남들과 다른 존재로 과시하려는 의도라고 비난했다. 그러나 와일드는 그저 한숨을 내쉬며 답했다. '광고가 아니라 상징입니다. 이 집의 문이 흰색인 이유는, 누구도 악한 생각을 품고 이곳에 들어올 수 없도록 하기 위해서죠. 이 집은 세상에서 가장 순수하고 아름다운 영혼, 내 사랑하는 아내가 머무는 곳이니까요.'

집 안은 디테일 하나하나까지 철저히 계산된 공간이었다. 2층의 콘스턴스의 방은 분홍색과 연두색이 교차하는 벽으로 꾸며졌는데, 이는 조개껍데기를 연상시키려는 의도였다. 아름다움과 신화적 상징이 공존하는 공간이었다. 복도를 지나 오른쪽으로 들어가면 도서관이 나왔다. 하얀색으로 칠해진 홀의 벽에는 아폴론과 뮤즈들, 여신 다이아나와 요정들이 목욕하는 장면이 새겨진 거대한 판화가 걸려 있었다. 집주인과 그의 아내를 암시하는 듯한 선택이었다.

거실은 가벼움과 정갈함을 강조했다. 앞쪽 거실은 유려한 곡선을 그리는 두 개의 창이 특징적이었다. 창가에는 우유 빛깔의 커튼이 흘러내렸고, 벽과 몰딩은 온통 흰색이었다. 천장은 칙칙한 금색 일본식 가죽지 판자로 꾸며졌고, 네 개의 큰 파란색과 흰색 일본제 종이 등이 천장에서 조용히 흔들렸다. 가구는 극도로 절제되어 있었다. '춤이라도 추기 위해 비워둔 것 같다'고 누군가는 말했다. 의자는 단 네 개, 모두 고드윈이 디자인한 흰색 에나멜 칠이 된 가느다란 나무 의자였다. 와일드의 체격을 생각하면, 몹시도 불편해 보였다. 대신 한쪽 구석에는 오래된 황금빛 소파가 놓여 있었고, 그 옆 작은 탁자 위에는 앙투아네트 왕비가 사용했다는 황금 열쇠가 조용히 빛나고 있었다.

반면, 뒤쪽 거실은 전혀 다른 분위기였다. 튀르키에풍의 가구와 색채가 어우러진, 낮고 안락한 공간이었다. 의자는 없었고, 낮고 긴 소파가 벽을 따라 배치되어 있었다. 바닥에는 동양의 카펫이 널려 있었고, 천장은 화려한 무늬로 장식되어 있었다. 창문에는 이집트의 카이로에서 가져온 나무 격자가 드리워졌고, 문 옆에는 이탈리아산 대리석 패널이 박힌 기둥이 세워져 있었다. 아치형 문틀 위에는 와일드의 시 「에로스의 정원」에서 발췌한 문장이 금박으로 새겨져 있었다.

'아름다움의 정령이여, 잠시 머물러 주오.'

이 집에서 가장 흥미로운 공간 중 하나는 다이닝룸이었다. 온통 흰색으로 꾸며진 이곳은 와일드의 미학적 신념을 가장 극단적으로 보여주는 공간이었다. 아이보리 빛깔의 벽, 하얀 색의 나무 몰딩, 우유빛 커튼, 모리스의 녹색과 푸른색이 어우러진 카펫. 식탁마저 표백되지 않은 린넨 천으로 덮여 있었다. 와일드는, 이렇게 하얀 공간에서야 비로소 남자들이 정장 차림으로 앉았을 때 진정한 그림이 된다고 했다. 시대의 어두운 색조를 거부하는 선언 같은 공간이었다.

와일드의 개인적인 공간은 다락 공간에 있었다. 두 개의 작은 방을 하나로 터서 만든 서재는, 그가 가장 좋아하는 주홍색으로 칠해졌다. 바닥에는 매트가 깔렸고, 한쪽에는 칼라일이 사용했다는 고풍스러운 마호가니 책상이 놓였다. 구석에는 올림피아의 헤르메스 흉상이 자리 잡고 있었다. 돈이 바닥을 드러낼 때쯤, 그는 이 방에서 더 오래 머물렀다. 글을 써야만 했다. 돈을 벌어야 했다.

이 집은, 와일드의 삶과 마찬가지로, 그의 경제적 현실을 초월한 공간이었다. 꾸미는 데 들어간 비용이 상당했고, 결국 콘스턴스의 가족에게 빚까지 지게 되었다. 그러나 그는 희망했다. 자신의 붉은 서재에서 나온 글이 그를 부유하게 만들어 줄 것이라고. 그리고 아마도, 그가 처음 문을 하얗게 칠했을 때처럼, 그는 믿고 있었을지도 모른다. 그의 세계는, 결국 현실보다 더 강렬하게 존재한다고.

오스카 와일드와 콘스턴스 로이드의 신혼집이었던
런던 첼시 타이트 스트리트 34번지

## 러드게이트 힐에서

런던의 새벽은 와일드에게 남들과는 다른 방식으로 찾아왔다. 첼시 타이트 스트리트의 창가에 서 있는 그는, 신문 배달부의 발소리나 마차 바퀴 소리 대신, 문득 떠오르는 아이디어와 문장들을 들었을지도 모른다. 1887년 5월, 와일드는 카셀 출판사를 운영 관리하던 토마스 레이드Thomas Reid와 계약을 맺고《여성 세계Woman's World》의 편집장으로 일하기 시작했다. 주급 6파운드. 오늘날 가치로 약 1,000파운드 정도에 해당하는 금액이었다. 겉보기엔 안정된 직장인이 된 셈이지만, 와일드에게 이 일은 생계를 위한 선택만은 아니었다. 그는 자신의 포지션에서 시대를 바꾸고자 하는, 하나의 조용한 선언을 준비하고 있었다.

그가 맡은 잡지는 기존에《숙녀 세계Lady's World》라는 이름으로 발행되던 패션 중심의 여성지였다. 와일드는 그 잡지가 "너무 여성적이라서 오히려 충분히 여성스럽지 않다"고 평하며, 방향 전환을 시도했다. 첫 호를 내기까지 6개월의 시간이 주어졌고, 그는 그 시간을 철저히 기획에 투자했다. 그의 목표는 분명했다. 이 잡지가 단순 패션지가 아니라, 여성들이 생각하고 느끼는 것을 담아낼 수 있는 지성의 장이 되기를 바랐다. 그 안에 문학이 필요했고, 예술과 비평이 필요했다. 와일드는 여전히 말로 세상을 바꾸려는 중이었다. 이번에는 러드게이트 힐의 사무실 책상 위에서.

그의 사무실은 지금의 플리트 스트리트를 지나 세인트 폴 대성당이 올려다보이는 러드게이트 힐Ludgate Hill 거리의 한쪽, '벨 새비

19세기 말 마차 한 대가 '벨 새비지' 건물에서 러드게이트 힐 거리로 나오는 장면을 묘사한 그림. 크고 높은 돔 지붕이 보이는 건물이 세인트 폴 대성당.

지Bell Savage' 건물 안에 자리 잡고 있었다. 와일드는 일주일에 세 번, 아침마다 첼시 타이트 스트리트의 집을 나섰다. 슬론 스퀘어Sloane Square 역에서 지하철을 타고 차링 크로스 역(지금의 엠뱅크먼트 역)에 내려, 붐비는 런던 거리 속으로 걸음을 옮겼다. 크림색 장갑, 넓은 라펠이 돋보이는 코트, 절제된 화려함. 그는 거리 위를 하나의 장면처럼 지나갔다. 매일 같은 길을 걸었지만, 그는 그 안에서 자신만의 존재감을 만들어냈다.

편집장 와일드는 결코 편집실에만 머물지 않았다. 그는 여전히 사교계의 중심에 있었고, 글쓰기와 편집은 그의 활동 중 하나일 뿐이었다. 카셀 출판사의 러드게이트 힐 사무실에서 업무를 본 뒤에는 오늘날 BBC 방송국 맞은편, 우아한 랭엄 호텔Langham Hotel에서 소설가 우이다와 차를 마셨고, 프랭크 해리스와는 점심을 함께하며 문학과 세상에 대해 이야기를 나눴다. 때로는 윌리엄 모리스가 주최하는 사회주의 모임에도 얼굴을 비췄고, 자유당 클럽의 정치적 연설이 오가는 자리에 조용히 앉아 있기도 했다. 이런 활동은 일반적인 사교를 넘어선 것이었다. 그에게 《여성 세계》는 여성과 사회를 논하는 하나의 지적 공간이어야 했고, 자신은 그 공간을 설계하는 편집자였다.

와일드가 편집장으로서 가장 먼저 착수한 일은 기고자 선정이었다. 그는 줄리아 워드 하우, 헬레나 시커트, 마가렛 우즈 같은 문학 지성인들뿐 아니라, 레이디 아치볼드 캠벨처럼 연극계에서 활약하던 인물, 옥스퍼드와 케임브리지의 여성학자들에게도 원고를 요청했다. 그의 편집 철학은 여성에게만 국한되지 않았다.

'예술에는 성별이 없으며, 예술적 비평 또한 마찬가지'라는 신념 아래, 그는 몇몇 남성 필자들에게도 기고를 요청했다. 《여성 세계》는 단지 여성 독자를 위한 잡지가 아니라, 모든 이들이 읽어야 할 지적인 장이 되어야 했다. 와일드는 그 경계를 허무는 편집장이 되고자 했다.

《여성 세계》의 첫 번째 호는 1887년 11월에 출간되었고, 단숨에 화제를 모았다. 기존의 《숙녀 세계》와는 전혀 다른 결을 지닌 잡지라는 평가가 뒤따랐다. 훨씬 품격 있고 지적이며, 문화적이고 사회적 의제가 분명한 잡지였다. 이는 곧 와일드가 원했던 방향이었다. 여전히 화려한 삽화는 실렸지만, 그것은 더 이상 중심이 아니었다. 잡지의 첫머리를 장식한 것은 여성 교육, 예술, 문학에 대한 진지한 논의들이었다.

와일드는 편집인에 그치지 않고 비평에도 직접 참여했다. 책 리뷰를 쓰고, '문학 및 기타 노트Literary and Other Notes' 지면에서는 여성 작가들의 작품에 대해 논평했다. 그의 재기 넘치는 문장은 비평적 에세이를 넘어 하나의 문학처럼 읽혔다. 특히 마가렛 우즈Margaret L. Woods의 작품을 도스토옙스키에 비견한 평론은 독자들 사이에서 큰 화제가 되었다. 그러나 와일드는 정치적 논의를 회피하지 않았고, 여성 참정권, 사회주의, 아일랜드 독립 운동까지 그 지면에 올렸다. 《여성 세계》는 이제 단지 옷차림과 예절을 말하는 잡지가 아니었다. 그것은 생각하는 여성, 말하는 여성, 그리고 시대를 움직이는 여성을 위한 장이었다.

하지만 와일드의 열정은 오래가지 않았다. 그는 이 일에 점점 염증을 느끼기 시작했다. 정해진 출퇴근, 반복되는 회의, 마감일을 지키는 삶. 예술가적 기질을 지닌 와일드에게 그런 일상은 점점 버거워졌다. 사무실 출근은 드물어졌고, 출근하더라도 잠시 머무르다 사라지는 날이 많아졌다. 같이 일하는 조수는 그의 발소리만 들어도 그날의 업무 분위기를 짐작할 수 있었다. "오늘 꼭 결정해야 할 일이 있나?" 하고 묻곤, 대답을 기다리지도 않고 모자를 집어 들고 사라지는 일이 잦았다. 그의 마음은 이미 문학과 연극 쪽으로 기울고 있었다.

잡지 《여성 세계》는 점점 그의 손에서 떠나 초창기의 정신을 차츰 잃어갔고, 와일드는 더 이상 그 변화에 책임을 지지 않았다. 결국 1889년 그는 공식적으로 편집장에서 물러났다. 하지만 이 시기의 경험은 결코 헛되지 않았다. 문학과 예술, 사회와 정치, 그리고 대중과의 소통이라는 훈련은 이후 『도리언 그레이의 초상』과 그의 대표 희곡들을 쓰는 데 중요한 자양분이 되었다. 잡지사를 떠났지만, 그 시간은 와일드 안에 고스란히 남았다.

## 행복한 왕자

화려한 옷차림, 날카로운 재치, 언제나 새롭게 연출되는 자아. 와일드는 사교계의 스타이자, 동시에 그 화려함을 관조하는 냉소적 관찰자였다. 이제 그는 글을 통해 현실을 비틀고, 시대를 풍자하며, 어딘가에서 길을 잃은 이들에게 은유의 거울을 건넸다. 번뜩이는 문장 속엔 위트가 있었고, 그 너머에는 무언가 놓쳐진 세계에 대한 깊은 감각이 있었다. 그런 그가 1888년, 돌연 동화집을 창작했다.

「행복한 왕자와 그 밖의 이야기」The Happy Prince and Other Tales」라는 제목이다. 두 아들, 비비안(1885년생)과 시릴(1886년생)을 위해 들려주던 이야기를 모아 책으로 엮은 것이었다. 이 동화들은 평범한 아동 문학이 아니었다. 아름답고 쓸쓸한 이야기들로, 그 안에는 와일드 특유의 정서와 도덕이 담겨 있었다. 그는 "현대의 삶을 비추는 거울"이 되겠다고 말했지만, 정작 그의 동화 속 인물들은 사회를 바꾸기보다는, 그 안에서 조용히 희생하는 존재들이었다. 행복한 왕자에 그려진 런던은 달랐다. 그곳은 더 이상 화려한 연회장도, 재치 있는 대화가 오가는 살롱도 아니었다. 와일드가 실제로 목격했던 도시의 또 다른 얼굴이었다. 그의 삶에서 런던은 찬란한 사교계의 중심이자, 빈곤과 고통이 겹쳐진 현실의 무대였다. 그 두 풍경은 늘 평행선처럼 그를 따라다녔고, 그의 동화는 그 이중적인 시선을 그대로 품고 있었다. 빛과 어둠, 연극과 진심, 장식과 희생이 교차한다. 와일드는 그 경계 위에서 이야기를 만들어냈다. 그리고 그 이야기 속 런던은, 그가 살았던 런던보다 더 진실했는지 모른다. 동화 속 왕자는 도시에서 가장 높은 탑 위에 서서, 아래를 내려다본다. 가난한 아이들, 병든 이들, 굶주린 사람들, 그리고 그 곁을 무심하게 스쳐 지나가는 부자들. 행복한 왕자는 자신의 몸을 하나씩 부수며 가난한 사람들을 돕고, 작은 제비는 사랑을 위해 서서히 죽음을 받아들인다. 그것은 자선을 장려하는 메시지가 아니었다. 와일드는 고통받는 이들을 향해, 그저 무력하게 연민하는 것이 아니라, 그 고통

「행복한 왕자」 1888 초판본 표지

안으로 들어가 함께 견디는 길을 택했다. 그가 건넨 동화는 아이들을 위한 이야기가 아니라, 세상을 향한 조용한 기도에 가까웠다.

또 다른 동화 「이기적인 거인」에서는 문을 닫고 세상을 거부했던 거인이, 어린아이들의 순수한 사랑을 통해 변하는 과정을 그린다. 와일드가 표현한 동화 속 인물들은 희생하고, 사랑하며, 구원받거나 버려진다.

정작 와일드 자신은, 그의 동화와는 또 다른 방식으로 세상을 마주했다. 그는 "자선은 가난한 자들을 타락시키며, 결코 근본적인 해결책이 될 수 없다."고 말했지만, 추운 밤 거리에서 떨고 있는 낯선 이를 보면 주저 없이 자신의 코트를 벗어주기도 했다. 그의 행동은 사회주의적 신념과 기사도적 낭만주의가 충돌하는, 어딘가 기묘한 풍경을 만들어냈다. 와일드는 사회주의 논리는 이해했지만, 그것을 완전히 받아들이지는 않았다. 그는 때로 농담처럼 "내가 왕이라면 푸른 상아에 그림을 그리며 굶주린 백성들에게 그냥 굶게 두라고 하겠다."고 말했지만, 실제 삶 속에서는 병든 친구의 곁을 묵묵히 지켰고, 돈이 없어 곤궁한 이들에게 기꺼이 도움의 손을 내밀었다. 그의 말과 행동은 자주 어긋났고, 그 모순 속에서 오히려 더 진실한 인간의 모습이 드러났다. 와일드의 동화는 바로 그 균열과 충돌, 이상과 현실 사이에서 태어난 것이었다. 냉소와 연민이 동시에 숨 쉬는 이야기들. 그것이 와일드가 세상에 건넨 또 하나의 진심이었다.

와일드는 여전히 유쾌한 이야기꾼이었고, 아이들에게 책을 읽어주는 헌신적인 가장이자 애정 어린 남편으로 보였다. 그러나 와일드는 젊은 남성들과 어울리는 시간이 늘어났고, 그의 성 정체성에 대한 의심이 깊어지면서 부부 관계는 점점 냉랭해졌다. 런던의 상류층에 발을 들였지만 그는 완전히 받아들여지지 않았고, 사회주의적 이상을 탐구했으나 완전히 동화되지 못했다. 정작 그는 어디에도 속하지 못하는 존재였다. 와일드는 동화를 통해 현실을 반영하면서도, 동시에 현실을 피하고 있었다. 와일드가 동화를 통해 그리고자 했던 세계는, 그가 이루지 못한 것들에 대한 하나의 보상처럼 보인다.

## 저널리스트

1889년이 시작되던 즈음 와일드는 런던의 다양한 잡지와 신문에 자신의 글을 활발히 기고했다. 런던의 어느 거리에서든 오스카 와일드의 이름을 보지 않는 것이 더 어려운 시기였다.《포트 나이틀리 리뷰Fortnightly Review》지에는 그의 "펜, 연필, 그리고 독약"이,《19세기Nineteenth Century》지에는 "거짓의 쇠퇴The Decay of Lying"가 실렸고,《영국 일러스트레이티드 매거진English Illustrated Magazine》에는 "런던 모델London Models"이, 그가 편집하던《여성 세계Woman's World》에는 그의 "문학 노트Literary Notes"가 실렸다. 그는 빅토리아 시대 런던의 지적인 담론 속에서 끊임없이 자신의 존재를 각인시키고 있었다.

와일드는 단순한 문필가나 문장가에 머무르지 않는 인물이었다. 그는 언어를 유희의 도구로 삼았으며, 시대의 사상과 예술마저 그 놀이판 위에 올려놓을 줄 알았다. 「거짓의 쇠퇴」가 발표되었을 때, 그는 《새터데이 리뷰Saturday Review》지의 편집자인 월터 폴록Walter Pollock에게 보낸 편지에서 이렇게 썼다.

"대중은 그들에게 주어진 예술적 아이디어를 너무 빨리 저속하게 만들어 버립니다. 그래서 저의 새로운 관점을 그들이 이해하지 못할 방식으로 제시했습니다."

다시 말해, 대중이 예술적 개념을 지나치게 쉽게 소비하고 왜곡해버리기 때문에, 그는 일부러 난해한 방식으로 글을 썼고, 그 속에 자신의 예술관, 특히 예술과 역사, 진실과 허구 사이의 관계에 대한 생각을 감춰두고자 했다. 그것은 일종의 문학적 장치이자 도전이었다. 와일드에게 글쓰기는 단순 의미 전달이 아니라 독자와의 게임이었다. 그는 독자를 시험하고, 당황하게 만들고, 때로는 미소 짓게 하면서도, 그 속에서 지적인 유희와 예술적 쾌감을 제공하고자 했다. 이해한 자는 즐기고, 이해하지 못한 자는 흘려보내는, 그는 그런 글을 썼다.

런던 문단에서 그는 논객이자 저널리스트, 살롱의 재치꾼으로 더 잘 알려졌고, 젊은 시절 품었던 시인의 꿈은 점점 현실과 충돌하고 있었다. 와일드는 여전히 자신이 '진짜' 문학 작품을 세상에 내놓지 못했다는 사실을 의식하고 있었다. 어느 날, 아일랜드 출신의 24세 젊은 시인 W. B. 예이츠에게 그는 이렇게 말했다.

"우리 아일랜드인들은 너무 시적이어서 시인이 되지 못해. 우리는 찬란한 실패자들의 민족이며, 고대 그리스인 이후로 가장 뛰어난 이야기꾼들이다."

격정적이면서도 자조적인 이 말 속엔, 문학을 향한 와일드의 갈망이 고스란히 담겨 있었다. 그는 아직, 자신의 길이 어디에 있는지를 찾는 중이었다. 이 시기에 와일드는 단편 「W. H. 씨의 초상The Portrait of Mr. W. H.」을 발표한다. 표면적으로는 셰익스피어의 소네트에 등장하는 신비로운 인물 W. H. 씨의 정체를 추적하는 문학적 에세이처럼 보였지만, 실제로는 그 이상이었다. 와일드는 이 인물이 윌리 휴스Willie Hughes라는 소년 배우였으며, 셰익스피어의 창작 열정을 불러일으킨 존재였다는 가설을 세운다. 그러나 이 글은 추측이나 가설 혹은 문헌 연구의 차원이 아니었다. 그것은 셰익스피어와 남성적 아름다움 사이의 복잡하고 미묘한 감정선을 탐색하는 문학적 실험이었고, 동시에 와일드 자신에게 던지는 질문이기도 했다. 그는 점점 더 위험하고, 더 정직한 문학의 방향으로 나아가고 있었다.

와일드는 이 이야기를 일반적인 문학적 에세이 형식으로 쓰지 않았다. 대신 이야기 속 이야기를 끼워 넣는 구조를 택해, 가짜 초상화를 둘러싼 미스터리 형식으로 풀었다. 추리소설처럼 시작되는 이 작품은 곧 문학 이론과 감정의 영역으로 자연스럽게 넘어가며, 독자를 점점 더 깊은 층위로 끌어들인다. 이 작품이 《블랙우드 매거진Blackwood's Magazine》에 실렸을 때, 대중은 그것을 흥미로운 셰익스피어 해석의 일환으로 받아들였지만, 그 이면에는 빅토리아 시대가 억누르고 있었던 감정들 곧, 금지된 욕망과 감춰진 사랑의 서사가 조용히 숨 쉬고 있었다. 와일드는 여전히 은유의 언어를 썼지만, 그 속에서 그는 점점 더 자신의 진실에 가까워지고 있었다.

## 도리언 그레이의 초상

와일드의 초상화가 처음 그려진 것은 1887년 겨울이었다. 캐나다 출신의 화가 프랜시스 리처즈Frances Richards가 그의 모습을 담아낸 이 초상화는 와일드에게 중요한 깨달음을 주었다. '이 초상화는 절대 늙지 않을 텐데, 나는 점점 늙어가겠지.' 그 말은 처음엔 농담처럼 흘러나왔지만, 곧 그의 머릿속에서 한 이야기가 섬광처럼 떠올랐다. 그리고 몇 년 후, 그는 그 아이디어를 손에 잡히는 형태로 만들기로 했다.

와일드가 《여성 세계》를 떠난 시점에 《리핀코츠 매거진Lippincott's Monthly Magazine》의 초대를 받아 장편소설을 집필하기 시작했다. 원래 그는 어부와 인어의 이야기를 다룬 「농부와 그의 영혼The Fisherman and His Soul」을 계획했으나, 이는 지연되었고, 대신 새로운 아이디어를 떠올렸다. 바로 『도리언 그레이의 초상The Picture of Dorian Gray』이었다. 이 작품은 와일드가 이제까지 써왔던 모든 글의 연장선이었다. 「거짓의 쇠퇴」에서 주장했던 미학적 관점, 「W.H.씨의 초상」에서 탐구한 남성적 아름다움과 예술의 관계, 그리고 《여성 세계》에서 실험했던 문학적 스타일이 결합된 것이었다.

1889년 말, 그는 『도리언 그레이의 초상』의 초고를 마무리하고 있었다.

이 소설은 빅토리아 시대 도덕성에 대한 도전이자, 와일드 자신의 자아 탐색이었다. 런던에서 살아가는 와일드는 젊은 시절부터 두 개의 얼굴을 지닌 채 살았다. 한쪽은 세련된 위트와 빛나는 명석

함으로 문학과 예술을 자유롭게 넘나드는 지성의 얼굴이었다. 다른 한쪽은 감추고 싶은 욕망과 금기의 세계 속에서 살아가는, 결코 억누를 수 없는 그림자의 얼굴이었다. 와일드는 흔히 시대를 앞서 간 인물로 묘사되지만, 그의 생각과 문학적 기획이 무에서 출발한 것은 아니었다. 특히 런던에 정착한 후 그는 프랑스 데카당스 문학에 깊이 빠져들었고, 그로 인해 자신의 문체를 형성해 나갔다. 데카당스는 아름다움의 경계를 따로 설정하지 않고 금기를 넘어 자유롭게, 때로는 극단에 이르기까지 심미적 가치를 추구하는 운동이다. 처음에는 동화와 에세이에서 아름다움과 진리를 논했다. 그러나 그의 관심은 점차 예술과 윤리의 충돌, 그리고 인간 본성의 이중성으로 옮겨갔다. 그 변화의 결정적 순간이 바로『도리언 그레이의 초상』이었다.

그의 초기 기획은 지금 우리가 아는『도리언 그레이의 초상』과는 달랐다. 처음에는 기괴한 동화 비슷한 형식으로 구상되었지만, 시간이 지나면서 보다 정교하고 철학적인 소설로 발전했다. 19세기 말 유럽을 휩쓴 탐미주의와 데카당스 문학의 영향을 받은 그는 단순히 도덕적 교훈을 담은 이야기를 쓰고 싶지 않았다. 대신, 욕망과 미학, 그리고 그로 인해 벌어지는 파국을 통해 인간의 본성을 탐구하고 싶었다.

소설의 주인공인 도리언 그레이는 미소년의 이미지를 지녔으면서도, 동시에 사회적 위선을 지적하는 하나의 상징이자, 당대 도덕적 질서에 대한 도전이었다. 바질 홀워드는 예술가로서의 양심을 지닌 인물인 반면 헨리 워튼 경은 감각적 쾌락과 허무주의를 설파하는 존재였다. 이 두 인물은 와일드가 자신을 바라보는 두 가지 시선을 대변했다. 그는 바질처럼 예술의 순수성을 믿으면서도, 헨리처럼 허무주의적 태도를 품었다. 그 양극 사이에서 도리언은 흔들리는 존재로 등장한다.

런던은 그의 문학적 실험을 허용하는 듯했지만, 그렇다고 그를 온전히 받아들인 것은 아니었다. 『도리언 그레이의 초상』이 《리핀코츠 매거진》에 처음 발표되었을 때, 평단의 반응은 극명하게 갈렸다. 일부는 그가 새로운 시대의 문학을 선보였다고 칭송했지만, 대다수는 불쾌감을 드러냈다. 무엇보다 그들의 불만은 소설이 '부도덕하다'는 것이었다. 바질과 도리언의 관계는 남성 간의 애정을 암시하며, 도리언이 방탕한 삶을 사는 과정에서 명확한 죄악의 내용은 서술되지 않았지만, 당시 독자들은 그가 어떤 생활을 했는지 충분히 짐작할 수 있었다. 이런 비난에 대해 와일드는 단호했다.

'예술의 영역과 윤리의 영역은 완전히 별개다' 그는 예술이 반드시 도덕적일 필요는 없으며, 예술 작품이 보여주는 것은 인간의 다양한 가능성을 탐색하는 것일 뿐이라고 주장했다. 그러나 사회는 그의 말을 듣지 않았다. 런던이라는 도시는 관용과 위선이 공존하는 곳이었다. 그리고 와일드는 점점 더 그 경계를 넘나드는 위험을 감수해야 했다. 그럼에도 그는 멈추지 않았다. 오히려 그는 소설을 확장해 책으로 출간하면서 비판에 정면으로 맞섰다. 그는 원고를 추가하며 도리언이 겪는 죄책감과 내면의 갈등을 더욱 부각했다. 동시에, '도덕적 메시지'가 더 강조되도록 했지만, 그것이 반드시 독자들이 원했던 방식은 아니었다. 『도리언 그레이의 초상』이 그저

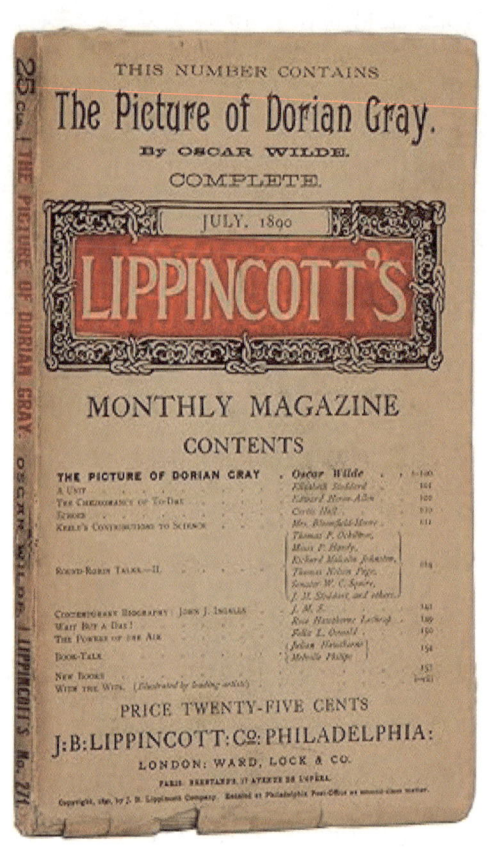

『도리안 그레이의 초상』이 게재된 《리핀코츠 매거진》1890

어떤 윤리적 교훈을 전달하는 작품이었다면, 아마도 이렇게까지 논란이 되지는 않았을 것이다. 와일드는 '죄' 자체보다는 '욕망의 아름다움'을 탐구했고, 그것이 당대 독자들에게는 더욱 불안하게 느껴졌을 것이다.

## 사회주의자

1891년 초, 와일드는 예전에 찾곤 했던 찰스 스트리트Charles Street에 있던 모임을 다시 찾았다. 파리에서 잠시 방문한 친구 로버트 셰라드가 주최하는 작은 문학 모임이 이곳에서 있었다. 그 자리에 있던 이들 중에는 급진적 사회주의자이자 시인이었던 존 발라스John Barlas도 있었다. 와일드는 그를 직접 만나보고 싶었다. 발라스는 윌리엄 모리스가 발간하던《커먼윌Commonweal》지에 글을 기고한 적이 있으며, 1887년 '피의 일요일' 사건 때 경찰에게 심하게 구타당한 이력이 있는 인물이었다. 그날 저녁, 발라스는 한 젊은 여인을 '내 영혼의 자매이자 뮤즈'라고 소개하며 동반했다. 그녀는 혁명을 향한 헌신을 보여주기 위해 빨간 플란넬 속옷을 입고 왔다고 했다. 셰러드는 그녀를 탐탁지 않게 여겼지만, 와일드는 예의 바르게 대했다. 그러나 이것만으로는 발라스의 불만을 잠재우기엔 부족했다.

모임이 끝나고 모두가 그로브너 광장을 지나갈 때, 발라스는 갑자기 손수레꾼을 불러 여인을 태우고는 남은 일행을 향해 비난을 퍼부었다. 특히 와일드를 향해, '그녀에게 충분한 존경을 표하지 않았다.'고 질책했다. 와일드는 이에 개의치 않았다. 오히려 손수레꾼이 요금을 걱정하자 그를 안심시키며 웃음을 터뜨렸다. 이후 발라스는 사과했고, 두 사람은 친구가 되었다. 와일드는 그를 자신의 문학적·정치적 인맥에 소개해 주었다. 특히 존 그레이 같은 인물과도 연결해 주었다. 하지만 와일드를 더욱 매료시킨 것은 발라스의 시보다는 그의 정치적 신념이었다.

와일드의 정치적 신념은 1890년을 기점으로 달라졌다. 당시 아일랜드 독립운동의 중심인물인 찰스 스튜어트 파넬Charles Stewart Parnell이 불륜 스캔들에 휘말려 정치적 몰락의 길을 겪고 있었고, 영국 의회 내에서 아일랜드 자치법을 통과시킬 가능성은 희박해졌다. 와일드는 정치가들이 변화를 이끌어낼 수 있다는 희망을 거두고 있었다. 그러던 중, 문학과 사회주의의 관계를 탐구하는 글을 써달라는 요청을 받았다. 그는 이를 거절하는 대신, 독자적으로 「사회주의 인간의 영혼The Soul of Man Under Socialism」이라는 에세이를 집필했다. 친구 로비 로스의 기억에 따르면, 이 에세이는 단 사흘 만에 완성되었다.

와일드는 이 글에서 사유 재산과 자본주의적 경쟁이 인간의 자유를 제한하고 예술적 창의성을 억압한다고 지적했다. 즉, 사유 재산은 결국 개인의 정신을 구속한다고 보았다. 따라서 그가 꿈꾸는 사회주의란 인간이 더는 빈곤과 경제적 불안에서 벗어나 진정한 자아를 실현할 수 있는 상태를 의미한다. 인간의 진정한 완성은 소유가 아니라 존재 자체에 있으며, 사회가 협력을 중심으로 조직되어야 한다는 것이었다. 그에게 이상적인 사회는 모든 사람이 예술가로서 살아가는 사회다. 예술가란 타인의 기대나 사회적 강요 없이 자기 내면의 목소리에 따라 삶을 꾸려가는 사람이며, 사회주의는 이러한 예술가적 삶을 누구나 살 수 있도록 보장해야 한다고 적었다. 또한 무정부주의적 사회주의에 가까운 입장을 보였다. 그의 생각은 실제로 사회주의가 등장하기 훨씬 이전에 제기되었다. 당시 그는 조지 버나드 쇼와의 대화에서 많은 영향을 받았지만, 발라스를 통해 무정부주의 사상의 선구자였던 피에르 프루동Pierre-Joseph Proudhon의 아나키즘 사상도 접하게 되었다.

와일드의 사회주의적 사상은 일반적 정치적 논평을 넘어, 예술가의 역할에 대한 깊은 고찰로 이어졌다. 그는 예술이 결코 대중을 따라가서는 안 되며, 대중이 예술을 향해 나아가야 한다고 주장했다. 그는 자신의 소설 『도리언 그레이의 초상』이 '병적이고 섬뜩한' 이야기라고 비난받은 것을 언급하며, 대중이 표현할 능력이 없기 때문에 병적으로 반응한다고 비판했다. 이에 대한 반응은 엇갈렸지만, 그의 사상을 지지하는 이들도 있었다. 작가 그랜트 앨런Grant Allen은 이를 '고귀하고 아름다운 에세이'라고 칭찬했고, 발라스는 '세상에서 가장 완벽한 혁명적 에세이'라고 평가했다.

이 에세이에서 특히 논란이 되었던 부분은 언론을 향한 그의 신랄한 비판이었다. 그는 파넬의 사생활이 대중에게 노출된 상황을 예로 들며, '과거에는 사람을 고문대에 올려놓았지만, 이제는 언론이 그 역할을 대신하고 있다'고 했다. 이런 표현은 문학적 은유로 그치는 것이 아니라, 당대의 가십 문화와 대중 매체의 폭력성을 직접적으로 겨냥한 발언이었다.

런던에서 이 글을 발표한 후, 와일드는 파리로 떠났다. 그곳에서 상징주의 문학에 심취하게 된다. 특히 말라르메의 살롱에서 열린 문학 모임에 참석하며, 프랑스 상징주의자들과 교류를 넓혔다. 말라르메는 그를 따뜻하게 맞이하며 자신의 에드거 앨런 포의 시집을 선물했다. 와일드는 이 방문을 '잊을 수 없는 경험'이라고 회상했다. 그는 또한 소설『도리언 그레이의 초상』의 프랑스어 번역 가능성을 타진하며, 프랑스 문학계와의 연계를 강화했다. 이 과정에서 그는 소설 속에서 히더니즘(hedonism 쾌락주의)에 대한 이론을 더욱 발전시켰다.『도리언 그레이의 초상』속에서 헨리 경이 설파하는 '새로운 쾌락주의'의 개념은, 와일드가 파리에서 받은 영향이 반영된 결과물이었다. 그는 쾌락이 자연의 승인된 상태이며, 행복할 때 우리는 선하지만, 선하다고 해서 반드시 행복한 것은 아니라고 주장했다.

파리에서 돌아온 후, 와일드는 본격적으로『도리언 그레이의 초상』을 수정하여 개정판 출간을 준비했다. 그는 원고에서 동성애적 암시를 일부 삭제하는 등 출판을 위한 현실적 조정도 감행했다. 또한, 「의도들Intentions」이라는 제목으로 자신의 기존 비평적 에세이들을 묶어 출간했다. 이 책은 그가 기존 사회 질서에 던지는 도전이었으며, 당시 문단에서는 '매튜 아놀드 이후 가장 독창적인 비평가'라는 평가를 받았다.

초기에는 그저 심미주의자이자 도발적인 예술가로 알려졌지만, 이 시기를 거치며 와일드는 예술과 정치, 사회주의와 개인주의, 그리고 언론의 역할에 대한 심도 깊은 사상을 정립했다. 그의 관심은 아일랜드 정치에서 사회주의로, 다시 상징주의로 확장되었으며, 이는 그의 문학적 실험과도 연결되었다. 와일드는 더 이상 단순히 대중을 즐겁게 하는 인물이 아니라, 예술과 사상이 교차하는 지점에서 가장 도발적인 질문을 던지는 존재가 되었다. 그리고 그가 던진 질문들은, 오늘날에도 여전히 유효하다.

**04**
OSCAR WILDE

아무도 빼앗을 수 없는 것이 내게 있나니
Italy

## 이탈리아 첫 여정

1875년 6월, 대학생 와일드는 한창 성장하는 심미주의자의 열정으로 가득 차 있었다. 아름다운 모들린 칼리지에서 접한 이탈리아 르네상스 인문학 강의는 그에게 새로운 세계를 열어준 안내서가 되었다. 와일드는 존 러스킨의 강의를 통해 르네상스 예술과 문학의 세계에 눈을 떴다. 이탈리아 초기 르네상스를 주제로 펼쳐진 공개 강연 시리즈, '피렌체 예술 미학과 수학 학파'는 치마부에 Cimabue와 지오토 Giotto로 시작해 프라 안젤리코 Fra Angelico와 보티첼리 Botticelli로 마무리되는 8개의 강연으로 구성되었다. 옥스퍼드 강단 위에서 한 편의 서사시처럼 흘러나오는 그 강연들은, 와일드로 하여금 새로운 세계의 문턱을 넘는 듯한 짜릿한 감동을 선사했다.

라파엘전파에게 영감을 주었던 예술가들의 숨결은 그의 심장을 두근거리게 했고, 이탈리아의 거리와 명작들을 직접 눈으로 확인하고 싶은 열망을 불러일으켰다. 무엇보다 러스킨이 뱉은 한마디

한마디는 새로운 비전의 씨앗이 되어, 와일드의 마음을 환하게 밝혀주었다. 리듬과 색채, 그리고 단어들의 음악성이 어우러진 러스킨의 열정과 섬세한 수사는, 강단 위와 인쇄된 페이지 사이를 마치 한 편의 환상적인 교향곡처럼 이어주었다. 와일드는 러스킨의 강의를 말로 다 담을 수 없는, 믿음의 향기를 온 공기에 퍼뜨리는 제비꽃 같은 우아한 낭만으로 여겼다.

이 모든 감동의 근원은 단 하나, '아름다움'에 대한 굳건한 믿음이었다. 자연의 형상에서 비롯된 신성한 기원, 시각 예술에 응축된 정수, 그리고 도덕적 힘과 생명력 넘치는 삶과의 연결고리가 어우러져, '아름다움'이라는 절대적 가치를 탄생시켰다. 와일드는 이 모든 것을 자신의 눈과 감각으로 직접 체험하고자 하는 열망에 사로잡혔다.

자기 연출에 남다른 감각을 지닌 와일드는 여행을 준비하며 사람들의 '눈에 아주 잘 띄는 바지'를 하나 구매했다. 떠나기 전, 옥스퍼드의 친구들은 그 바지에 대해 장난스럽게 비웃었다. 하지만 와일드는 사뭇 진지한 태도로 정중하게 부탁했다. '이 바지에 대해 놀리지 말아주게. 이건 나의 트라시메네 바지라네. 이탈리아에 가서 꼭 입을 거네.' 오늘날 누군가에게 공항 패션이 중요하듯, 와일드에게 트라시메네 바지는 남다른 의미가 있었다. 와일드에게 이탈리아는 예술 무대에 오르는 자기 존재 확인의 순간이었다. 이탈리아 여행은 이탈리아의 보물을 발견하는 여정일 뿐만 아니라, 그 아름다움 속에서 자기 자신을 찾아가는 값진 시간이 되리라 확신했다.

옥스퍼드가 그러했듯, 이탈리아는 와일드의 심장을 첫눈에 사로잡았다. 유혹 그 자체였다. 예술을 사랑하는 사람이라면, 이 땅의 매력에 빠지지 않을 이유가 있을까. 이탈리아는 그의 발걸음 하나하나에 예술적 감수성과 상상력을 불어넣었다. 장엄한 풍경, 일상 곳곳에 스며든 다채로운 색채, 드라마처럼 펼쳐진 역사, 그리고 영광스러운 예술혼… 와일드는 이탈리아를 여행하며 '내 인생이 오랫동안 갈망해온 나라'라고 스스로 고백하기도 했다.

와일드가 피렌체에서 만난 마하피 교수는 당시 자신의 제자 윌리엄 굴딩William Goulding과 함께 여행 중이었다. 세 사람은 볼로냐를 비롯해, 말로 다 표현할 수 없는 도시 베네치아, 다소 기이한 도시 파두아, 베로나, 그리고 '제2의 파리'라 불리는 밀라노까지 함께 발걸음을 옮겼다. 베로나의 고대 원형극장에서 본 셰익스피어의 「햄릿」 공연은 기대에 미치지 못해 실망을 안겼다. 와일드는 밀라노의 라 스칼라La Scala 오페라 하우스에서 펼쳐진 오페라 무대는 결코 칭찬할 만한 점을 찾아보기 어려울 정도라며 혹평했다.

와일드가 부모님께 보낸 편지에서 아버지에게는 이탈리아 도시 건축의 위엄을, 어머니에게는 그 땅에 깃든 휴머니즘의 드라마를 한없이 강조했다. 안타깝게도, 멋진 바지를 차려입고 트라시메노 호수를 찾았던 그 여행의 기록은 세월 속으로 사라지고 말았다.

이 여행은 심미주의자 오스카 와일드의 숭고한 순례였고, 오랜 세월 동경해 온 이탈리아의 예술, 문화, 역사를 몸으로 직접 체험해 보기 위한 여정이었다. 북부에서 시작해서 중부를 거치는 이탈리아로의 첫 여정은 그의 삶에 중요한 전환점이 되었고, 예술적 감수성에 지울 수 없는 흔적을 남겼으며 그의 세계관 형성에 깊은 영향을 미쳤다. 태양이 내리쬐는 풍경, 르네상스 거장들이 만들어낸 화려한 걸작들, 그리고 이탈리아 건축의 경이로움 속에서 와일드는 영혼 깊숙이 파고드는 무수한 영감을 발견했다.

## 피렌체

와일드의 첫 이탈리아 여행은 피렌체에서 시작되었다. 그는 곧 이곳이 르네상스 예술과 건축의 살아 있는 박물관임을 깨달았다. 장엄한 대성당, 정교하게 그려진 프레스코화, 역사의 숨결이 깃든 자갈길을 지닌 피렌체는 와일드에게 감각의 산지를 선사했다. 와일드는 우피치 미술관Uffizi Galleries, 산타 마리아 델 피오레 대성당 Cathedral of Santa Maria del Fiore, 산타 크로체 성당Basilica of Santa Croce 같은 명소를 방문하며 경외심으로 가득 찬 편지를 집으로 보냈다. 보티첼리, 미켈란젤로, 지오토의 생동감 넘치는 작품들은 와일드가 '이탈리아 예술의 온전한 찬란함'이라고 불렀다.

피렌체는 와일드에게 시각적인 경이로움 이상의 것을 불러일으켰다. 이곳은 지적, 감정적 깨달음의 장소였다. 여기서 그는 아름다움과 영성이 서로 얽혀 있는 관계를 탐구하기 시작했으며, 이는 와일드의 이후 작품 전반에 걸쳐 스며들게 된다. 도시의 고요한 정원과 활기찬 광장은 와일드가 예술, 도덕, 신성함 사이의 관계를 고민하는 배경이 되었다.

산 미니아토 성당에서 바라본 피렌체

피렌체는 마치 와일드를 기다리고 있다가 그의 예술적 유산을 부여하는 듯한 소속감을 주었다.

와일드가 피렌체에서 어떤 여정을 밟았는지는 정확히 알려지지는 않았다. 하지만 한 가지 확실한 것은, 이른 아침 산 미니아토 성당을 오르던 기억이 그의 시 한 편에 선명하게 새겨져 있다는 사실이다.

어느 여름날 새벽(아마도 유월이었으리라), 와일드는 피렌체의 아르노 강을 건너 언덕길을 올랐다. 길가엔 도금양이 흐드러져 있었다. '신들의 나무'라 불리는 그 나무들이 부드러운 바람에 흔들리며 길을 안내하는 듯했다. 미켈란젤로 광장을 지나고, 오래된 돌계단을 한 걸음씩 밟아 올라가다 보니, 르네상스 초기에 지어진 작은 성당을 눈앞에 모습을 드러냈다.

바로 그 순간, 새벽의 적막을 깨는 나이팅게일의 노래가 들려왔다. 찰나였지만 강렬했다. 어둠과 빛이 교차하는 새벽 공기 속에서, 와일드는 그 노래에 마음을 빼앗겼다. 아마 그는 그 순간을 영원히 붙잡아 두고 싶었을 것이다. 하지만 노래는 흩어졌고, 시간은 흘러갔다. 그리고 그 경험은 한 편의 서정시로 승화되었다. 시간과 사랑의 덧없음, 그리고 자연이 선사하는 순간의 마법에 대한 노래로.

산 미니아토

보라, 나는 산길을 올라
이 거룩한 하나님의 집에 이르렀도다,

한때 저 천사를 그린 화가가 걸었던 곳,
그가 본 하늘은 활짝 열려 있었으리.

초승달 위에 옥좌에 앉은
은빛 순결한 은총의 여왕,
성모 마리아여! 그대 얼굴을 뵐 수 있다면
죽음이 너무 이르다 한들 무슨 상관이랴.

가시와 고통으로 하나님께 왕관을 받은 이여!
그리스도의 어머니시여! 신비로운 신부시여!
내 마음은 이 삶에 지쳐
너무도 슬퍼 다시 노래할 수 없나이다.

사랑과 불꽃으로 하나님께 왕관을 받은 이여!
거룩한 그리스도께 왕관을 받은 이여!
간청하오니, 타오르는 태양이
세상에 나의 죄와 수치를 드러내기 전에,
부디 내 소리를 들으소서.

이 시는 와일드의 예술적 감수성과 문학적 재능이 어떻게 결합되었는지를 보여주는 대표적인 작품이다. 그는 여행에서 본 아름다운 풍경을 묘사하는 것뿐 아니라, 그 풍경 속에서 인간 경험의 가장 본질적인 감정을 끌어올렸다. 시간은 흐르고, 사랑은 사라지며, 아름다움은 순간적으로만 존재한다. 그러나 그것이 바로 삶의 의미라고, 와일드는 말하고 싶었던 것인지도 모른다.

산 미니아토 성당은 피렌체를 내려다보는 언덕 위, 고요한 침묵 속에 자리하고 있다. 화려한 성당들과 북적이는 광장 사이에서, 이곳은 한층 더 경건하고 초월적인 분위기를 품고 있다. 와일드에게 산 미니아토 성당은 여러 가지 의미가 담긴 공간이었다. 피렌체를 여행하며 그가 마주한 수많은 예술적 경험들, 빛과 색으로 설파되는 신의 언어, 이 모든 것들이 집약된 장소였다. 이 성당에 들어선 순간, 그는 르네상스의 위대한 유산에서, 예술이 품은 영적이고도 초월적인 감각과 마주했다. 성당의 외관은 마치 빛으로 조각된 듯하다. 하얀 대리석과 짙은 녹색 대리석이 이루는 기하학적 무늬는 장식의 차원을 넘어, 질서와 조화라는 신의 이념을 담아내는 언어였다. 내부로 들어가면 낮고 깊은 어둠 속에서 빛이 천천히 스며든다. 스테인드글라스를 통과한 빛이 바닥과 기둥 위에 조용한 그림자를 드리우고, 모자이크 천장이 금빛으로 반짝인다. 시간의 흐름과 함께 변하는 빛의 움직임은 마치 신비로운 리듬처럼 공간을 감싼다.

이곳에서 와일드는 예술이 어떻게 신앙과 결합하는지를 온몸으로 체험했을 것이다. 성화와 프레스코, 모자이크 하나하나가 장식의 역할을 하면서도 동시에, 신의 존재를 시각적으로 구현한 것이라는 사실을 그는 직감했을지도 모른다. 르네상스 시대의 화가들이 화려한 기교로 그려낸 성인들의 얼굴, 금박이 더해진 성모의 옷자락, 빛을 머금은 성당의 벽화들, 이 모든 것이 와일드에게는 하나의 계시처럼 다가왔을 것이다.

  와일드가 이탈리아에서 깨달은 것은, 예술이 미적 경험의 대상만은 아니라는 점이었다. 그것은 보고, 듣고, 느끼는 것을 넘어, 영혼 깊숙이 스며드는 것이었다. 산 미니아토 성당에서 와일드는 예술이 신과 인간을 잇는 가장 순수한 언어임을, 그리고 그 언어가 가장 깊고 아름다운 방식으로 빛을 통해 설파되고 있음을 이해했을 것이다.

  와일드는 피렌체의 풍경과 예술 작품 들에서 시적 언어를 길어 올려 기억에 남겼다. 아르노 강가를 걸으며 피렌체의 아침, 도금양의 향기, 나이팅게일의 노래, 그리고 그 순간의 찬란한 덧없음을 포착하려 했던 그. 오스카 와일드는 본질적으로 시인이었다.

### 아르노 강가에서

벽에 핀 협죽도는
아침 햇살 속에 붉게 타오르고,
은빛 밤의 그림자는
장막처럼 피렌체를 덮었도다.

언덕 위엔 이슬이 반짝이고,
저 위에 꽃들도 눈부시건만,
아, 메뚜기들은 자취를 감추고
작은 아티카 -〈아마도 여름에 울어대는 매미를 가리키는 신화적 이름〉- 의 노래도 멈추었구나.

오직 잎사귀들만이
부드러운 바람결에 살며시 흔들릴 뿐.
아몬드 향기 서린 골짜기에서
고요히 울리는 외로운 나이팅게일의 노랫소리.

곧 다가올 아침이 너를 잠재우리니,
오, 나이팅게일이여, 사랑을 위해 계속 노래하라!
아직도 그늘진 숲을 가르며
달빛의 화살이 부서지는 동안.

아직 고요한 잔디밭을 가로질러
바다빛깔 안개 속으로 아침이 스며들고,
사랑에 겁먹은 눈앞에
새벽의 긴 흰 손가락이 드러나리.

동쪽 하늘을 타고
떨리는 밤을 움켜쥐고 베어버리려 오르리라,
내 마음의 기쁨 따위 아랑곳하지 않고,
나이팅게일이 죽든 말든 상관없이.

    와일드가 러스킨에게 르네상스 예술을 배우며 피렌체에 대한 동경을 품었을 것은 분명하다. 그리고 피렌체는 젊은 옥스퍼드 학생의 기대를 충분히 충족시켰을 것이다. 우피치 미술관Galleria degli

피렌체 아르노 강

Uffizi에서 르네상스의 걸작들을 마주하고, 아카데미 갤러리Galleria dell'Accademia에서 미켈란젤로의 〈다비드 상〉이 지닌 완벽한 비율과 조형미에 압도되는 순간, 와일드가 왜 이 도시를 사랑할 수밖에 없었는지 이해하게 된다.

한때 〈다비드 상〉은 시뇨리아 광장Piazza della Signoria의 중심을 지키고 있었다. 그러나 기후 변화로 인한 손상을 막기 위해 1873년, 와일드가 피렌체를 방문하기 불과 몇 년 전부터, 현재의 아카데미 갤러리로 옮기는 작업이 진행 중이었다. 지금 광장에 서 있는 것은 복제품이지만, 여전히 원래 자리를 지키고 있던 시절의 흔적이 남아 있다. 와일드가 피렌체를 거닐던 그 시간 속으로 들어가 본다. 해질 녘 광장 한가운데, 위풍당당하게 서 있던 다비드 상을 바라보며 와일드는 무슨 생각을 했을까? 피렌체의 공기 속에서 그는 르네상스 시대의 예술과 삶, 그리고 아름다움의 의미를 다시금 되새기고 있었을지도 모른다.

또한 피렌체 고고학 박물관에서 에트루리아 시대의 금세공품을 살펴보며 와일드는 아일랜드의 공예품보다 더 정교하다고 감탄했다. 눈부신 에트루리아의 금장식을 바라보며, 아버지가 흥분할 모습을 상상했던 와일드는 아주 평범한 접시 하나 물병 하나에서도 섬세하고 빛나는 디자인 감각을 맛보았다. 특히 '피렌체의 성당과 갤러리를 거닐다 보면, 이탈리아 예술의 온갖 광휘가 내 눈앞에 펼

아카데미 갤러리 〈다비드 상〉

쳐진다.'는 그의 기록은 그 모든 감동을 고스란히 담아냈다.

피렌체에서 가장 인상적인 순간은 예상치 못한 곳에서 찾아왔다. 피렌체 대성당 앞의 끝없는 인파와, 긴 대기줄로 북적이는 아카데미아 미술관을 지나 골목을 돌아서면, 특별할 것 없어 보이는 한 건물이 눈앞에 나타난다. 바로 산 마르코 수도원의 박물관Museo di San Marco이다. '박물관'이라는 이름은 어딘가 어색하다. 이곳은 수도원의 풍경을 간직한 채, 조용히 빛나는 피렌체의 보석 같은 곳이다. 산 마르코 수도원 박물관의 문을 밀고 들어설 때마다 여행자는 마치 시간이 멈춘 곳으로 들어서는 듯한 기분이 든다. 마치 수도사들의 침묵이 벽돌 하나하나에 스며든 듯한 이 공간에서, 여행자는 무언가를 배우려 하기보다 잊으려 애쓴다. 현대의 소음, 지나친 정보, 그리고 끊임없는 선택의 피로를. 하지만 그럴 때마다 벽에 걸린 프라 안젤리코Fra Angelico의 그림들이 조용히 말한다. '그것들을 버려도 괜찮다'고.

프라 안젤리코는 수도승이었다. 그는 자기 그림을 신의 일처럼 여겼고, 그리는 동안에는 결코 화를 내지 않았다고 한다. 어쩌면 그래서일까? 그의 그림에서는 전혀 억지가 느껴지지 않는다. 인위적인 기교 없이, 어떤 설명도 필요 없이, 그저 바라보게 된다. 수도사의 방 셀라cella에 그려진 벽화들 앞에서, 나는 이해하기보다 받아들이는 법을 배우게 된다.

산 마르코 수도원의 가장 유명한 벽화는 단연 〈수태고지Annunciazione〉다. 수도원의 계단을 오르면 2층 정면에서 이 벽화가 방문객을 맞이한다. 천사가 마리아에게 조용히 다가가고, 마리아는 고개를

프라 안젤리코 〈수태고지〉 1440-1450

살짝 숙인다. 둘 사이에는 무언가가 오가고 있지만, 그것은 말이 아니다. 침묵 속에서 더 많은 것이 전달될 수 있다면, 그것은 이런 장면이 아닐까? 와일드는 이 그림 앞에서 머물러 숨을 멈추었다. 신성함과 고요함이 그림 속에서 그대로 흘러나왔다. 와일드는 예술이 이토록 조용하고 깊은 감동을 줄 수 있다는 사실에 경이로움을 느꼈다.

천사의 날개는 깃털 하나하나까지 세밀하게 묘사되어 있지만, 지나치게 화려하지 않다. 금빛으로 빛나는 천사의 옷자락이 마치 바람에 살짝 흔들리는 것처럼 보인다. 그러나 이 장면에는 어떠한 서두름도 없다. 순간이 멈춰 있다. 현대의 영상 매체가 보여주는 '컷'과 '컷' 사이의 정적이 있다면, 안젤리코의 그림은 바로 그 정적 자체를 한순간의 이미지로 붙잡아 둔 듯하다.

그의 수태고지는 당시의 다른 화가들이 그리던 화려한 수태고지와 다르다. 그림 속 공간은 복잡함 없이 단순하다. 꽃이 피어 있는 정원과 로마네스크 아치 아래에서, 천사와 마리아는 정제된 자세로 앉아 있다. 불필요한 것이 제거된 공간 속에서, 오직 핵심적인 순간만이 남는다. 수도원의 벽에 걸린 이 그림은 수도사들에게 기도의 의미를, 침묵 속에서 신과 교감하는 법을 가르쳤을 것이다.

산 마르코 수도원에는 수도사들이 머물렀던 방들이 있고, 각 방에는 프라 안젤리코의 작은 벽화들이 그려져 있다. 그 그림들은 하나같이 심플하고, 고요하며, 화려한 장식을 배제하고 있다. 수도사들이 매일 바라보며 기도하고 명상하기 위한 도구였다. 그렇기에 불필요한 장식이나 극적인 감정 표현이 없다. 과장되지 않은 신성

산 마르코 수도원 방 안에 있는 프라 안젤리코 벽화

함, 침묵 속에서 깊이를 더하는 영성. 어떤 방에는 〈그리스도의 조롱The Mocking of Christ〉이 있다. 예수는 두 눈을 감고 조용히 앉아 있다. 주위에는 그를 조롱하는 손, 채찍, 가면들이 떠 있다. 하지만 정작 예수는 눈을 감고 묵묵히 앉아 있다. 마치 수도사들처럼. 외부의 소음과 비난을 차단한 채, 오직 내면의 고요 속으로 침잠하는 모습이다. 수도사들은 이 그림을 보며 기도를 올렸을 것이다. 그리고 아마도 예수의 침묵 속에서 자신의 내면을 들여다보았을 것이다.

다른 방에는 〈십자가를 지는 그리스도Christ Carrying the Cross〉가 그려져 있다. 예수는 십자가를 지고 있지만, 그의 표정에는 절망이 없다. 그림 속에서 예수를 바라보는 한 수도사가 등장한다. 마치 수도승들이 자신들의 방에서 예수를 바라보듯이. 이 그림은 그저 십자가의 장면을 묘사하는 것이 아니라, 수도사의 삶 자체를 반영하는 창이었다.

현대인은 수도사가 아니지만, 어쩌면 우리에게도 이런 벽화들이 필요하지 않을까? 너무 많은 정보와 이미지, 너무 빠르게 스쳐 가는 순간들 속에서, 우리가 걸음을 멈추고 천천히 바라볼 수 있는 무언가. 프라 안젤리코의 벽화들은 우리에게 그렇게 속삭이는 것 같다. '잠시 바라봐도 좋다. 천천히. 조용히.'

## 베네치아

와일드는 피렌체에서 베네치아로 이동했다. 이곳은 여느 도시와 다르다. 시간과 현실의 경계를 초월한 듯한 장소다. 미로처럼 얽힌 운하, 금빛으로 장식된 궁전, 반짝이는 물 위로 흩뿌려지는 빛. 베네치아는 그를 매료시켰다. 그는 그 아름다움을 말로 다 표현할 수 없다고 했다. 그 아름다움이 언어를 초월한다고 말했다. 베네치아 건축의 웅장함이 와일드를 경외하게도 했지만, 그의 상상력을 가장 사로잡은 것은 물과 빛의 상호작용이기도 했다. 도시의 반사된 수로는 물질적 세계와 비물질적 세계의 경계를 녹이며 신비와 마법의 분위기를 느끼게 했다.

와일드의 스승인 러스킨도 이 도시에 매료되었다. 그는 어린 시절부터 베네치아를 찾았고, 결혼 후에도 아내와 함께 이곳을 다시 방문했다. 러스킨은 그 모든 경험과 연구를 집약하여 르네상스 시대 고딕 건축이 지닌 문화적, 철학적 의미를 깊이 탐구한 책 「베네치아의 돌(1851-53)」을 써냈다. 그의 글은 오랜 도시를 여행하는 사람들의 관점을 바꿔놓았다. 러스킨이 특히 사랑한 건축물들이 있다. 두칼레 궁전, 산마르코 성당, 팔라초 산타 마리아, 팔라초 그리마니, 산타 마리아 글로리오사 성당. 그는 베네치아의 고딕 건축이 보여주는 자연주의, 기괴함, 변화무쌍함, 그리고 완전함에 결코 수렴되지 않는 잉여성을 발견했다. 러스키는 말했다. "불꽃 같은 뱀처럼 섬세하고 유연하며, 마법사의 목소리처럼 조심스럽다." 베네치아를 걷다 보면, 러스킨이 했던 그 말을 이해하게 된다. 이 도시는 유적으로 둘러싸여 정체된 듯 보이지만, 수면 위에서 끊임없이 변하고, 반짝이고, 다시 태어난다.

산 마르코 광장에서 두칼레 궁전을 끼고 돌면 곧 관광객들로 붐비는 한 장소에 이르게 된다. '한숨의 다리'다. 17세기 초에 지어진 이 다리는 두칼레 궁전과 감옥을 연결하는 통로였다. 죄수들은 이곳을 지나며 베네치아의 마지막 풍경을 바라보았다. 그리고 깊은 한숨을 내쉬었다. 이 다리를 지나 운하를 따라 조금만 걸으면, 다니엘리 호텔Hotel Danieli이 보인다. 세기의 예술가와 작가들이 묵었던 장소, 그리고 여전히 베네치아에서 가장 비싼 호텔 중 하나다. 와일드 역시 이곳에 머물렀다. 호텔은 14세기에 지어진 귀족 저택을 개조한 것으로, 시간이 켜켜이 쌓인 흔적이 벽과 계단, 샹들리에가 남아 있다. 붉은 벨벳과 대리석, 금박 장식이 가득한 로비를 지나, 고풍스러운 내부를 둘러보는 것만으로도 충분히 매혹적인 경험이 된다. 와일드가 이곳에 숙소를 정한 이유는 단지 이곳이 화려한 고급 호텔이라서 그랬던 것만은 아니었다.

호텔 앞 수상버스 정류장에서 바포레토를 타면 15분 남짓. 도시를 떠나 물 위를 미끄러지듯 나아가다 보면, 어느 순간 작은 섬이 하나 나타난다. 처음 보면 기이한 느낌이 든다. 사방이 단정하게 잘린 듯한 직사각형. 마치 천연 요새처럼 보이지만, 여기는 방어를 위한 공간이 아니라 잃어버린 것들을 기억하는 장소다. 18세기 초, 아르메니아계 가톨릭 교도들(일명 메키타르 수도회)이 이곳으로 이주해 왔다. 신학자이자 수도승이었던 메키타르가 이끄는 공동체였다. 신앙의 자유를 찾아 떠나온 사람들. 그들은 베네치아 정부의 허락을 받아 이 작은 섬에 정착했고, 수도원을 세웠다. 시간은 흘렀지만, 그들이 쌓아 올린 책과 기록들은 여전히 남아 있다.

와일드가 이곳을 찾은 이유는 분명했다. 바이런 경의 흔적 때문

다니엘리 호텔 내부

베네치아 풍경

이다. 1816년, 바이런은 산 라자로 수도원에서 석 달을 보냈다. 아름다운 문화적 유산을 지켜온 아르메니아어를 배우기 위해서였다. 바이런에게 새로운 언어를 배운다는 것은, 새로운 세계를 받아들이는 일이었다. 그는 단어 하나, 문법 하나를 익힐 때마다 아르메니아의 역사를, 이주민들의 망명과 생존을, 그리고 그들이 지켜낸 문화를 이해해 갔다. 베네치아를 휘감아 흐르는 물빛과 동방의 문화가 만나는 이 섬에서, 바이런은 다시 한번 시인이 되었을 것이다.

와일드에게 바이런 경의 흔적은 또 하나의 순례였다. 와일드는 그가 사랑한 작가의 발자취를 따라가며, 반항과 아름다움에 대한 자신의 이해를 더 깊이 조각해 나갔다. 수도원의 고요한 서재, 수백 년 된 필사본들이 가득한 책장들, 그리고 창 너머로 펼쳐진 아드리아해의 풍경.

산 라자로 수도원은 쉽게 방문할 수 있는 곳이 아니다. 미리 연락하고 정해진 시간에 맞춰야 하고 수도원의 가이드를 통해서만 내부 접근이 가능하다. 하지만 섬에 도착하면, 가이드는 마치 오래된 이야기의 일부를 꺼내놓듯 수도원의 역사를 들려준다. 건물 한쪽에는 바이런의 방문을 기념하는 표지석이 있다. 1층에는 작지만 너무나 아름다운 교회가 있고, 2층에는 그들이 지켜온 지적 정신적 유산을 모아둔 박물관과 도서관이 있다. 수도원 박물관에는 바이런의 이름을 붙인 방도 있으며, 그곳에는 시인의 작은 초상화가 걸려 있다.

2층 박물관을 안내하던 수도원의 가이드는 한 장의 그림을 자랑스럽게 보여준다. 이반 아이바조프스키Ivan Aivazovsky의 〈바이런의 산 라자로 방문〉. 원본은 아르메니아 국립 미술관에 있고 여기 있는 것

❶ 산 라자로 수도원 내부
❷ 이반 아이바조프스키 〈바이런의 산 라자로 방문〉 1899

은 사본이다. 그림 속에서 바이런은 산 라자로 섬의 선착장에 막 도착하는 참이다. 수도사들은 검은 수도복을 입고 붉은 카펫을 깔아 그의 방문을 맞이한다. 배경에는 베네치아 본섬과 곤돌라, 그리고 대형 범선이 보인다. 하늘은 구름으로 가득 차 있지만, 어딘가에서 빛이 새어 나오고, 물결은 초록빛과 푸른빛이 뒤섞여 꿈꾸는 듯한 분위기를 자아낸다. 바이런은 검은 외투를 펄럭이며 다소 극적인 몸짓을 취하고 있다. 이는 그가 호기심 어린 방문객이 아니라 새로운 세계에 들어서려는 탐구자로서의 존재감을 강조하고 있는 장면으로 보인다.

와일드는 이곳에 머무르며 이방인의 아름다운 언어와 가슴 아픈 역사, 베니스 양식과 아르메니아 양식이 조화를 이룬 교회 건축, 고서들로 가득한 도서관과 그 특별한 구조에 빠져들었다. 무엇보다 신비롭고 이국적인 그들의 문화, 희귀한 언어, 지적인 유산은 그의 예술적, 미적 호기심을 자극하기에 충분했다. 바이런의 여정만큼 길게 이어지지는 않았지만, 청년 와일드는 이곳 수도원을 방문하며 강렬한 인상을 받았다. 후에 그는 이곳을 '세상에서 가장 아름다운 곳 중 하나'로 회상하기도 한다.

베네치아는 보아야 할 것들이 말할 수 없이 많다. 운하 위를 오가는 곤돌라, 산 마르코 광장의 비둘기 떼, 그리고 유리처럼 반짝이는 석호. 하지만 이 도시에서 가장 찬란한 순간은 어쩌면 한 폭의 그림 앞에서 찾아올지도 모른다. 산타 마리아 글로리오사 데이 프라리 성당Basilica di Santa Maria Gloriosa dei Frari의 제단을 장식하고 있는 티치아노의 〈성모승천Assumption of the Virgin〉.

성당에 처음 들어서면, 자연스레 고개를 들게 된다. 붉은 벽돌로 지어진 고딕 양식의 내부는 꾸밈이 많지 않다. 빛은 유리창을 통해 어둠 속으로 스며들고, 공기는 오래된 향처럼 무겁다. 하지만 정면으로 시선을 돌리는 순간, 눈앞에서 빛이 폭발한다. 와일드는 이 그림을 보고 '확실히 이탈리아 최고의 그림'이라 말했다. 과장이 아니다. 실제로 이 작품 앞에 서면, 그의 찬사가 습관처럼 허투루 내뱉은 말이 아니라 확신에서 나온 것임을 알게 된다.

티치아노는 성모 마리아가 승천하는 순간을 그렸다. 하지만 그는 신앙적 종교적 장면을 재현할 뿐 아니라, 움직임과 감정의 절정을 그려냈다. 하늘로 떠오르는 마리아는 붉은 로브를 휘날리며, 황금빛 구름 속에서 천사들의 손길을 받는다. 아래에는 사도들이 남겨져 있다. 어떤 이는 경이로움에 두 팔을 뻗고, 어떤 이는 두 손을 모은 채 넋을 잃고 바라본다. 마치 그들의 몸짓을 통해, 우리도 함께 이 초월의 순간을 목격하는 듯하다.

하지만 이 그림을 특별하게 만드는 것은 구도뿐 아니라, 빛과 색채이다. 티치아노는 베네치아 회화 특유의 색채 감각을 극대화했다. 성모의 옷은 타오르는 듯한 붉은색이고, 천사들이 감싼 황금빛 구름은 실재하는 빛처럼 성당 안을 밝힌다. 하늘과 땅이 맞닿는 이 순간, 색은 물감의 배합이 아니라 빛 그 자체가 된다. 이것은 기쁨의 순간일까, 아니면 이별의 순간일까? 마리아는 떠오르고, 하늘은 그

**티치아노 〈성모승천〉 1516-18**

녀를 맞이하지만, 땅은 그녀를 붙잡지 못한다. 아래의 사도들은 마리아를 올려다보지만, 그들의 손끝은 닿을 수 없다. 그것은 기적이자 동시에 이별의 순간이다.

와일드는 늘 아름다움을 사랑했지만, 동시에 그것이 얼마나 덧없는 것인지도 알고 있었다. 베네치아 역시 마찬가지다. 물 위에 떠 있는 이 도시는, 영원한 듯 보이지만 언제든 가라앉을 수 있다. 티치아노의 〈성모승천〉은 흔히 보는 종교화가 아니라, 사라짐과 초월의 경계에서 빛나는 순간을 붙잡아 둔 작품이다. 어쩌면 와일드가 이탈리아 최고의 그림이라 했던 이유도 그것이 아닐까? 떠나가는 순간에도, 어떤 것들은 여전히 우리 곁에 남아 있기 때문에.

베네치아에서 와일드가 기억하는 또 하나의 장소는 아카데미 갤러리Gallerie dell'Accademia이다. 이곳은 마치 시간 속에 떠 있는 듯한 공간이다. 좁고 복잡한 골목을 지나, 거대한 운하를 건너면 어느 순간 이곳에 도착하게 된다. 정면에서 보면 소박한 건물이지만, 그 문을 열고 들어서면 한 시대가, 혹은 여러 개의 시간이 동시에 존재하는 곳이 된다. 이곳에는 틴토레토, 벨리니, 조반니 바티스타 티에폴로 같은 화가들의 작품이 걸려 있다. 하지만 그중에서도 유독 한 작품 앞에서 발길이 멈춘다. 파올로 베로네세Paolo Veronese의 〈부자와 나사로의 비유The Parable of the Rich Man and Lazarus〉. 베로네세는 '빛의 화가'였다. 그의 색채는 벨벳처럼 깊고, 금빛처럼 따뜻하다. 그는 극적인 명암 대비보다 빛이 스며드는 방식을 중요하게 여겼다. 베네치아의 햇살처럼. 이 그림에서도 빛은 중요하다. 부자의 연회장에는 따뜻한 빛이 깃들어 있다. 하지만 그 빛이 축복만을 위한 것처럼 보이지는 않는다. 그것은 황홀함의 빛이다. 반면, 나사로가 있는 쪽에는 어둠이 있다. 하지만 그 어둠은 불행이 아니라, 어딘가로 향하는 문처럼 보인다.

이 그림은 물론 성경 이야기를 재현한 것이다. 보통 「부자와 나사로의 비유」라고 하면, 성서 속의 명확한 대비가 떠오른다. 화려한 삶을 누리는 부자와, 그의 문 앞에서 굶주리는 거지 나사로. 하지만 베로네세는 설교의 메시지보다 하나의 장면, 그리고 그 안의 빛과 색, 감정의 흐름을 그려내는 데 집중했다. 화면 왼쪽, 연회장에서 부자들은 풍요로운 잔치를 벌이고 있다. 이들은 서로 이야기를 나누고, 와인을 따르고, 음악을 즐긴다. 그리고 오른쪽에는 어둠 속에서 나사로가 있다. 사람들은 그를 거의 알아보지 못한다. 아니, 알아보려 하지 않는다. 베로네세는 이 두 세계를 한 캔버스에 나란히 배치했다. 그 사이에는 뚜렷한 구분선이 없다. 마치 그 차이가 아주 자연스러운 것처럼 보인다.

하지만 이 그림이 그저 계급적 대비나 도덕적 교훈을 전달하기 위해 그려진 것이라면, 아카데미 갤러리에서 이렇게 오래도록 사람들을 사로잡지는 못했을 것이다. 와일드는 이 작품을 보고 '내가 여행 중 본 여성의 아름다운 얼굴을 담아낸 유일한 작품'이라 말했다. 그의 말은 뜬금없어 보일 수도 있다. 하지만 실제로 이 그림을 보면, 자연스럽게 시선이 한 곳에 멈춘다. 바로 연회장의 한 여성. 그녀는 화려한 옷을 입고 있지만, 다른 사람들과는 달리 환락에 빠져 있지 않다. 고개를 살짝 돌린 채, 어딘가를 응시하고 있다. 그것이 나사로

인지, 아니면 무언가 알 수 없는 깊은 곳을 바라보는 것인지 우리는 확신할 수 없다. 하지만 그 표정에는 어떤 사색 혹은 깨달음의 순간이 깃들어 있다. 그녀는 다른 사람들과는 다르다. 와일드가 사랑한 것이 캔버스 위에 재현된 '아름다운 얼굴'만은 아니었을 것이다. 그는 이 얼굴 속에서 어떤 고요한 인식, 깨닫고 있지만 말하지 않는 자의 얼굴을 보았을 것이다.

베네치아는 원래부터 빛과 어둠의 도시였다. 낮에는 찬란하지만, 그 찬란함을 다 즐기지도 못했는데 해는 벌써 져 버린다. 그리고 나면 도시 전체가 수면 속으로 가라앉는 것처럼 보인다. 곤돌라가 스며들 듯이, 사람들도 어느 순간 어둠 속으로 녹아든다. 베로네세의 이 그림 역시 그런 베네치아의 한순간을 닮아 있다.

## 파도바부터 밀라노까지

와일드는 베네치아를 떠나 파도바로 향했다. 지금은 베네치아의 산타 루치아 역에서 기차를 타면 30분이 걸리지 않는 거리다. 하지만 그가 여행하던 시절 파도바는 더 먼 곳처럼 느껴졌을 것이다. 와일드는 화가 지오토와 단테가 함께 머물렀다고 전해지는 저택을 찾았다. 그 집은 이제 사라지고 없다. 남은 것은 이야기뿐이다. 그러나 지오토가 남긴 걸작이 있었다.

파도바에서 와일드는 르네상스 예술과 보다 친밀한 만남을 이루었다. 스크로베니 예배당Cappella degli Scrovegni의 지오토 프레스코화

파올로 베로네세 〈부자와 나사로의 비유〉 1535-40

〈최후의 심판Last Judgment〉은 와일드를 경이로움에 빠뜨렸다. 그는 색과 형태를 통해 감정과 이야기를 전달하는 지오토의 능력에 감탄하며, 인간의 경험을 아름다움을 통해 고양하려는 예술가의 정신을 발견했다. 이곳은 원래 로마시대 경기장(아레나) 터 옆에 세워진 작은 예배당이었다. 건물은 당시 스크로베뇨 가문의 사적 공간으로 그 자체로는 보잘것없는 곳이었을지도 모른다. 하지만 지오토가 벽을 채우고 난 후, 이곳은 완전히 다른 공간이 되었다.

〈최후의 심판〉은 천국과 지옥을 대비시켜 생생하게 묘사한 프레스코 벽화다. 한때 화가의 집에 머물렀던 단테에게서 영감을 받은 작품이다. 벽화의 왼쪽, 천국의 장면은 푸른빛이 감도는 고요한 공간이다. 예수가 중앙에 배치되어 오른손을 들고 있고, 그의 주변에는 성인들과 천사들이 자리 잡고 있다. 천사들은 천국으로 오르는 이들을 따뜻하게 맞이하며, 선택받은 영혼들은 기쁨과 평온함에 휩싸여 있다.

하지만 벽의 오른쪽, 지옥의 장면으로 시선을 돌리는 순간, 전혀 다른 세계가 펼쳐진다. 불길이 타오르고, 죄인들은 비명을 지르며 몸부림친다. 사탄이 한가운데 앉아 영혼들을 집어삼키고 있다. 사람들은 고통 속에서 뒤틀리고, 끝없는 절망 속으로 빠져든다.

파도바를 떠난 와일드는 베로나를 거쳐 밀라노로 향했다. 베로나는 고대 로마의 원형경기장을 품고 있고, 셰익스피어 희곡「로미오와 줄리엣」의 무대가 된 도시였다. 그러나 그는 이 낭만적인 도시에 깃든 비극적 이야기에 관심을 가졌다. 베로나는 단테가 망명 생활

지오토 〈최후의 심판〉 1303-06

을 하며 7년의 세월을 보낸 곳이기도 하다. 와일드는 위대한 시인의 흔적을 찾아다니다 「베로나에서」라는 시를 남겼다.


**베로나에서**


왕들의 성에 들어서는 계단은
망명에 지친 이에게 얼마나 가파른가.
이 사나운 개의 식탁에서 떨어지는 빵은
얼마나 쓰고, 얼마나 짠가.
차라리 붉게 물든 전장에서 쓰러졌더라면,
혹은 피렌체 성문에 내 머리가 걸렸더라면,
내 영혼의 본질을 훼손하려는 모든 것들과
동행하며 살아가는 것보다는 나았으리.

"신을 저주하고 죽어라.
그대는 이미 잊혀져 버렸다,
황금빛 도성과 영원한 낮 속에서."
아니, 고요하라.
이 어둠 속 감옥에 갇혀 있어도
아무도 빼앗을 수 없는 것이 내게 있나니,
나의 사랑, 그리고 별들의 모든 영광.

이 시는 단테의 유배 생활을 떠올리며 쓴 것이다. 피렌체에서 추방당한 단테는 베로나를 거쳐 떠돌았고, 끝내 고향으로 돌아가지 못한 채 라벤나에서 생을 마감했다. '왕들의 성에 들어서는 계단'은 유배자의 삶이 얼마나 고단한지를, '개의 식탁에서 떨어지는 빵'은 타인의 시혜에 의존해야 하는 굴욕을 의미한다. 그는 차라리 전장에서 죽거나 피렌체 성문에 머리가 내걸렸다면 나았을 것이라 말한다. 그러나 끝내 그가 붙잡은 것은 예술과 정신이었다. '사랑과 별들의 영광'을 노래하는 구절은 그의 작품이 남긴 영원성을 시사한다. 와일드가 처음 베로나를 여행하며 쓴 시이지만, 후대의 독자들은 자연스럽게 이 작품을 와일드의 감옥 생활과 연결시킨다. 와일드는 사회적 비난과 수감이라는 현실 속에서도 자신의 내면을 지키려 했다. 시에서 등장하는 '왕의 집안'과 '감옥'은 억압받는 존재로서 그의 위치를 상징하고, '사랑'과 '별들의 영광'은 감옥에서도 꺼지지 않은 예술적 영감과 인간적 가치를 뜻한다. 단테가 유배 속에서도 신곡을 남겼듯, 와일드 역시 이 시를 통해 인간이 지킬 수 있는 마지막 것, 즉 자신의 사랑과 예술을 이야기한다.

베로나 풍경

## 밀라노

밀라노에 도착한 와일드는 대성당Duomo di Milano 앞에서 한참을 서 있었다. 대부분의 여행자가 감탄하는 것과 달리 그는 '끔찍한 실패작'이라고 반응했다. 다양한 색깔의 대리석이 뒤섞인 거대한 고딕 건물은 그에게 장엄함보다는 혼란을 안겨주었다. 수없이 솟아오른 첨탑들은 정교함이 아니라 과잉으로 보였다. 과한 장식, 과한 욕망, 과한 건축. 스칼라 극장Teatro alla Scala도 마찬가지였다. 공연은 화려했다. 무대는 정교했고, 음악은 완벽하게 울려 퍼졌다. 하지만 와일드의 마음에는 아무것도 남지 않았다. 감흥도, 여운도 없었다.

밀라노에 머무는 동안 그는 두오모 광장 옆, 한창 공사 중이던 비토리오 에마누엘레 2세 갤러리아Galleria Vittorio Emanuele II에 들렀다. 거대한 철골 구조와 유리가 돋보이는 이 건물은 이탈리아 통일을 기념하는 새 시대의 상징이었다. 와일드는 마하피 교수와 함께 시간을 보냈다. 1867년 왕의 제빵사였던 파올로 비피가 문을 연 레스토랑 비피Biffi에서였다. 그는 이곳에서 밀라노 최고의 음식을 맛보았다고 했다. 하지만 음식이 정말 뛰어나서였을까, 아니면 낯선 도시에 놓인 자신을 위로하기 위해서였을까.

와일드가 두오모 광장에서 느꼈던 예술적 실망감은 브레라 미술관Pinacoteca di Brera에서 위로받을 수 있었다. 고요한 전시실을 거닐며 그는 라파엘로와 벨리니, 카라바조의 그림 앞에 멈춰 섰다. 대리석과 첨탑이 주지 못한 감동이 한 폭의 캔버스에서 밀려왔다. 빛과 어둠이 교차하는 화면 속에서 그는 오랜만에 예술이 주는 기쁨을 느

밀라노 비피 레스토랑

베르나르디노 루이니 〈장미정원의 성모상〉 1510년경

껬다. 무엇보다 그는 베르나르디노 루이니Bernardino Luini의 〈장미정원의 성모상Madonna of the Rose Garden〉을 감상하면서는 '사랑스러운 성모'를 보았노라고 감탄했다. 이 그림에 대해 그는 라파엘전파 화가들인 '모리스와 로세티가 사랑할 법한 격자 울타리에 핀 장미로 둘러싸인' 풍경이라 묘사했다. 라파엘전파 화가들에게 트렐리스 장미는 이상화된 중세 정원 풍경을 연상시키며 낭만적인 감성과 이상화된 자연의 아름다움을 보여주는 예술적, 문학적 상징이다. 루이니의 성모상은 자연스럽고 우아한 아름다움을 지니고 있으며, 마치 라파엘전파의 화풍을 보여주는 듯 낭만적인 정원 속의 성모처럼 보였다고 할 수 있다.

와일드에게 이탈리아 예술 기행은 옥스퍼드에서 러스킨에게 배웠던 것을 실제로 체험하는 여정이었다. 하지만 와일드는 러스킨의 가르침이나 취향을 그대로 따라가지 않았다. 그는 자신만의 독창적인 감각으로만 이탈리아 예술을 바라보았다. 그는 자신만의 예술적 경험과 판단을 소중하게 생각했다. 와일드는 특히 이탈리아의 가톨릭 전통이 만들어낸 예술적 조화와 풍요로움에 감탄했다. 그는 색과 빛을 통해 표현되는 신앙의 장엄함을 직접 체험하며 깊은 감동을 받았다. 하지만 이 감동을 오래 누릴 수는 없었다. 6월 말, 여비가 떨어지면서 그는 여행을 중단해야 했다. 그의 동료들은 밀라노에서 로마로 향했지만, 와일드는 아쉽게도 귀국길에 올라야 했다.

그는 이탈리아와 그 찬란한 예술을 가슴에 품고 떠났지만, 로마를 보지 못한 것이 아쉬웠다. 그 아쉬움을 안고 밀라노에서 북서쪽으로 기차를 타고 1시간 30분 정도 가면 있는 마조레 호수Lake

Maggiore 근처의 조용한 마을 아로나Arona에서 잠시 머무르면서, 가보지 못한 도시 로마를 그리는 시를 지었다. 로마를 방문하지 못한 슬픔을 담은 시이기도 하지만, 자신을 순례자라 부르며 언젠가는 그곳까지 이르러 교황을 만나 보리라는 다짐을 담은 작품이다. 그의 시 「가보지 못한 로마Rome Unvisited」는 이렇게 시작한다.

가보지 못한 로마

밀밭은 잿빛에서 붉은빛으로 물들었네.
내 영혼이 북쪽의 음울한 도시들을 떠나
이탈리아의 산맥을 향해 달아난
그날 이후로.

이제 나는 집을 향해 발걸음을 돌린다.
순례의 길은 끝이 났으나,
아득히 타오르는 저 핏빛 태양이
거룩한 로마로 가는 길을 밝혀주는 듯하네.
오, 복되신 성모여,
일곱 언덕 위에 군림하는 분이시여!
흠 없고 순결한 어머니,
세 겹의 찬란한 황금관을 쓰신 분이시여!
오, 로마여, 로마여,
그대 발아래 이 보잘것없는 노래를 바치나이다!

아아, 그대의 거룩한 거리로 가는 길은

험하고도 머나먼 길이로다.

나중에 이 시를 읽어본 뉴먼 추기경Cardinal Newman이 아낌없는 찬사를 보내 주었던 작품이기도 하다. 그에게 로마는 자신의 예술적, 종교적 열망을 완성시키는 여행의 종착지로 꿈에 그리던 곳이었다. 동시에 로마는 신앙과 거룩, 신의 임재를 하나로 만드는 상징적 도시였다. 그런 로마에 가보지 못하고 돌아서야 했던 와일드의 심경을 잘 표현하고 있다. 와일드의 첫 이탈리아 여행은 언제나 미완으로 남을 수 밖에 없는 아쉬운 스토리텔링 같은 것이었는지도 모른다.

## 이탈리아 두 번째 여정 그리고 로마

옥스퍼드로 돌아온 와일드는 한동안 차분한 일상을 유지하려 했다. 하지만 머릿속은 온통 로마로 가득 차 있었다. 그는 책을 읽으며, 그림을 보며, 성 베드로 대성당의 웅장한 돔과 가톨릭 의식의 장엄한 장면들을 상상했다. 학문적 호기심이었을 수도 있고, 더 깊은 무언가였을 수도 있었다. 확실한 것은 그의 관심이 점점 더 로마 가톨릭으로 기울었다는 점이었다.

1877년 봄, 와일드는 심각한 경제적 어려움에 직면했다. 여행을 떠날 여유가 없었다. 하지만 그는 로마행의 꿈을 포기하지 않았다. 언제나처럼, 그는 길을 찾을 생각이었다. 런던으로 가서 여행을 계획하던 중, 뜻밖의 재회를 하게 되었다. 그리스로 향하는 마하피 교수와 그의 일행이 런던을 지나가고 있었다. 우연이었을까, 운명이었을까. 어쩌면 와일드는 그것이 필연이었다고 믿고 싶었을 것이다.

차링 크로스Charing Cross 역을 출발하는 순간부터 마하피는 온갖 논리를 동원해 와일드가 로마 가톨릭이 되는 것을 막으려 했다. 그렇지 않으면 로마까지 데려가지 않겠다며 엄포도 놨다. 하지만 마하피 교수의 설득에도 와일드는 꿈쩍하지 않았다. 와일드의 의지는 확고했다. 로마뿐 아니라 그리스까지라도 따라가겠다고 반발했다.

제노바에 도착했을 때, 와일드는 어딘가 떠밀려온 것 같은 기분이 들었다. 마하피 교수의 가족이 머물고 있어 안부차 들른 곳이었다. 여행은 늘 우연과 고집이 엉켜 사람을 어디론가 데려다 놓고, 뒤늦게야 자신이 왜 여기 있는지 생각하게 만든다. 마하피 교수는 와일드를 로마에서 떼어내고 싶어 했고, 그는 그 반발심으로 그리스행을 결심했다. 와일드는 마하피 교수와 동행하던 굴딩, 맥밀런과 함께 제노바를 떠돌았다. 르네상스 궁전들이 눈을 압도했다. 창백한 대리석 문과 녹이 슬어가는 창살, 그리고 그 위로 반짝이는 지중해. 모든 것이 과하게 아름다웠다.

와일드는 이곳을 방문했을 때, 귀도 레니의 성 세바스티아누스에 대한 특별한 기억을 적었다. 동행한 맥밀런도 숨을 삼켰다. '지금까지 본 그림 중 가장 아름다운 작품'이라며 감탄했다. 와일드는 대답하지 않았다. 대신, 한동안 그림을 바라봤다.

소년은 나무에 묶여 있다. 화살에 꿰뚫린 몸, 붉은 입술, 부드럽게 말려 올라간 갈색 머리칼. 하지만 그의 시선은 흔들리지 않는다. '사악한 적들에게 나무에 묶인 채 화살에 꿰뚫렸으면서도 신적인

귀도 레니 〈성 세바스티아누스〉 1615

열정이 서린 시선으로 하늘을 응시'하고 있었다. 그것은 두려움의 눈빛이 아니었다. 세속과 거리를 두는, 무언가를 초월한 얼굴이었다. 플라톤의 소년들, 파르테논 프리즈 대리석에 새겨진 청년 전사들. 와일드는 그들 곁에 세바스티아누스를 놓았다. 그는 이 그림에서 '생명의 충만함과 빛나는 활력'을 보았다.

묶인 소년의 붉은 입술, 창백한 살결. 어떤 미는 아름다움의 차원을 넘어 존재 자체를 각인시킨다. 와일드는 알았다. 이 그림은 그를 놓아주지 않을 거란걸.

러스킨은 귀도의 그림을 감상적이고 가식적이라고 혹평했다. 하지만 와일드는 신경 쓰지 않았다. 그는 이제 러스킨과는 조금 다른 눈을 가지고 있었다. 눈앞의 그림, 귀도의 성 세바스티아누스에는 어떤 냉소도 끼어들 틈이 없었다. 거기엔 꿈결 같은 관능미가 깃들어 있었다.

제노바의 밤공기는 오렌지 향으로 가득했다. 와일드는 스칼리에토 정원에서 혼자 와인을 마셨다. 낮 동안의 빛과 색채가 가라앉고, 세상은 어둠 속으로 미끄러지고 있었다. 하지만 그 어둠은 온전한 침묵이 아니었다. 어디선가 노랫소리가 들려왔다. 어린아이의 목소리였다. 부드럽고 맑은 선율이 골목을 타고 퍼져나갔다. 예수의 수난을 노래하는 찬송가였다. 그 순간, 와일드는 마치 무언가에 의해 붙잡힌 기분이 들었다. 낮 동안 바라보았던 세바스티아누스의 얼굴, 신의 손길을 담은 것처럼 보이던 그 시선이 떠올랐다. 인간의 몸과 신의 고통이 교차하는 지점. 그는 부활절을 앞둔 고난주간의 의미를 떠올렸다. 그러나 깨달음은 그리 오래가지 않았다. 와일드는 부드러운 흙길 위를 걸으며 다시 한 모금 와인을 삼켰다. 새벽이 오고 있었다.

성금요일 기차는 라벤나Ravenna로 향했다. 제노바의 색이 물결이라면, 라벤나는 빛이었다. 하지만 그 빛은 명확하지 않았다. 황금빛 모자이크가 반짝이는 가운데, 먼지와 시간이 섞여 있었다. 와일드는 산 비탈레 성당Basilica di San Vitale에 들어섰다. 6세기 모자이크 벽화들이 그를 내려다보았다. 그곳엔 황제 유스티니아누스와 황후 테오도라가 있었다. 가만히 서서 천장을 올려다보았다. 그들은 여전히 빛나고 있었지만, 어디에도 숨을 쉬는 인간은 없었다. 모자이크의 빛이 제노바에서 보았던 것들과 전혀 달랐다. 제노바의 예술이 인간의 욕망을 담았다면, 이곳의 빛은 신의 것이었다. 하지만 와일드는 신을 신뢰하지 않았다. 신의 존재와 무관하게 인간은 죽고, 예술만이 남는다. 그렇다면 이 모자이크들은 무엇을 위해 빛나는가. 신을 기리기 위해? 권력을 과시하기 위해? 아니면, 시간이 남긴 공허를 가리기 위해? 성당을 떠나면서, 황금빛 황후와 붉은 입술의 소년이 떠올랐다. 서로 다른 시간과 공간에 존재하던 얼굴들이 꿈속에서 뒤섞이며 하나의 이미지로 흐려졌다. 신이 떠난 자리를 무엇으로 채울 것인가.

와일드는 아직 몰랐다. 이 여행이 우연이 아니라는 것을. 마하피 교수의 강요로 어쩔 수 없이 따라나선 길이었다. 로마 대신 그리스, 가톨릭 대신 헬레니즘. 하지만 세상에는 어떤 계획도 없이 흘러가다가 뜻밖의 순간을 맞이하는 일이 있다. 그해 6월, 옥스퍼드 대학은 뉴디케이트 상의 시 주제를 발표했다. 라벤나였다.

라벤나에서 브린디시까지는 멀었다. 그리스로 가는 배를 타기 위한 여정이었다. 지금도 기차를 타면 8-9시간 걸리는 먼 거리다. 기차는 이탈리아의 땅을 종으로 가로질렀다. 굴딩은 창가에 앉아 신이 난 얼굴로 이야기를 늘어놓았고, 마하피 교수는 신문을 읽으며 가끔 고개를 저었다. 맥밀런은 작은 수첩에 뭔가를 적고 있었다. 와일드는 창밖을 보았다. 해가 저물어 갔다. 브린디시에 도착했을 때는 봄 학기가 시작되기까지 이틀이 남아 있었다. 와일드는 모들린 칼리지 학장 브램리에게 편지를 썼다. 미케네와 아테네를 방문해야 해서 늦을 것 같다고. 열흘쯤 늦더라도 배려해 주기를 바랐다. 다만, 돌아가는 길에 로마를 들를 거라는 이야기는 하지 않았다.

4월 21일, 토요일. 그리스 여행을 마치고 아테네를 떠났다. 새로운 학기가 시작된 지 벌써 17일이 지나 있었다. 와일드는 증기선을 타고 나폴리에 잠시 들른 뒤, 홀로 로마로 향했다. 잉글테라 호텔 Hotel d'Inghilterra에서는 친구 워드와 헌터-블레어가 그를 기다리고 있었다.

로맨스 영화에 종종 등장하는 그 유명한 스페인 계단에서 가까운 잉글테라 호텔은 지금도 운영 중이다. 이곳에서 티베르 강River Tiber을 건너 걸으면 바티칸시까지 약 30분이면 닿을 수 있다. 그들은 함께 고대 유적을 돌아보았다. 때때로 동행이 생겼다. 헌터-블레어의 친구이자 글래스고 대학의 인문학 교수였던 조지 길버트 머레이 George Gilbert Murray. 그는 고전학자로서 전문성을 살려 로마 곳곳을 안내해 주었다.

하지만 와일드는 이미 그리스에서 수많은 유적을 보았다. 돌과 폐허의 언어는 이제 그의 관심을 끌지 못했다. 로마에서 그가 찾고자 한 것은 또 다른 것이었다. 기독교, 가톨릭, 그리고 그것이 남긴 흔적들. 그는 순교자들과 성인들의 전설에 매료되었고, 르네상스 전성기의 교황들에게 집착했다. 권력과 신앙이 맞닿는 지점, 그곳에 와일드의 시선이 머물렀다.

헌터-블레어는 와일드가 이번 여행을 계기로 방황을 멈추고 마침내 교회의 울타리 안으로 들어오기를 바랐다. 식사 자리에서는 교황청에서 일하는 옥스퍼드 출신 인사들을 초대해 그와 이야기를 나누도록 했다. 그것만으로 부족하다고 생각했는지, 바티칸의 인맥을 총동원해 결국에는 교황 피오 9세Pius IX를 알현할 수 있는 자리까지 마련했다. 교황은 와일드의 머리 위에 손을 얹고 축복하며 말했다. '이 사람도 곧 친구를 따라 하느님의 도성으로 들어오기를 바랍니다.' 잉글테라 호텔로 돌아가는 마차 안에서 와일드는 아무 말도 하지 않았다. 축복의 여운이 가시기도 전에, 그의 머릿속에서는 이미 다른 순간들이 떠오르고 있었다. 바티칸에서 발견한 뜻밖의 장면들이었다. 가톨릭 신앙의 중심에 놓인 것은 성인도, 교황도 아니었다. 왕좌를 차지한 것은 그리스 신들과 영웅들, 그리고 신화 속 여주인공들이었다. 교황 율리우스 2세와 그 후계자들이 가장 정성스럽게 수집한 것은 다름 아닌 고대의 걸작들이었다. 와일드를 사로잡은 것은 특히 한 점의 대리석 조각상이었다. 길고 균형 잡힌 팔다리를 가진 운동선수. 몸의 땀을 닦아내는 찰나를 포착한 형상. 그것은 알렉산드로스 대왕의 궁정 조각가 리시포스Lysippus가 만든 〈아폭

리시포스 〈아폭시오메노스〉 기원전 330년경

시오메노스Apoxyomenos〉였다. 바티칸 피오 클레멘티노 박물관Museo Pio-Clementino에 보관된 그 조각상 앞에서, 와일드는 한동안 발걸음을 떼지 못했다.

그날 저녁, 세 친구는 산 파올로 푸오리 레 무라 성당Basilica Papale di San Paolo Fuori le Mura으로 향했다. 하지만 와일드는 가던 길을 멈추더니 중간에 있는 다른 곳에 들렀다 가자고 했다. 체스티우스 피라미드 근처. 도시 성벽 아래 자리한 아름다운 이방인의 묘지 시미떼로 아카또리코Cimitero Acattolico였다. 가톨릭의 품이 아니라, 이곳에 잠든 영혼들에게 그가 더 끌린다는 듯이. 그곳엔 영국의 낭만주의 시인 존 키츠와 퍼시 비시 셸리가 묻혀 있었다. 그러나 와일드는 셸리에 대해선 아무 말도 하지 않았다. 키츠의 무덤에 머물러 생각에 잠겼다. 와일드는 스페인 계단 근처의 한 아파트에서 결핵으로 생을 마감한 「엔디미온Endymion」의 저자 키츠에게 경의를 표하고 싶었다. 그의 묘비에는 이렇게 새겨져 있었다.

'이 무덤에는 한 젊은 시인의 육신이 잠들어 있다. 그는 생의 마지막 순간 적들의 악랄한 공격에 깊은 상처를 입고, 쓰디쓴 마음으로 이 글귀가 새겨지길 원했다 : 여기에 한 사람이 누워 있으니, 그의 이름은 물 위에 쓰여졌노라.'

키츠의 쓰라린 감정은 비평가들을 향한 것이었다. 혹독한 비판이 그의 죽음을 앞당겼다는 말도 있었다. 와일드는 봄꽃이 흩날리는 묘비 앞에서 키츠를 순교자로 떠올렸다.

'그는 순교자의 도시에서 잠들 자격이 있는 존재이다. 너무 이른 나이에 희생된, 아름다움의 사제였다.' 와일드는 키츠를 '거짓되고 불공정한 세 치 혀의 화살에 맞아 쓰러진 아름다운 성 세바스티아누스'라 불렀다. 그러고는 거룩한 무덤에 엎드렸다.

와일드는 아름다움 속에서 영성을 직감할 줄 아는 사람이었다. 동시에, 로마에서는 종교 속에 스며든 세속적인 요소를 포착하는 법도 익혔다. 교황청의 화려한 의식과 장엄한 건축물은 그를 매료시켰다. 가톨릭으로 개종하는 일에는 여전히 망설였지만, 추기경이라는 존재에는 묘한 매력을 느꼈다. 르네상스 시대의 추기경은 교회의 왕자였다. 그 시대에 자신이 태어났다면, 신과 인간, 경건함과 쾌락이 교차하는 그 경계 위에서 균형을 잡을 수도 있지 않았을까. 와일드는 그런 생각을 하며, 로마를 거닐었다. 와일드는 로마의 넘치는 예술과 문화유산에 감탄했다. 그는 훗날 로마를 두고 '예술의 화이트리스Whiteleys'라고 농담처럼 말했다. 19세기 런던의 내형 백화점, 화이트리스는 당시로서는 혁신적인 공간이었다. 다양한 상품이 한곳에 모여 있어 무엇이든 찾을 수 있는 곳이었다. 와일드에게 로마도 그랬다. 끝없이 펼쳐진 미술과 조각, 건축물들이 마치 거대한 예술 백화점처럼 느껴졌다. 그 과정에서 어쩌면 타락하고 있었는지도 모른다.

와일드는 러스킨식의 정전(正典)에서 벗어나 금기를 넘어서기 시작했다. 그는 다시 한번 귀도 레니의 작품에 빠져들었고, 관능적이고 순수하지 않은 코레조Correggio의 그림에서도 강한 매력을 느꼈다.

로마의 보르게세 미술관 컬렉션 중 보석 같은 작품으로 알려진 코레조Correggio의 〈다나에Danae〉가 와일드의 관심을 사로잡았다. 부드러운 육체, 황금빛 조명의 흐름, 신화적 욕망과 감각적 쾌락이 교

**귀도 레니 〈성 세바스티아누스〉 1615-16**
귀도의 또 다른 성 세바스티아누스 그림은 로마 캄피돌리오 광장에 있는 세계에서 가장 오래된 박물관인 카피톨리니 박물관Musei Capitolini에 걸려 있다. 고통스러운 순교자의 몸은 오히려 아름다움이 느껴진다.

코레조 〈다나에〉 1531

차하는 그 공간. 와일드는 그곳에서 신과 인간, 성스러움과 관능이 하나로 녹아드는 순간을 보았다. 빛은 다나에의 피부를 타고 흐르고, 사랑과 유혹의 몸짓이 캔버스 밖으로 번져나갔다. 이탈리아 르네상스 회화의 절정을 감상하며, 와일드는 예술이 어떻게 인간의 욕망을 신화적 언어로 변모시키는지를 생각했으리라.

로마에 머무르는 동안 와일드는 새로운 인연을 만들었다. 워드와 헌터-블레어를 통해 줄리아 콘스탄스 플레처Julia Constance Fletcher를 만났다. 함께 말을 타기도 하고 많은 대화를 나누었다. 그녀는 미국 출신 작가로, 이미 유명 출판사를 통해 소설을 출간한 인물이기도 했다. 그녀의 새로운 로맨스 소설에는 클로드 대버넌트라는 옥스퍼드 출신의 시인이 등장한다. 플레처는 자신의 작품 속에서 대버넌트의 이미지를 이렇게 묘사하고 있다.

'그의 얼굴은 마치 시대를 거슬러 온 듯했다. 홀바인의 초상화를 떠올리게 하는 창백한 피부, 뚜렷한 이목구비, 그리고 개성적인 분위기. 온화하면서도 열정을 품은 독특하고 흥미로운 표정을 지니고 있었다. 그는 매우 젊었다. 스물두 살을 넘기지 않았을 것이다. 아니, 그보다 더 어려 보였다. 중세 성인의 그림에서 본 듯한 길고 부드러운 머리칼이 목 언저리에 자연스럽게 흘러내렸다. 그의 목소리는 낮고 빠르면서도, 발음은 또렷하고 정확했다. 그는 마치 언어 자체를 탐구하는 사람처럼 말했고, 늘 말하는 데 익숙한 사람처럼 경청했다.'

소설 속 클로드 대버넌트가 그리스에서 막 돌아왔다는 설정은 묘하게 와일드를 떠올리게 했다. 와일드의 재기 넘치는 유머도 소설

속 인물에게 녹아 있었다.

와일드가 로마 여행을 통해 영적인 방황을 끝냈다고 할 수는 없다. 오히려 그 여정은 그의 이교적 감각과 가톨릭적 정서를 더욱 격렬하게 자극했다. 여행은 단조롭고 건조한 지식에 생생한 촉감을 부여하고, 머리로만 이해하던 것들을 몸으로 체험하게 만든다. 로마에서의 시간은 와일드의 종교적·예술적 감수성을 한층 더 극적으로 확장시켰고, 신과 인간, 성과 속이 뒤섞이는 그 경계에서 그는 더욱 깊이 흔들렸다.

### 가을 나폴리, 그리고 더글러스와의 마지막 여행

1897년 5월 19일, 감옥 문을 나선 오스카 와일드는 병약했다. 그의 몸은 차가운 공기를 견디지 못했고, 마음은 부드럽고 따뜻한 이탈리아의 햇살을 그리워했다. 가을이 깊어가던 9월, 그는 더글라스와 함께 나폴리로 향했다. 두 사람은 포실리포의 언덕 위, 바다를 내려다보는 빌라 주디체Villa Giudice, 혹은 빌라 마야Villa Maya에서 머물렀다. 로마 시대부터 휴양지로 사랑받아온 포실리포는 지금도 변함없이 매혹적이다. 저 멀리 폼페이 너머로 베수비오산이 우뚝 솟아 있고, 손을 뻗으면 닿을 듯한 곳에 카프리 섬이 떠 있다. 푸른 바다와 시간을 품은 이곳에서, 와일드는 잃어버린 삶을 잠시나마 되찾고 싶었을지도 모른다.

포실리포의 햇살 아래, 그는 그저 낯선 이방인이었다. 지역 주민들은 처음엔 그가 오스카 와일드라는 사실을 알지 못했다. 지역 신문은 그를 스페인 대사관의 한 관리로 소개하며, 요양차 이곳에 머물고 있다고 보도했다. 사실 여부는 알 수 없지만, 신문은 그의 상태를 이렇게 묘사했다.

'이미 걷지 못할 정도로 쇠약해졌으며, 운명을 담담히 받아들이고 이곳저곳을 떠돌며 치료를 받고 있다. 비만과 통증에 지친 그는 기후라도 바꿔볼 요량으로 나폴리에 왔다.'

한때 런던 사교계의 총아였던 와일드가 이제는 병든 유랑자로 기록되었다. 삶이란 얼마나 가벼운 오해 속에서 굴러가는가. 그는 정말 죽음을 예감했을까, 아니면 이곳의 바람과 햇살이 마지막 기적을 가져다주리라 믿었을까.

포실리포의 바람은 바다 냄새를 품고 빌라의 창문을 두드렸다. 그 바람은 어쩐지 희망을 가져오는 듯했지만, 와일드는 창가에 앉아 담배를 물고 멍하니 바다를 내려다볼 뿐이었다. 그를 감싸던 유머와 재치는 감옥 어딘가에 묻혀버린 듯했다. 와일드는 다시 글을 쓰려 했다. 「다프니스와 클로에Daphnis kai Chloë」의 이야기를 오페라 대본으로 풀어볼까 고민하며 「트리스탄과 이졸데Tristan-Isolde」의 리브레토를 펼쳤다. 그러나 희극을 쓰려 해도 문장은 쉽게 흘러나오지 않았다. 예전에 손끝에서 반짝이며 쏟아지던 재치와 기지가 이제는 깊은 침묵 속에 갇혀 있었다. 웃음을 만들어내려 하면 할수록 비극이 따라붙었다. 그럼에도 그는 나폴리에서 새로운 삶을 모색하며 「레딩 감옥의 노래The Ballad of Reading Gaol」를 완성하는 데 몰두했다. 원고를 여러 차례 수정하고 시의 길이를 늘려 책으로 묶을 준비를 했다. 하지만 창작은 쉽지 않았다. 감옥에서의 감정을 다시 끌어올리는 일이 생각보다 고통스러웠다. 그는 과거를 되살리려 애쓰면서도, 정작 나폴리의 삶이 그의 시적 감성에 더 깊은 흔적을 남기고 있다는 것을 깨달았다. 감옥의 어둠보다 더 무거운 것은, 자유 속에서 느끼는 무력감일지도 몰랐다.

나폴리는 와일드에게 유혹의 도시이기도 했다. 이곳에서는 과거의 굴레에서 벗어나도 괜찮을 것만 같았다. 와일드는 '세바스찬 멜모스'라는 이름으로 자신을 감췄다. 더글러스와 함께 나폴리의 밤을 탐닉했고, 젊은 남성들과 성적 탐험을 이어갔다. 그러나 자유는 언제나 대가를 요구하는 법이다. 곧 현지 언론이 그들의 행적을 뒤쫓기 시작했고, 소문은 스캔들로 번졌다. 소문은 영국과 유럽 전역으로 퍼졌고, 나폴리의 기자들은 그의 뒤를 쫓으며 인터뷰를 시도했다. 와일드는 그들의 관심이 불쾌했다. 이미 한 번 세상의 구경거리가 된 삶이었다. 이제 그는 조용히, 정말로 조용히 살고 싶었다.

유럽 전역으로 퍼진 소문 때문에 인내심의 한계를 느낀 더글러스의 어머니는 결국 아들의 경제적 지원을 끊겠다고 통보했고, 와일드도 마찬가지 운명을 맞았다. 지원금이 끊기자 남은 것은 빚과 궁핍한 처지뿐이었다. 와일드와 더글라스의 관계에 점점 균열이 생겼다. 더글라스는 와일드가 다시 희곡을 써야 한다고 몰아붙였고, 와일드는 글이 나오지 않는다고 답했다. 대화는 점점 날카로워졌고, 다툼은 격해졌다. 말이 폭언이 되고, 가구가 바닥을 구르는 일도 있었다. 결국, 보지 더글러스는 가방을 꾸려 1897년 12월에 나폴리를 떠났다.

　더글러스가 떠난 뒤, 와일드는 다시 혼자가 되었다. 경제적 압박은 날로 심해졌고, 점차 사람들과의 연락도 끊어졌다. 그는 「레딩 감옥의 노래」의 출판을 추진하며 출판업자들과 논의를 거듭했지만, 영국과 미국에서의 출간 문제는 그의 머리를 지끈거리게 만들었다. 원고의 편집부터 책의 디자인과 타이포그래피까지, 와일드는 모든 과정에 집착하듯 매달렸다. 하지만 출판 문제는 쉽게 풀리지 않았고, 경제적 어려움으로 인해 친구들과의 갈등까지 겹치며 나날이 더 힘겨워졌다.

　와일드는 나폴리에서 추문 속 망명자가 아니라, 예술가로 남고 싶었다. 젊은 문인들과 어울리며 이탈리아어를 배우고, 자신의 작품을 알리는 데 관심을 보였다. 특히 시인 주제페 로코Giuseppe G. Rocco와 친분을 쌓으며 「살로메」의 이탈리아어 번역을 구상하기도 했다. 글이 좀처럼 손에 잡히지 않던 와일드는 대신 눈으로 예술을 탐닉했다. 그는 국립 고고학 박물관Museo Archeologico Nazionale을 자주 찾았고, 그곳에서 고대 조각상들을 바라보며 오래도록 서 있었다. 부서지고 바랜 조각상의 표면에서, 한때 자신이 믿었던 아름다움의 흔적을 찾으려 했던 것인지도 모른다. 특히 폼페이와 함께 매몰된 헤르쿨라네움 유적에서 발굴된 청동상들이 와일드의 시선을 사로잡았다. 와일드의 관심을 끈 것은 황제나 철학자의 위엄 있는 형상이 아니었다. 〈레슬링 선수〉, 〈나르시서스〉, 〈휴식 중인 메르쿠리우스〉. 그가 오래도록 바라본 것은 움직임이 멈춘 젊음이었다. 메르쿠리우스 상의 우아하게 뻗은 팔다리, 유연한 곡선, 몸 전체에서 뿜어

작자 미상 〈휴식 중인 메르쿠리우스(헤르메스)〉 1세기 추정

져 나오는 생기와 활력. 그것은 시간이 멈춘 순간의 아름다움이었다. 한때 와일드가 글로, 말로, 삶으로 그 아름다움을 구현하려 했지만, 지금 그는 그저 바라볼 뿐이었다.

홀로 남은 외로움을 견디기 위해 와일드는 시칠리아로 떠났다. 지인들은 바보 같은 선택이라며 비난했지만, 나폴리에서 쓸쓸한 크리스마스를 맞는 것보다는 낫다고 생각했다. 노련하고 교양 있는 러시아인의 초대를 받아 타오르미나Taormina의 호텔 빅토리아에 짐을 풀었다. 그곳에서 그는 한때 영국 왕세자와의 염문으로 조국을 떠나야 했던 플로렌스 트리벨리안Florence Trevelyan이 조성한 정원을 거닐었고, '중대한 외설' 혐의를 피하려 런던을 떠났던 앨버트 스토포드Albert Stopford와 어울렸다. 타오르미나는 휴양지라기보다 유배자들의 마지막 은신처였다. 규율을 벗어난 자들이 모여드는 곳, 추방된 이들이 서로를 알아보고도 아무 질문도 하지 않는 곳이었다.

와일드의 관심은 다른 곳으로 끌렸다. 그는 빌헬름 폰 글뢰덴Wilhelm von Gloeden의 스튜디오를 자주 찾았다. 그곳은 새로운 세계였다. 바론 폰 글뢰덴Baron von Gloeden으로 널리 알려진 41세의 독일 귀족이자 사진작가였던 글뢰덴은 자신만의 사진 기법으로 시칠리아 소년들을 신화적 존재로 변모시켰다. 어린 목동과 목양의 신 판Pan으로 분한 이들은 대개 누드 상태였으며, 그의 사진은 한눈에 봐도 동성애적 감각을 불러일으켰다. 와일드는 마음에 드는 두 점의 사진을 손에 넣었고, 때로는 '경이로운 소년들'의 포즈를 직접 조율하기도 했다. 그러나 그곳에서 시간을 오래 지체하지는 않았다. 새해가 되고 와일드는 다시 나폴리로 돌아갔다.

나폴리로 돌아온 와일드는 심한 독감에 시달렸다. 몸은 쇠약해졌고, 외로움은 일상이 되었으며, 하루하루가 지루함의 연속이었다. 기대했던 것과는 달리, 이곳에서의 삶은 경제적 곤란과 인간관계의 갈등, 그리고 끝없이 쏟아지는 비난 속에서 점점 무너져갔다. 그는 친구에게 이렇게 털어놓았다. '내 인생은 여기서 완전히 무너져 버렸다. 더 이상 머리도 제대로 돌아가지 않고, 기운조차 없다.'

한때 세상을 유혹하던 언어의 연금술사는 이제 아무런 말도 떠올릴 수 없었다. 나폴리는 더 이상 도피처가 아니었고, 자유는 그에게 너무 힘겨운 것이 되었다. 와일드는 희망을 더 찾을 수 없었다. 1898년 초, 결국 나폴리를 떠나 파리로 돌아갔다. 짧은 체류였지만, 그곳에서 그는 사랑과 창작, 그리고 사회적 압박이 얽힌 복잡한 시간을 보냈다. 자유를 갈망했으나 그 자유는 그를 구원하지 못했고, 창작을 원했으나 글은 좀처럼 따라주지 않았다. 그러나 나폴리에서의 모든 상처와 좌절 속에서도 「레딩 감옥의 노래」는 마침내 세상에 나왔다. 1898년 2월 영국에서 먼저 출간된 시집은 작지 않은 반향을 불러일으켰다. 잠시나마 와일드는 다시 문학 속에서 살아 있는 사람이 되었다. 하지만 그것이 오래갈 것이라고 기대하지는 않았다.

1898년 겨울이 다가오자 와일드는 프랑스 남부 리비에라로 향했다. 영국에서 자신을 걱정하며 찾아온 프랭크 해리스 덕분이었다. 그곳에서 그는 스위스에 거주하는 젊은 부호 해럴드 멜러Harold Mellor와 친분을 쌓았고, 함께 니스에서 오페라 〈토스카〉를 관람했다. 무대 위에는 사라 베르나르Sarah Bernhardt가 있었다. 여전히 찬란했고,

여전히 비현실적인 존재처럼 보였다. 와일드는 그 밤을 잊을 수 없었다. 공연이 끝난 후, 그는 그녀를 찾아갔다. 문이 열리고, 베르나르는 한순간 망설이더니 그를 끌어안고 울었다. 와일드도 울었다. 아무 말도 필요 없었다. 한때 자신이 사랑받던 세상을 대표하는 얼굴, 그러나 이제는 너무 멀어진 얼굴. 그는 슬픔에 잠겨, 어쩌면 마지막으로, 자신의 삶을 애도했는지 모른다.

### 1899년 제노바

1899년 초, 와일드는 스위스로 요양을 떠나기 전 이탈리아 국경을 넘어 제노바로 향했다. 그곳에서 아내 콘스턴스 와일드의 무덤을 찾아갔다. 그녀는 1898년 4월에 죽었다. 제노바 외곽에 있는 스타글리에노 기념 묘지Staglieno Cimitero Monumentale. 그곳에서 그는 그녀와 마주했다. 살아 있는 사람이 죽은 이를 만나는 방식으로. 이름이 새겨진 작은 대리석 앞에 선 와일드는 한동안 말없이 무수한 감정에 휩싸였다. 비석에는 이렇게 적혀 있었다.

'콘스턴스 매리, 호레이스 로이드의 딸.' 그녀의 남편에 대한 언급은 없었다. 오스카도, 와일드도, 어디에도 없었다. 훗날 누군가 '오스카 와일드의 아내'라는 문구를 비석에 덧붙였지만, 그 순간 그의 이름은 그녀의 삶에서 완전히 지워진 듯했다. 그러나 와일드는 비석을 덮은 짙은 담쟁이덩굴을 바라보며 문득 그것이 아름답다고 생각했다. 대리석 십자가를 따라 흐르는 잎의 패턴이 너무나 정교했다. 오스카 와일드는 한참을 바라보다가 중얼거렸다.

"모든 후회가 무의미함을 깨달았다. 삶은 끔찍한 것이다."

이 방문은 애도의 시간이라기보다는, 하나의 결론이었다. 스위스 여행은 실망스러웠다. 회복은커녕, 삭막한 공기와 무미건조한 풍경만이 그를 맞았다. 결국 4월 초, 그는 다시 남쪽으로 내려갔다. 따뜻한 햇살과 저렴한 생활비를 찾아 이탈리아 리비에라로. 작은 해안 마을, 산타 마르게리타Santa Margherita에서 그는 간신히 저렴한 가격의 숙소를 찾아 머물렀다. 생활비를 아끼려 했지만, 돈만이 부족한 것은 아니었다. 젊은 남성들과의 교류도 기대만큼 만족스럽지 않았고, 하루하루는 지루하고 단조로웠다. 모든 것이 시들해졌다. 돈만 있었다면 진작에 파리로 돌아갔을 것이다.

이 시기 와일드는 새로운 희곡을 쓰기 위한 계약을 추진하고 있었다. 런던의 연극 제작자 호레이스 세저Horace Sedger가 관심을 보였지만, 재정난으로 인해 결국 희곡 제작권을 다른 프로듀서인 로버츠Roberts에게 넘겼다. 로버츠는 각 막을 완성할 때마다 100파운드를 지급하는 계약을 제안했다. 하지만 와일드는 이전과 같은 속도로 글을 쓸 수 없었다. 건강은 악화되었고, 술잔을 내려놓는 일은 점점 더 어려워졌다. 결국 로비 로스Robbie Ross가 그를 돌보기 위해 산타 마르게리타까지 내려왔다. 로스는 조용히 지켜보았다. 와일드를 무너뜨리고 있는 것은 병보다도 술이라 생각했다. 그는 와일드를 설득하려 했다. 하지만 와일드는 언제나처럼 능청스러운 표정으로 잔을 기울이며 말했다.

"술을 끊는다면 나에겐 대체 무엇이 남을까?"

## 이탈리아 마지막 여정

1900년 봄, 와일드는 건강을 회복하기 위해 멜러의 초대를 받아 다시 이탈리아로 향했다. 시칠리아, 나폴리, 로마로 가는, 그의 생애 마지막 여행이었다. 멜러와의 동행이 그다지 반갑지는 않았지만, 그는 여전히 삶의 쾌락을 놓지 않았다. 봄날의 햇살은 따뜻했고, 길거리에는 검은 눈동자의 젊은이들이 활기에 넘쳤고, 박물관과 성당에는 여전히 경이로운 예술이 존재했다. 한때 그를 사로잡았던 아름다움은 여전히 그곳에 있었다.

와일드는 시칠리아 섬의 서쪽 끝 팔레르모Palermo에 있는 교회, 카펠라 팔라티나Cappella Palatina에 발을 들였다. 화려한 모자이크로 가득한 그곳에서 그는 숨이 멎는 듯한 감동을 느꼈다. '경이로움 중의 경이로움.' 그가 친구에게 보낸 편지에 그렇게 썼다.

'그곳에 들어서면 마치 신성한 성소, 아니 성체 안에 있는 듯한 느낌이다.'

화려한 색채와 정교한 장식 속에서 그는 잠시 자신을 잊어 보기도 했다. 비록 삶은 무너져 갔지만, 그 순간만큼은 무너진 폐허 속에서 빛나는 황금을 발견한 듯했다.

다시 찾은 나폴리는 '타락했고, 사치스러웠다.' 와일드는 그곳에서 다시금 기이한 즐거움에 몸을 맡겼다. 그리고 친구에게 한 줄의 고백을 남겼다.

'어떤 특별한 이유로 인해, 나는 트리톤과 함께 있지 않고 해군학교에 있는 바다의 신과 사랑에 빠졌다.' 그가 말하는 바다의 신이 과

연 실제 조각상이었을까? 아니면 우연히 마주친 매력적인 해군 생도를 신화적 언어로 포장한 것일까? 그것이 순간의 사랑이든 어떤 환상이든, 와일드는 여전히 아름다움을 좇고 있었다.

와일드에게 로마는 여전히 '영혼의 도시'였다. 부활절을 앞두고 로마에 도착한 그는, 옥스퍼드 시절의 젊은 학도로서 이곳을 찾았던 기억을 떠올렸다. 그때의 로마와 지금의 로마는 같았지만, 와일드는 변해 있었다. 멜러는 스위스로 떠났고, 와일드는 혼자 남아 부활절 가톨릭 교회 의식과 장엄한 행사 속으로 빠져들었다. 교황 레온 13세에게 와일드는 단 한 번이 아니라 무려 일곱 번의 축복을 받았다. 당시 교황은 아흔 살이었다. 쇠약한 육신을 이끌고 그 앞에 무릎을 꿇을 때마다, 와일드는 무엇을 바라며 기도했을까? 구원? 용서? 아니면, 다시는 되찾을 수 없는 어떤 것에 대한 애도였을까?

와일드는 사제 수업을 받는 존 그레이John Gray의 모습을 보았다. 한때 존 그레이를 둘러싼 소문과 속삭임, 욕망과 불안이 모두 씻겨 내려간 듯한 얼굴이었다. 이제 그는 새 신학생으로서 조용히 성당을 가로질렀다. 와일드는 그 모습을 바라보며 중얼거렸다.

'비웃음이 공중에 떠다니는군.' 그것은 누구의 비웃음이었을까? 그레이를 향한 것일까? 아니면, 신 앞에서 모든 것을 내려놓지 못한 자기 자신을 향한 것이었을까?

이어지는 주간에 와일드는 도리아 팜필리 미술관Galleria Doria Pamphilj과 카피톨리니 박물관Musei Capitolini을 찾았다. 조각상들은 여전히 아름다웠다. 하지만 그의 시선을 붙든 것은 미술관에서 보았

성 베드로 광장의 오스카 와일드 1900

디에고 벨라스케스 〈교황 이노센트 10세의 초상화〉 1650

던 디에고 벨라스케스Diego Velázquez의 〈교황 이노센트 10세의 초상화〉였다.

와일드는 몇 번이고 찾아가서 이 그림 앞에 섰다. 대체 무엇이 그를 이끌었을까? 매서운 시선? 주름진 입술의 흔들림? 아니면, 그림 너머에서 자신을 내려다보는 어두운 그림자였을까? 그림이 자신을 보고 있는 것인지, 자신이 그림을 보고 있는 것인지 알 수 없었다.

로마에서의 즐거움은 또 하나의 우연 덕분에 더욱 커졌다. 로버트 로스 또한 어머니와 함께 이곳에서 겨울을 보내고 있었던 것이다. 두 사람은 오래된 친구처럼 다시 만나 젊은이들과 어울리고, 거리에서 고대의 조각 작품들을 감상하며 시간을 보냈다. 로스를 만났을 때 와일드는 교황의 축복 덕분인지 홍합으로 인해 생긴 식중독에서 완전히 나았노라고 증언했다. 와일드는 이를 두고 마치 기적이라며 웃었다. "이건 마땅히 '서원화'로 남겨야 할 사건이지. 다만 문제가 있다면, 홍합을 어떻게 묘사해야 할까? 홍합껍데기는 장식적으로 보일 수 있지만, 나는 껍데기를 먹지 않았단 말이야." 그 순간 그는 자신을 위로하듯 여유롭게 웃으며 농담까지 했다. 기적적인(?) 홍합 식중독 치료에도 불구하고, 지난 반년 사이 와일드의 건강은 눈에 띄게 나빠져 있었다. 걸음은 느려졌고, 얼굴엔 피로가 내려앉아 있었다. 그러나 정작 와일드는 상관없다는 듯 활기차게 굴었다. 기분이 좋아 보였다. 어쩌면, 너무 좋아 보였다.

즐거운 나날 속에서 와일드는 문득 로스에게 말했다. 자신을 가톨릭으로 개종시켜 줄 신부를 소개해 달라고 했다. 하지만 로스는 선뜻 응하지 않았다. 로스는 와일드가 진지한지 확신할 수 없었다.

무엇보다, 와일드 자신조차 언제 진지한지 확실하지 않은 경우가 많았기 때문이기도 했다. 로스가 망설이자, 와일드는 특유의 익살스러운 어조로 중얼거렸다.

"내가 가톨릭이 되려 할 때마다, 로스는 불타는 검을 들고 문 앞을 지키고 있네!"

와일드는 웃으며 말했지만, 어쩌면 그 안엔 조금의 서운함이, 혹은 두려움이 섞여 있었을지도 몰랐다. 신앙을 원했던 걸까, 아니면 새로운 피난처를 찾고 싶었던 걸까. 로스는 알 수 없었고, 와일드도 아마 마찬가지였을 것이다.

로스가 로마를 떠난 뒤에도 와일드는 몇 주 더 머물며 새로 생긴 취미에 몰두했다. 카메라였다. 카메라를 손에 넣자마자 그는 아이와 같은 열정으로, 거리와 광장, 공원과 성당을 돌아다니며 마구 셔터를 눌러댔다. 특히 보르게세 정원의 소들이 마음에 들었다. 그는 로스에게 편지를 보냈다. '소들은 사진 찍히는 걸 무척 좋아해. 건축물과 달리 움직이지 않거든.' 특유의 농담이었지만, 그 속엔 어쩌면 작은 위안도 섞여 있었을 것이다. 움직이지 않는 것, 변하지 않는 것, 도망치지 않는 것. 그의 이탈리아 마지막 여정에는 그런 소박한 위로가 깃들어 있었다.

로마 캄피돌리아 광장 마르쿠스 아우렐리우스 기마상 앞에서, 사진가 미상, 1900년 4월

**05**
OSCAR WILDE

그들이
나를 원한다면
America

## 뜻하지 않은 기회

1881년 겨울, 런던의 거리는 회색빛 안개로 가득했다. 남작들이 턱시도를 차려입고 오페라 극장으로 향하는 동안, 가난한 소년들은 골목 어귀에서 성냥을 팔았다. 그리고 그 한가운데, 와일드는 누구보다 별처럼 빛나고 싶었다. 그의 이름은 이미 런던의 살롱과 신문지면을 오르내리고 있었다. 한때 '미학주의의 화신'이라 불리며 문학계와 사교계에서 주목받았지만, 그를 둘러싼 시대의 관심은 언제나 반신반의였다. 누군가는 그를 천재라 불렀고, 또 누군가는 그를 허풍쟁이라 비웃었다. 그러나 와일드는 그런 시선을 능숙하게 요리하는 법을 알았다. 그는 언제나 자신이 만들어낸 신화 속에서 살았고, 때로는 그 신화 자체가 되었다.

사람들은 와일드의 기행을 두고 공개적으로 조롱했다. 당대 유명한 코믹 오페라 듀오 '길버트와 설리번Gilbert and Sullivan'의 극작가 윌리엄 길버트는 이를 놓치지 않았다. 그는 〈페이션스Patience〉라는 오페라를 만들어 미학주의를 풍자했다. 이 작품에서 심미주의를 추종하는 인물 번손Bunthorne은 누가 보아도 와일드를 닮아 있었다. 그러나 와일드는 이에 반격하는 대신, 조롱을 기회로 삼았다. 그는 오페라 초연 당일, 직접 극장에 등장한 것이다. 기자들이 몰려든 가운데서 그는 의미심장한 한마디를 남겼다.

"이건 평범한 사람들이 비범한 이들에게 바치는 찬사일 뿐입니다."

이것이 바로 와일드였다. 자신을 향한 조롱마저도 자신의 일부로 받아들이고 브랜드화하였으며, 그것을 유명세로 전환하는 데 주저함이 없던 인물이었다.

그런 와일드에게 어느 날, 뜻밖의 기회가 찾아왔다.

"오스카, 미국에서 강연을 해 보는 건 어때?" 그 제안은 영국의 흥행 전문가였던 리처드 도일리 카트Richard D'Oyly Carte에게서 나왔다. 그는 길버트와 설리번의 오페라를 성공적으로 무대에 올려 런던 극장가에서 입지를 다진 인물이었다. 이전에는 뉴욕의 무대에서 오페라 〈페이션스Patience〉를 성공적으로 올려 대중의 주목을 받고 있었다. 흥미로운 점은 이 작품이 영국 미학주의를 풍자하고 있다는 것이었다. 문제는, 미국인들은 이 미학주의라는 것이 정확히 무엇인지 제대로 알지 못한다는 것.

"오스카, 자네가 직접 미국에 가서 그들에게 보여주게." 카트의 주문은 단순했다. 강연을 통해 '아름다운 삶'을 설파하는 것이었다. 와일드는 어떤 작가나 문인으로서가 아니라, '미학주의 그 자체'로서 뉴욕 무대에 오를 필요가 있었다. 아메리카 대륙의 청중들은 '귀족적인 고상함'과 '우아한 미학'을 실제로 본 적이 없었다. 그들에게 필요한 것은 어떤 강연자가 아니라, 눈으로 볼 수 있는 한 편의 연극, 말 그대로 살아 있는 퍼포먼스였다.

와일드는 연락받은 다음 날인 10월 1일 바로 "그러죠, 제안이 좋다면 말입니다."라는 짧은 전보를 뉴욕으로 보냈다. 적절한 금전적 보상까지 기대하는 답변이기도 했다. 그리고 얼마 지나지 않아 바로 답장이 도착했다. 협상이 시작된 것이다.

처음에는 와일드가 나름의 세 가지 강연을 계획하기도 했다. 하나는 '일상 속에서 발견되는 아름다움'에 대한 것이었고, 또 하나는 '셰익스피어의 시적 기법'을 설명하는 것이었으며, 마지막으로는 자신이 가장 좋아하던 시 「카르미데스」를 낭독하는 것이었다. 하지만 실상 전문 기획 연출가로 이름을 날리던 카트가 생각하는 것은 달랐다.

그는 와일드에게 간단하고 명확한 조건을 제시했다. 첫째, 뉴욕에서 강연을 시작하고, 반응을 본 후 다른 도시를 돌 것. 둘째, 반드시 미학주의자의 상징적인 의상을 입고 무대에 설 것. 그는 미국인들에게 진짜 미학자가 말하는 미학을 보여주고자 했다. 그의 표현을 빌리자면 미학 전문가인 와일드가 나서서 '최신 유행하는 광기'에 대해 보여주길 바랐다. 처음에는 50일 일정으로 계획을 세웠으나 다른 가능성을 열어두었다.

"검은색 벨벳 재킷과 무릎까지 오는 바지, 그리고 해바라기를 단 버튼홀 코사지. 거기에 백합 한 송이를 손에 들면 완벽하지 않겠나?" 와일드는 반쯤 장난처럼 웃으며 수락했다. 그에게 이런 설정은 익숙한 것이었다. 이미 런던에서 자기 자신을 연극적인 존재로 포장하는 데 능숙했던 와일드는, 미국 무대에서도 '미학주의의 성자' 역할을 충분히 해낼 자신이 있었다. 다만, 이런 설정이 자신을 〈페이션스〉의 홍보를 위한 '샌드위치 맨' 정도로 생각하는 것은 아닐까 의심하기도 했다. 이런 우려는 이미 런던 언론에서도 감지되었다. 몇몇 신문에서는 "와일드가 뉴욕으로 가는 건 오페라 홍보를 위한 것일 뿐이다."라며 냉소적인 논평을 실었다. "도일리 카트는 미국에서 머리카락이 더 긴 진짜 '샌드위치 맨'을 반값에 구할 수 있다는 걸 깨달았다."는 식의 조롱도 있었다. 하지만 와일드는 개의치 않았다. 어차피 런던에서 오랫동안 '허영의 왕'처럼 살아왔다. 뉴욕에서도 마찬가지일 터였다.

뉴욕으로 떠나기 전날 밤, 와일드는 '타이트 스트리트의 친구들'과 함께 런던의 보헤미안 선술집에서 마지막 만찬을 가졌다. 술잔이 오가고, 농담이 이어지는 동안, 화가 휘슬러가 와일드를 향해 한마디 던졌다. "오스카, 대서양을 건너다 배멀미가 나거든, 번 존스를 토해버리라고!" 와일드는 그 농담에 호탕하게 웃었지만, 마음속에서는 또 다른 감정이 소용돌이쳤다. 그는 이 여행이 흔한 강연 투어가 아니라는 것을 알고 있었다. 이건, 자신의 삶을 바꿀 수 있는 여정의 첫걸음이었다. 런던에서 오스카 와일드는 '재능 있는 신인'이었지만, 뉴욕에서는 스스로 '살아 있는 신화'가 되어야 했다.

크리스마스를 하루 앞둔 1881년 12월 24일, 리버풀 항구는 겨울바람에 얼어붙어 있었다. 와일드는 SS아리조나호의 갑판에 서서 마지막으로 런던을 돌아보았다. 익숙한 풍경, 익숙한 사람들, 익숙한 찬사와 조롱이 뒤섞인 그 거리. 그러나 그가 가려는 곳은 이제 런던이 아니었다. 뉴욕. 그곳에서 그는 새로운 운명을 맞이할 것이었다.

## 뉴욕

맨해튼 남단, 바닷바람이 스치는 배터리 파크 한쪽에 자리 잡은 캐슬 가든. 원래는 요새였다. 전쟁의 기억이 스며든 돌벽들은 한때 이민자들의 첫 발걸음을 맞이하는 장소였다가 이제는 자유의 여신상으로 향하는 배표를 파는 티켓 오피스로 쓰인다. 지금은 이름이 바뀌어서 캐슬 클린턴으로 불린다. 수백 년 동안 이름과 용도는 갈아입었지만, 오래된 벽돌 사이에는 이곳을 스쳐 지나간 사람들이 남긴 흔적을 여전히 조용히 품고 있다.

1882년 1월 2일 저녁, 와일드가 탄 증기선 SS아리조나호가 스태튼 아일랜드Staten Island에 닻을 내렸다. 하지만 당장 육지를 밟을 순 없었다. 질병 검사와 세관 절차가 남아 있었다. 하루를 기다려야 했다. 심사관이 신고할 물품이 있느냐고 묻자, 와일드는 당당하게 대답했다고 한다.

"나의 천재성 말고는 없습니다." 그의 말은 한 세기가 훨씬 넘은 지금까지 회자되고 있다. 다음 날, 오스카 와일드는 캐슬 가든을 통해 마침내 미국 땅을 밟았다. 그가 미국에 도착했을 때 그는 아무런 성취도, 어떤 대단한 업적도 없는 젊은 작가에 불과했다. 그러나 그의 기획자들은 와일드를 '영국 미학주의 운동의 창시자'로 소개하

❶ 1880년경의 뉴욕 맨하탄을 그린 그림. 중앙 하단의 원형 건물이 캐슬 가든
❷ 19세기 당시의 캐슬 가든

며, 그가 이미 영국에서 엄청난 영향력을 가진 인물인 것처럼 홍보했다.

와일드가 뉴욕 땅을 밟기도 전에 미국 언론은 그를 조롱과 찬사의 대상을 삼아 떠들었다. 기자들은 와일드를 보기 위해 앞다투어 작은 배를 빌려 SS아리조나호로 접근했고, 최초의 인터뷰를 따내려고 서로 경쟁하기도 했다. 와일드는 이 기이한 환영식에 약간 압도된 듯했지만, 특유의 재치와 여유로 반응했다. 대서양을 어떻게 보았느냐는 기자의 질문에 그는 태연하게 답했다.

"생각보다 조용하더군요. 좀 더 야성적일 줄 알았는데요."

와일드는 이미 뉴욕에서 화제의 중심에 있었다.

카트의 뉴욕 사무실 관리자이자 강연 여행 실무를 도와주었던 윌리엄 모스는 와일드를 숙소로 안내하면서 이렇게 말했다. "오늘부터 뉴욕은 당신의 무대입니다." 와일드는 마차를 타고 5번가 호텔로 향했다. 창밖으로 펼쳐진 뉴욕의 모습은 압도적이었다. 5번가에는 최신 유행옷을 입은 신사 숙녀들이 바쁘게 오가고, 마차와 전차가 도로를 가득 메웠다. "모든 사람이 기차를 놓칠까 봐 뛰어다니는 것 같군요." 바쁘게 움직이는 도시의 풍경이 눈에 들어왔다.

뉴욕의 대중은 그가 패션에만 신경 쓰는 단순 멋쟁이인지, 날카로운 풍자가인지, 아니면 진정한 미학의 선지자인지 알고 싶어 했다. 미국 기자들은 와일드의 유럽 명성을 이용해 '미학의 젊은 사도'로 소개하며 그의 말과 행동 하나하나를 논쟁의 대상으로 삼았다.

뉴욕의 사교계도 와일드를 두고 의견이 분분했으나, 겉으로는 도처에서 초대장을 보내며 열렬히 환영했다. 사교계의 저명한 여성들이 와일드를 위해 여러 차례 파티를 열었다. 그중 하나는 전직 미국 주프랑스 대사의 저택에서 열렸으며, 또 다른 행사에서는 소설『작은 아씨들』로 당시 미국에서 가장 성공한 여성 작가였던 루이자 메이 올컷Louisa May Alcott을 기리는 자리가 마련되었다. 그러나 와일드는 일부러 늦게 도착함으로써 주목을 빼앗아 갔다.《트리뷴Tribune》에 따르면, 와일드가 등장하자마자 올컷 주위에 몰려 있던 사람들의 관심을 자신에게 돌려버렸다. 뉴욕 시장, 대법원 판사, 성직자들, 사교계의 중심인물들도 그를 초대했다. 어느새 와일드는 연회, 만찬, 사교 모임 속으로 빨려 들어갔다. 특히 사교계의 거물이었던 '샘 워드(일명 엉클 샘 워드 Uncle Sam Ward)'가 주최한 화려한 만찬에서는 거대한 펀치볼 그릇에 수련을 띄우고, 참석자들은 은방울꽃(백합의 일종)을 단 채 와일드를 맞이하기도 했다. 와일드의 연설은 철학적이면서도 위트 넘쳤고, 청중을 사로잡았다. 와일드가 어디를 가든 시선을 끌었다. 그는 유명해진 것이 아니라 '유명하다는 사실 자체가 뉴스가 되는' 존재가 되었다. 강연 티켓은 완판되었으며, 암표 가격은 두 배로 뛰었다.

1월 9일 월요일, 와일드의 첫 강연은 웨스트 18번가와 5번가가 교차하는 번화가에 위치한 음악당이었던 치커링 홀Chickering Hall에서 열렸다. '영국의 르네상스The English Renaissance'라는 제목의 강연은 어떤 담론을 제시하는 것이라기보다는 하나의 퍼포먼스였다. 1,000명이 넘는 청중이 객석을 가득 메웠다. 화려한 드레스와 실크

《내셔널 폴리스 가제트》에 실린 삽화

모자로 장식한 지식인과 예술가, 상류층 인사들은 물론 단순 호기심으로 찾아온 이들까지 한데 모였다. 일부 젊은 남성들은 루즈한 벨벳 정장과 큼직한 리본을 매고, 우수에 찬 표정을 연출하며 '미학주의 운동Aesthetic Movement'의 유행을 따랐다. 와일드는 정교하게 재단된 코트와 무릎바지, 실크 스타킹을 갖춰 입고 무대에 섰으며, 그 모습 자체가 하나의 예술이었다. 청중 일부는 오페라글라스를 통해 그를 관찰했다. 젊은 남녀들은 그의 모습에 매료되었고, 일부는 미학적 감각에 대해 그를 조롱하기도 했다.

의심할 것 없이 그의 뉴욕 여정에서 가장 중요한 순간이었다. 와일드는 무대에 오르자마자 객석을 바라보았다. "우리는 살아 있는 미학의 시대에 있습니다. 아름다움이 우리 삶 속으로 들어와야 합니다." 강연 초반에는 청중의 반응이 시큰둥했다. 하지만 곧 분위기가 반전되었다. "영국인 10명 중 9명에게 미학이 무엇인지 묻는다면, 프랑스어로 '가식'을 뜻하거나, 독일어로 '벽 장식'을 뜻한다고 대답할 겁니다." 청중이 폭소했다. 그는 마침내 뉴욕과 접점을 찾았다. 그의 유려한 말솜씨와 기지가 청중을 사로잡기 시작했다. 그의 독특한 화법과 재치 넘치는 표현은 신선한 충격이었다. 강연이 끝나자 기립박수가 쏟아졌다.

이튿날 《뉴욕 타임즈》는 이렇게 썼다. "와일드, 뉴욕을 사로잡다." 그러나 뉴욕의 어떤 신문들은 와일드를 풍자하는 일에 여념이 없었다. 《내셔널 폴리스 가제트》는 "자신의 아름다움을 찬미하는 남자"라며 와일드를 조롱했고, 당시 그를 그린 삽화에는 '미학적 포즈를 취하는 와일드'라는 설명이 붙었다.

와일드는 이에 아랑곳하지 않았다. 오히려 이러한 관심이 자신의 목적을 더욱 강화한다고 여겼다. 강연이 끝나고 이틀 뒤 그는 유명인들이 서명하는 책에 자신의 이름과 더불어 시 한 구절을 남겼다.

'유백의 들향유, 주노의 목보다도 희고 온 아라비아의 향기보다도 그윽한 꽃.'

그는 자작시 「에로스의 정원」에 썼던 한 구절로 자신의 존재를 신화화시켜 버렸다. 그의 문학적 감각을 엿볼 수 있는 순간이다.

'와일드 열풍'은 뉴욕에서 상업적인 영역으로도 확산되었다. 악보와 광고 카드에 그의 얼굴이 등장했고, 상점들은 '오스카 와일드 스타일'의 남성복을 판매하기 시작했다. 꽃집들은 해바라기(미학파의 상징)가 넘쳐나는 주문을 감당하느라 분주했다. 심지어 〈오스카 디어Oscar Dear!〉라는 왈츠곡까지 작곡되어 인기를 끌었다. 언론은 와일드가 감상한 그림, 에드거 앨런 포에 대한 토론, 뉴욕의 새로운 요리를 맛본 일화까지 세세하게 보도했다. 어느 날 델모니코Delmonico 레스토랑에서 문인들과 함께한 저녁 식사 자리에서, 그는 특유의 여유로운 태도로 선언했다.

"나는 이미 미국을 문명화했습니다. 이제 남은 것은 하늘뿐입니다."

뉴욕에서의 강연은 시작에 불과했다. 그는 곧 미국 전역을 돌며 미학과 예술을 전파할 계획이었다. 미국이라는 신세계에서, 그는 미학적 감수성이 장식을 위한 것이 아니라 삶의 방식이 될 수 있음을 설파하려 했다. 와일드는 뉴욕이 자신을 열렬히 받아들이면서도 한편으로는 아이러니하게 바라보았다는 점을 흥미롭게 여겼다. 뉴욕은 그에게 무대를 제공했고, 그는 그 무대 위에서 누구보다도 찬란하게 빛났다. 또 한 사람의 강연자가 아니라, 예언자이자 연기자, 그리고 그 모든 것을 아우르는 '오스카 와일드'로서 그의 방문은 미학 운동에 관한 관심을 불러일으켰을 뿐만 아니라, 그 자신을 시대의 가장 화려한 인물로 자리매김하게 했다. 1882년의 첫 뉴욕 방문은 그야말로 대성공이었다. 오직 와일드만이 연출할 수 있는 하나의 거대한 극장이었다.

## 그랜드 호텔

1868년에 지어진 이 호텔은 당시 뉴욕에서 가장 화려한 곳이었다. 브로드웨이와 웨스트 31번가가 만나는 지점에 위치해 있었으며, 율리시스 그랜트 대통령과 윌리엄 셔먼 장군이 즐겨 찾던 장소이기도 했다. 호텔 로비는 대리석으로 꾸며져 있었고, 황금빛 샹들리에가 천장에 매달려 있었다. 와일드는 런던에서도 많은 호화로운 살롱을 거쳐 왔지만, 이곳은 다른 의미에서 압도적이었다. 호텔 지배인은 그를 '미학주의의 성자'라 부르며 예의를 갖췄다.

"와일드 씨, 뉴욕에 오신 걸 환영합니다. 당신의 방은 전망이 가장 좋은 곳으로 준비했습니다." 그는 4층의 코너 스위트룸으로 안내되었다. '나는 이런 곳에 머물 자격이 있지 않은가?' 와일드는 웃으며 자신의 방으로 향했다. 그랜드 호텔은 당시만 해도 뉴욕의 스카이라인을 형성하던 건물이어서 창문을 통해 시내가 넓게 내려다보였다. 그날 밤, 그는 뉴욕에서의 첫 저녁 식사를 호텔 내 고급 레스토랑에서 즐겼다. 매니저 역할을 하는 모스는 그에게 말했다. "이곳에서 너무 자주 보이면 안 됩니다. 신비로운 존재일수록 더 많은 사람들이 궁금해할 테니까요." 하지만 와일드는 그 조언을 무시했다. 사람들 속에서 살아야 하지 않겠냐며 반문했다. 그는 호텔 로비로 내려와, 뉴욕의 상류층 사람들과 어울렸다. 그리고 곧 여러 초대를 받았다.

며칠 후, 와일드에게 뉴욕 사교계의 인물들을 만나기 위해 자리가 마련되었다. 파란 스티븐스Paran Stevens 부인이 주최한 저녁 파티에 초대되었다. 이날 저녁, 그는 검은 벨벳 재킷과 무릎바지를 입고 호텔에서 나왔다. 호텔 입구에는 그를 보기 위해 모인 군중들이 있었다. 그들은 이 낯선 영국인과 그의 패션에 큰 관심을 보였다. 190센티미터가 넘는 큰 키만으로도 와일드는 사람들의 관심을 받지 않을 수 없었다. 군중을 향해 가볍게 손을 흔들며 마차에 올라탔다. 파티는 5번가의 고급 저택에서 열렸다. 뉴욕의 사교계는 이미 와일드에 대해 많은 이야기를 나누고 있었다. "그가 번 존스를 토해냈다는 말이 정말로 사실인가?", "그는 미학주의자인가, 아니면 단순 배우인가?" 그는 파티에서 여유롭게 이야기했다. 예의를 갖추고 뉴욕의 문화와 예술에 대한 감상을 나눴다. "뉴욕은 런던과 다릅니다. 여기에서는 무엇이든 될 수 있을 것 같은 느낌이 듭니다." 와일드는 그날 저녁 저명한 여러 인사들과 친분을 쌓았다.

호텔에서도 와일드는 다양한 뉴요커들과 자연스러운 만남을 거부하지 않았다. 그랜드 호텔은 당시 뉴욕의 권력자와 정치인이 모이는 장소였다. 아침에는 사업가들과 정치인들이 호텔 로비에서 회의를 했고, 밤이 되면 배우들과 작가들이 와인을 마시며 문학을 논하는 곳이었다. 그는 매일 밤 호텔을 나와 브로드웨이를 걸었다. 길거리 악사들의 연주를 들었고, 23번가의 서점에서 책을 샀다. 그리고 때때로 그는 홀로 맨해튼의 밤거리를 걸었다. 와일드의 매니저 모스는 점점 걱정스러워졌다. "와일드 씨, 당신은 너무 대중적입니다. 너무 자주 거리를 돌아다니고, 너무 많은 사람을 만나고 다니는군요. 신비로운 존재일수록 더 가치가 있는 법입니다." 그러나 와일드는 그런 조언을 듣지 않았다. "나는 이 도시를 직접 느끼고 싶소. 내가 뉴욕을 연구하는 것이 아니라, 뉴욕이 나를 연구하고 있는 것이오."

그러나 얼마 지나지 않아 와일드는 예상치 못한 문제에 직면했다. 그랜드 호텔에서의 생활은 화려했지만, 지나치게 공개적이었다. 호텔 로비에는 그를 보려는 군중이 매일같이 몰려들었고, 기자들은 그의 일거수일투족을 감시했다. 매니저 윌리엄 모스는 심각한 얼굴로 말했다. "와일드 씨, 이렇게 계속 노출되면 곧 피곤해질 겁니다. 하루에도 수십 명의 기자가 찾아오고, 팬들은 호텔 바깥에서 당신을 기다립니다. 조금 더 조용한 곳으로 옮기는 게 좋겠어요." 와일드는 처음에 반발했다. "나는 대중 속에서 살아야 하오! 그들이 나를 원한다면, 나는 그들에게 모습을 보여줘야 하지 않겠소?"

며칠 후, 《뉴욕 스타New York Star》지가 그의 호텔 주소를 기사로 공개하면서 상황은 달라졌다. 호텔에는 그의 방을 찾아 헤매는 사람들이 끊이지 않았고, 어떤 이들은 로비에서 그가 내려오기를 밤새 기다리기도 했다. 그는 아침에 방에서 나오려다 복도에 몰려든 기

---

뉴욕 그랜드 호텔

OSCAR WILDE

자들에게 막혀 발길을 돌려야 했다. 결국, 그는 숙소를 옮기기로 했다. 새로운 거처는 28번가에 위치한 조용한 개인 아파트였다. 28번가 아파트는 호텔과는 전혀 다른 분위기였다. 여기에는 대리석 바닥도, 웨이터가 차려주는 정찬도 없었다. 하지만 그는 그것이 마음에 들었다. 그는 한동안 기자들을 피해 조용히 글을 쓰고, 강연을 준비하며 지냈다. 그러나 얼마 지나지 않아 인터뷰하고자 하는 기자들이 그를 귀찮게 했다. 팬들과 기자들은 28번가 거리에서 그를 기다렸다.

## 사로니의 스튜디오

와일드는 뉴욕에서 가장 유명한 사진작가 나폴레옹 사로니Napoleon Sarony의 스튜디오를 방문했다. 사로니는 브로드웨이 37번가에 위치한 화려한 스튜디오에서 유명 배우들과 작가들을 촬영하는 것으로 명성이 자자했다. 2년 전에는 프랑스의 전설적인 배우 사라 베르나르Sarah Bernhardt의 홍보 사진을 찍어 엄청난 인기를 끌었다. 사로니는 평범한 사진작가가 아니었다. 그는 예술가였다. 세세한 포즈, 빛의 각도, 피사체의 표정을 조절하며 완벽한 이미지를 만들어내는 데 몰두했다. 와일드가 문을 열고 들어서자, 사로니는 바로 반응했다고 한다. "이 사람은 걸어다니는 예술이군!" 그는 와일드를 보며 말했다. "당신은 완벽한 피사체요. 우리는 멋진 걸 만들어낼 수 있을 거요."

나폴레옹 사로니가 촬영한 오스카 와일드

❶ 사로니의 오스카 와일드 사진을 사용한 상업 광고
❷ 사로니의 오스카 와일드 사진을 사용한 시가 광고

와일드는 벨벳 재킷을 걸치고 무릎까지 오는 바지를 입었다. 검은 스타킹에 로우컷 신발, 한 손에는 지팡이, 다른 손에는 백합 한 송이.

"이게 바로 내가 원하던 것이오!" 사로니는 그의 어깨를 두드리고, 앉게 한 후, 그의 손을 조심스럽게 배치했다. "고개를 조금만 돌려보시오. 그래, 바로 그거요. 이제 눈을 조금만 더 감아봅시다. 당신은 마치 르네상스 시대의 초상화 속 인물 같소." 사진 촬영은 몇 시간 동안 이어졌다. 사로니는 여러 가지 포즈를 시도하게 했고, 와일드는 지루해하지 않았다. 그는 이미 젊은 시절부터 '연극 무대의 인물'로 사는 법을 알고 있었다.

사로니는 첫 만남에서 총 24장의 사진을 찍었다. 그는 마지막으로 카메라를 정면으로 두고 말했다. "이제 마지막 한 장이오. 당신의 얼굴에 가면을 씌운 듯한, 그러나 가장 진실된 모습을 담아보겠소." 그렇게, 와일드의 전설적인 초상화가 탄생했다. 그의 사진은 곧 뉴욕 전역에서 퍼져나가기 시작했고, 대중 사이에서 폭발적인 인기를 끌었다. 사람들은 그를 '살아 있는 미학주의'라 불렀고, 그의 사진은 엽서로 제작되어 판매되기도 했다. 나중에는 그의 사진들이 신문, 광고, 심지어는 아무 관련 없는 제품 홍보에도 사용되었다. 와일드의 얼굴은 담배, 주방용 스토브, 심지어 가슴 확대 크림 광고에도 등장했다. 그는 현대적 마케팅 속에서 '유명세 자체를 상품화하는 모델'이 되었던 것이다. 첫 촬영을 마치고 사로니는 "이제 미국이 당신을 잊지 못할 것입니다."라며 환한 미소를 지었다.

그 후 와일드는 뉴욕을 떠나 필라델피아, 보스턴, 시카고로 향했다. 하지만 뉴욕은 그를 잊지 않았다. 사로니 스튜디오는 더 이상 존재하지 않지만, 오스카 와일드의 사진들은 여전히 남아 소비되고 있다. 그가 강연을 했던 치커링 홀 자리도 지금은 다른 건물로 바뀌었지만, 그 순간을 기억하는 이들은 있다. 그리고 와일드 자신도 뉴욕을 잊지 않았다. 그는 한 인터뷰에서 이렇게 말했다.

"나는 뉴욕이 어떤 도시인지 묻지 않는다. 뉴욕이 나에게 어떤 도시가 되어줄지를 묻는다." 그것이, 그의 뉴욕이었다.

## 필라델피아

필라델피아에서 강연 일정이 잡혔다. 1882년 1월 17일 저녁. 뉴욕에서의 환대를 떠올리며 그곳에서도 같은 열기가 기다리고 있으리라 와일드는 기대했다. 필라델피아는 '형제애의 도시The city of brotherly love'라는 별칭답게, 이미 여러 유용한 인맥들이 와일드 맞을 준비를 하고 있었다. 《퍼블릭 레저Public Ledger》신문의 발행인 조지 차일즈George W. Childs, 문학 출판업자이자 후에 『도리안 그레이의 초상』을 처음 세상에 알리도록 해준 스토다트J. M. Stoddart, 그리고 필라델피아 여성 디자인 학교에서 그를 초대했다.

와일드는 올딘 호텔Aldine Hotel에 머물렀는데, 도착하자마자 기자들이 몰려들었다. 하루에도 수십 장의 명함이 그의 방 앞으로 배달되었고, 결국 그의 흑인 시종이 방문 앞에서 방문객을 막아서는 상황이 벌어지기도 했다. "와일드 선생님은 오늘 너무 바쁘셔서 방문객을 받을 수 없습니다."

강연이 예정된 시내 중심가에 있는 1,500석 규모의 원혜 홀Horticultural Hall은 만석이었고, 한 장사꾼은 해바라기 모양의 부채를 제작해 관객들에게 나눠주며 뒷면에 광고까지 실었다. 그러나 강연이 시작되자 분위기는 냉랭했다. 와일드는 이전 강연에서 그랬듯 '예술과 삶'에 대한 담론을 펼쳤지만, 청중들은 그에게 호응하지 않았다. 유일하게 터져 나온 박수는 그가 물 한 모금을 마셨을 때였다. 그는 강연 후 한 기자에게 씁쓸하게 말했다. "몇 번이나 멈추고 싶었습니다. '이건 당신들이 원하지 않는 이야기군요. 차라리 여기서 끝내지요.'라고 말할 뻔했습니다."

필라델피아는 뉴욕과는 달랐다. 와일드는 대중의 기호가 지역마다 다르다는 것을 깨달았다.

다음 날, 필라델피아 강연에서 받은 충격과 실망을 상쇄할 특별한 만남이 예정되어 있었다. 바로 월트 휘트먼Walt Whitman이었다.

1월 18일 오후, 와일드는 델라웨어강을 건너 뉴저지주의 작은 노동자들의 도시 캠든Camden으로 향했다. 지금도 필라델피아 택시를 타면 금방 도달할 수 있는 거리다. 휘트먼은 한 차례 뇌졸중을 겪은 뒤 캠든에서 조용히 지내고 있었다. 뉴욕과 필라델피아에서 열리는 만찬 초대는 휘트먼이 거절했지만, 와일드가 직접 찾아온다면 기꺼이 맞이하겠다고 전했다. '오후 2시에서 3시 반 사이에 오면 좋겠소.' 간결한 초대였다.

와일드는 스토다트와 함께 마차를 타고 휘트먼의 집으로 향했다. 그곳은 평범한 벽돌집이었다. 뉴욕의 화려한 호텔이나 필라델피아의 대저택과는 거리가 먼, 실용적이고 소박한 공간이었다. 문을 두드리자 휘트먼이 직접 나왔다. 휘트먼은 회색 수염을 기른 채 편안한 셔츠 차림이었다. 그의 눈빛은 따뜻했고, 손은 크고 거칠었다. 그는 특유의 우직한 목소리로 말했다. "아, 젊은 시인이군! 들어오시오."

와일드는 손을 내밀며 공손히 인사했다. 휘트먼의 집은 초라했지만, 자연스럽고 꾸밈없는 분위기였다. 거실에는 신문 스크랩과 책들이 쌓여 있었고, 작은 테이블 위에는 셰익스피어와 단테의 책이 놓여 있었다. 와일드는 이 검소한 공간에서 휘트먼의 '자연 그대로의 정신'을 느꼈다. 휘트먼은 엘더베리 꽃으로 직접 담근 와인을 꺼내 대접했다. 스토다트는 나중에 '형언할 수 없을 정도로 역겨운 맛'이었다고 고백할 만큼 잔을 비우지 못했지만, 와일드는 그 자리에서 여러 잔을 기꺼이 들이켰다. 후일 그 이유를 묻자 그는 웃으며 말했다.

"식초였어도 마셨을 겁니다. 나는 휘트먼을 존경하니까요."

스토다트는 두 사람의 만남을 위해 자리를 비워 주었고, 휘트먼은 3층에 있는 다락방의 작은 서재로 젊은 시인을 안내했다. 62세의 휘트먼은 27세의 와일드를 처음부터 자연스레 '오스카'라고 불렀고, 와일드는 즉시 "그거 참 좋네요."라며 친근함을 표했다. 그들은 서로 시와 문학, 삶을 이야기했다. 와일드는 주저 없이 휘트먼을 향한 존경심을 드러냈다. "저는 어릴 적부터 당신의 시를 읽으며 자랐습니다. 어머니께서 16년 전에 당신의 시집을 읽어 주셨습니다. 제가 옥스퍼드 시절에도 「풀잎들Leaves of Grass」 시집을 가지고 다녔고요. 그래서 저는 선생님을 마치 어릴 때부터 알고 지낸 사람처럼 느껴집니다." 와일드는 문학적 존경심을 넘어 거의 신화적 경외심이 되어 버린 그를 향한 자신의 마음을 숨기지 않았다.

와일드는 로세티, 스윈번, 모리스에 대해 이야기하며, 휘트먼의 시가 영국에서 어떤 평가를 받고 있는지도 전했다. 와일드는 휘트먼의 언어가 참 좋다고 말했다. 그것은 그의 시가 자연스럽게 말하는 방식으로 쓰여졌기 때문이라고 했다.

휘트먼은 빙그레 웃으며 답했다. "내 운율이 어떻게 결정되는지 아시오? 나는 과거에 인쇄공이었소. 조판을 하다가 막대 끝까지 가면 줄을 바꾸는 거요. 그러니 내 시의 형식은 자연스럽게 결정된 것이오." 와일드는 이 말을 재미있게 기억해 두었다가 언젠가 자신의 강연에서 이렇게 말했다. "좋은 시인이 되려면 먼저 인쇄술을 배워야 합니다."

와일드는 대화 중에 영국 사회에 만연한 보수성과 이에 대한 자신의 생각을 솔직하게 털어놓았다. "영국에서는 문학, 예술, 그리고 사회적 예절까지도 기존의 규범에 철저히 얽매여 있습니다. 새로운 길을 가려는 시인이나 예술가는 필연적으로 어려움을 겪게 되죠. 하지만 그렇다고 영국이 완전히 보수적인 나라라고 단정할 수는 없습니다. 오히려 모든 연령대의 사람들, 특히 젊은 세대가 예술, 과학, 정치에서 새로운 돌파구를 찾으려 하고 있습니다. 영국이 결코 낡은 국가로만 머물러 있다고 생각하는 것은 큰 실수입니다. 젊은 피가 여전히 흐르고 있습니다."

흥미롭게 듣고 있던 휘트먼은 문득 질문 하나를 던졌다. "영국 젊은이들은 기성 문학의 우상들을 밀어낼 생각이 없나요? 테니슨 같은 인물들 말이죠." 그는 와일드의 큰 체격을 훑어보며 말했다. 와일드는 단호하게 답했다. "그럴 생각은 없습니다. 테니슨은 이미 확고한 자리를 차지하고 있고, 우리는 그를 존경합니다. 하지만 그는 현대 세계와의 연결고리를 스스로 끊어버렸습니다. 그는 우리 시대의 관심과 흐름에서 떨어져 있습니다. 우리는 그와 다릅니다. 우리는 현재의 중심에서 살아가고 있죠."

와일드는 영국에서 휘트먼과 에머슨만이 미국의 진정한 대표 시인으로 여긴다는 말도 했다. 그리고 이들 대화는 '아름다움'에 대한 주제로 이어졌다. 와일드는 선언하듯 말했다. "저는 누군가가 매력적인 문체를 가졌거나, 주제가 아름답지 않다면 그의 말을 들을 수가 없습니다." 그러자 휘트먼은 조용히 반박했다. "오스카, 아름다움을 그 자체로 추구하는 사람은 길을 잘못 들고 있는 거요. 내 생각에는 아름다움은 결과이지, 추상적인 개념이 아니오." 와일드는 즉시 반응했다. "네, 당신이 '모든 아름다움은 아름다운 피와 아름다운 정신에서 나온다.'라고 했던 것이 떠오릅니다. 저도 결국엔 그 말이 맞다고 생각합니다."

대화가 끝나갈 무렵, 휘트먼은 와일드에게 미국에서 본 인상에 관해 물었다. 와일드는 짧은 기간이지만 자신이 받았던 인상을 솔직하게 말했다. "미국인들, 특히 대중들의 지성과 활력이 매우 인상적이었습니다. 유럽에서 흔히 볼 수 없는 활력이 넘쳐 흐릅니다."

휘트먼은 환하게 웃으며 말했다. "그건 새삼스러운 일이 아니오. 하지만 자네가 그것을 알아봤다면, 분명 눈이 밝은 청년이네요."

대화는 계속되었고, 와일드는 감탄하며 휘트먼을 바라보았다.

"당신은 현대를 살아가는 가장 '고전적인' 인물입니다. 고대 그리스인처럼 강하고 진실하며 균형 잡힌 정신을 가졌습니다." 저녁이 되자 와일드는 휘트먼이 직접 만든 우유 펀치를 들이켰고, 휘트먼은 웃으며 말했다. "오스카, 나는 그대가 마음에 드오. 아주 솔직하고 자유로운 청년이군."

그날 저녁, 와일드는 필라델피아로 돌아오는 길에 흥분을 감추지 못했다. 와일드는 이 만남을 "내가 미국에서 보낸 가장 매혹적인 하루였다."라고 고백하며 특별히 소중하게 여겼다.

아마도 휘트먼에게도 와일드는 흥미로운 존재였을 것이다. 도도한 영국 사교계에서 온 젊은 시인, 아름다운 옷을 차려입고, 유럽의 세련된 감각을 지닌 청년. 하지만 그 속에는 휘트먼이 가장 소중히 여기는 어떤 것이 있었다. 자유로운 정신과 타협 없는 개성이었다.

그는 다음 날 《필라델피아 프레스》와의 인터뷰에서 이 방문을 언급했고, 너무도 흡족한 나머지 그 기사를 여러 친구들에게 보냈다. 와일드는 휘트먼을 "가장 위대한 인물, 가장 심플하면서도 강렬한 인격, 어떤 시대에도 속할 수 있는 보편적인 인간"이라고 묘사했다. 그가 강조한 것은 휘트먼의 그리스적인 요소였다. 단순함과 생명력, 자연 속에서의 기쁨, 인간 본연의 아름다움. 이는 와일드가 전파하고자 했던 미학 운동과도 맞닿아 있었다.

이 만남은 와일드에게 한 폭의 아름다운 풍경으로 오래도록 각인되었다. "미국에서 내가 가장 깊이 마음에 새긴 방은 캠든 타운, 스티븐스가 431번지의 작은 방이었다. 꾸밈없는 회벽이 단정하게 빛나던 그곳에서, 나는 한 시대의 영혼이자 내가 존경해 마지않는 월트 휘트먼을 만났다." 그리고 이렇게 덧붙였다. "그 방 한쪽엔 휘트먼을 위한 커다란 의자가 놓여 있었고, 나는 그 앞의 작은 의자에 앉았다. 소나무로 만든 소박한 탁자 위엔 셰익스피어 전집과 단테의 번역본, 그리고 투명한 물병 하나가 놓여 있었다. 창으로 쏟아지는 햇빛이 방 안을 환히 채우고, 맞은편 지붕들 너머로 강에 정박한 배들의 돛대가 흔들리고 있었다. 그러나 시인에게 벽에 피어난 장미는 필요 없다. 그는 항상 마음에 자연을 품고 다니기 때문이다. 이 방은 예술이 깃들기 위한 모든 소박한 조건을 다 품고 있었다. 햇빛과 맑은 공기, 깨끗한 물, 배들이 오가는 풍경, 그리고 시인의 작품들…."

그 풍경을 다시 상상해 본다. 위대한 시인이 앉아 있는 의자, 그 맞은편의 작은 스툴에 앉은 젊은 예술가. 그 사이에 흐르는 공기. 이건 문학적 존경의 차원을 넘어, 어떤 존재론적 깨달음에 가까웠을 것이다. 휘트먼에게는 이 젊은이가, 그리고 그의 어머니가 이미 자신을 이해하고 있었던 것처럼 보였을지 모른다.

와일드는 같은 해 5월 8일 다시 시인을 찾았다. 사람들은 두 번째 만남 이후로 두 사람의 관계가 소원해졌다고 말하기도 하지만 실상은 그렇지 않다. 6년 후인 1888년 여전히 와일드를 기억하고 있던 휘트먼은 육체의 기력이 다해가던 시기이지만 와일드에게 자신의 저서 『11월의 가지들November Boughs』 한 권에 서명하여 보냈다. 와일드는 이 서명본을 받아 읽어 보았고, 1889년 1월 25일 《팔 말 가제트The Pall Mall Gazette》에 이 책에 대한 호의적인 서평을 기고했다. 이것이 흔한 감사의 표현일 수도 있겠지만, 그가 휘트먼에 대한 존경을 여전히 간직하고 있었음을 보여주는 부분이기도 하다. 후에 휘트먼은 와일드를 변호하여 이렇게 말했다. "그는 나에게 친절했다. 그의 어머니, 레이디 와일드도 마찬가지였다. 그리고 어머니야말로 더 중요한 인물이었다. 오스카는 나를 찾아왔다. 그리고 그는 강인하고 유능한 사람이었다." 휘트먼이 보낸 서명본은 와일드가 감옥에 갇히면서 10년 후 빚을 갚기 위해 그의 개인 도서 컬렉션이 경매에 부쳐질 때 팔려나갔다. 그가 궁핍한 상황에서도 휘트먼의 책을 소중히 간직하였음을 알 수 있다.

세월이 흐르고 언젠가 와일드는 친구에게 이런 말을 남겼다. "월트 휘트먼의 입맞춤이 아직도 내 입술에 남아 있다." 이 말이 의미하는 것은 무엇이었을까? 그저 문학적 동경의 표현이었을까, 아니면 더 깊은 무엇이 있었을까? 우리는 알지 못하지만 한 가지 확실한 것은, 그날의 만남이 흔한 방문 인사 이상의 것이었다는 사실이다. 그것은 두 시인의 정신이 교차하는 순간이었고, 서로를 이해하려는 시도였으리라.

## 보스턴

1월 말, 와일드는 보스턴에 도착했다. 보스턴에 가기 전 뉴욕에서부터 사람들은 와일드가 보스턴을 얼마나 좋아하게 될지, 또 보스턴은 와일드를 얼마나 좋아하게 될지 말해 주었다.

그의 명성은 이미 보스턴에도 퍼져 있었다. 그를 보기 위해 예술가와 작가들의 모임인 '새터데이 클럽Saturday Club'에서 초대장을 보냈다. 그곳은 나다니엘 호손과 랄프 왈도 에머슨, 올리버 웬델 홈즈, 헨리 롱펠로우와 같은 당대 미국의 지성들이 함께 하는 사교 클럽이었다. 그렇게 그는 보스턴에서도 호화로운 저녁 만찬과 사교 모임에 참석했다.

어느 날은 하버드 근처에 있는 롱펠로우의 자택에서 아침 식사 초대를 받았다. 와일드는 그곳에서 오후까지 있으면서 유쾌한 하루를 보냈다. 노 시인의 건강이 악화되고 있던 상황이라 우려하는 이들도 있었다. 하지만 두 사람은 조용히 온화한 분위기에서 시간을 같이 보냈다. 와일드는 롱펠로우의 배려에 깊이 감동했고 이렇게 만남을 기억했다. "그 스스로 하나의 아름다운 시였다. 사실 그가 쓴 어떤 시보다도 더 아름다웠다." 언론에서는 두 사람의 만남을 '감내해야 했던 고통의 시간'이라고 보도하며 와일드의 방문을 비판했지만 정작 롱펠로우는 그 만남을 즐겼던 것으로 보인다. 와일드가 정확하게 어떤 인물인지 혼란스러워하기는 했지만, 자신의 친구에게 이렇게 말했다. "며칠 전, 오스카 와일드가 다녀갔어요. 공적인 자리에서야 어떨지 모르겠지만 사적으로는 매우 유쾌한 젊은이더군요. 우리가 기억해야 할 것은 그가 영국 최고의 수학 명문인 케임브리지에서 1등 상을 받았다는 사실이에요. 그렇다면, 평소의 이해할 수 없는 기행도 조금은 용서할 수 있지 않을까요?"

보스턴에서 열린 강연 중에는 유명한 사건이 있었다. 바로 하버드 대학생들과의 '충돌'이었다. 1월 31일, 보스턴 뮤직홀에서 강연이 열렸다. 강연장 앞자리를 점령한 60여 명의 하버드 학생들은 가

발을 쓰고, 해바라기와 백합을 들고, 미학주의적 복장을 갖춰 입고 나타났다. 와일드를 희화화하려는 불순한 의도가 있었다. 와일드는 차분하게 무대로 걸어 나와 그들을 바라보았다. 그리고 미소를 지으며 말했다. "나는 대학을 다닌 사람으로서 여러분께 인사드립니다." 청중은 웃음을 터뜨렸다. 비웃음이었을까, 아니면 예상보다 당당한 태도에 대한 놀라움이었을까. 와일드는 한 박자 쉬고 다시 입을 열었다.

"나는 오늘 처음으로 이런 기도를 드리게 되는군요. 나를 제자들로부터 구원하소서."

그 순간, 보스턴의 학자들과 학생들은 이 젊은 시인이 그들이 생각하는 어떤 '광대'가 아니라는 것을 깨달았다고 한다. 그를 조롱하려고 앞자리를 차지했던 학생들은 한순간 당혹감을 느꼈을지도 모른다. 희극은 관객이 자신이 희극의 일부임을 깨닫는 순간 비극으로 바뀌는 법이다. 처음엔 장난처럼 시작한 패러디였겠지만, 와일드는 자신을 흉내 낸 그들을 오히려 무대 위로 불러올렸다.

와일드는 이날 강연에서 이렇게 말했다.

"삶의 궁극적인 목표는 살아가는 것이다. 그러나 진정으로 살아가는 사람은 드물다. 자신의 완전함을 깨닫고, 모든 꿈을 현실로 만드는 것이야말로 진정한 삶이다. 그리고 그것은 충분히 가능하다."

와일드는 그저 화려한 옷으로 치장하고 허세를 부리는 인물이 아니었다. 그의 말에는 기묘한 반전이 있었다. 그의 재치는 농담의 차원을 넘어, 상황을 뒤집고 시선을 새롭게 만들었다. 학문과 지성을 자부하는 보스턴의 학자들과 학생들은 이 순간 깨닫게 되었다. 그의 미학은 겉모습을 꾸미는 것이 아니라, 삶 자체를 예술로 만드는 태도였다는 것을. 와일드의 강연이 끝났을 때, 사람들은 처음과는 다른 태도로 자리를 떴다고 한다. 어떤 이는 그를 여전히 허영으로 가득한 예술가로 보았을지도 모른다. 그러나 어떤 이들은 그가 무대 위의 광대가 아니라, 세상을 새로운 방식으로 바라보도록 만드는 사람임을 깨닫기 시작했다.

보스턴의 《트랜스크립트Transcript》지는 하버드 학생들과의 충돌 사건에 대해 이렇게 기사를 썼다.

"와일드는 정복자의 권한으로, 신사의 방식으로 하버드 학생들을 침묵시켰다… 그의 강연 태도는 이보다 더 우아하고 부드럽고 친절할 수 없었으며, 동시에 이보다 더 압도적일 수도 없었다. 하버드 신입생들을 대하는 그의 모습은 그 자체로 치명적인 우아함이 있었다."

그해 와일드는 두 번 더 보스턴을 찾았다.

## 샌프란시스코

1882년 3월 말, 기차는 유타에서부터 서쪽을 향해 달렸다. 차창 밖으로 보이는 풍경은 하루가 다르게 바뀌었다. 회색빛 황무지와 쓸쓸한 초원, 붉은 사슴 떼와 느릿하게 걷는 들소들, 그리고 눈 덮인 시에라 네바다 산맥을 지나며 오스카 와일드는 생각했다.

'미국에는 두 가지 아름다운 경치가 있다. 하나는 요세미티 계곡

이고, 다른 하나는 뉴욕의 델모니코 레스토랑이다.'

 여행은 지루했다. 기차역에 멈출 때마다 식사를 서둘러 해결해야 했고, 호기심에 가득 찬 미국인들은 와일드를 보기 위해 몰려들었다. 하지만 그는 피곤한 기색을 내비치지 않았다. 오히려 함께 기차에 탄 오페라 가수 존 하우슨과 함께 〈페이션스〉의 '번손' 역할을 번갈아 연기하며 사람들을 농락하기도 했다. 창가에 나타난 하우슨을 본 이들은 환호했고, 와일드는 그 뒤에서 웃음을 참았다. 기차가 샌프란시스코 만을 향해 내려가면서, 찬 겨울바람이 어느새 따뜻한 햇살로 바뀌었다. 오렌지 나무에는 꽃과 열매가 맺혔고, 초록빛 들판과 보라색 언덕이 겹쳐졌다. 나흘 동안 1,867마일을 밤낮으로 달려 도착한 곳은 태평양이 품은 도시, 샌프란시스코. '이탈리아 같은 곳, 하지만 예술은 없는 곳'이라는 그의 평은 섬뜩할 정도로 정확했다.

 도착하자마자 그는 샌프란시스코의 궁전 같은 호텔, 팰리스 호텔 Palace Hotel로 안내를 받았다. 팰리스 호텔은 지금도 시내를 걷다 보면 그 압도적인 크기에 눈을 돌리게 되는 여전히 성업 중인 호텔이다. 그러나 와일드가 묵었던 1882년 당시에는 일반적인 호텔과 다르게, 서부 개척 시대가 남긴 가장 화려한 유산 중 하나였다. 금문교가 생기기도 전에, 이 도시는 이미 꿈과 돈이 넘쳐나는 곳이었고, 팰리스 호텔은 그 모든 부와 야망이 집약된 공간이었다. 천장이 높고, 샹들리에는 과하게 반짝였으며, 로비에는 우아한 드레스 입은 부인들과 턱시도 걸친 신사들이 넘쳐났다. 샌프란시스코의 엘리트들이 모여드는 사교의 장이자, 서부로 밀려오는 문명이 잠시 쉬어 가는 장소였다. 와일드는 마치 자신의 전용 무대에 입장하듯, 기품 있게 팰리스 호텔로 걸어 들어갔을 것이다. 와일드는 '세계에서 가장 크고, 아마도 가장 못생긴 호텔'이라는 평가를 남겼지만, 내부의 화려함에는 감탄할 수밖에 없었다.

샌프란시스코에서의 첫 번째 강연이 열린 곳은 플랫츠 홀Platt's Hall이다. 꽃으로 장식된 무대 앞에는 도시의 귀족들과 예술가들이 모여 있었다. 《데일리 리포트》는 나름 청중을 이렇게 분석하기도 했다. '관객의 30%는 그의 '어리석음'을 직접 확인하기 위해, 13%는 아내에게 끌려와, 10%는 열린 마음으로, 9%는 단순 호기심으로, 그리고 단 1%만이 그를 진심으로 존경하는 사람들이었다.'

강연이 시작되자, 분위기는 빠르게 바뀌었다. 강연이 끝날 무렵, "의심 많던 관객들도 박수와 웃음으로 화답했다"고 《이그재미너》지는 보도했다. 반응이 맘에 들었던 것일까? 샌프란시스코에서의 강연은 매일같이 이어졌다. 한 번은 아일랜드 시인들을 주제로 이야기했다. "영국이 우리 땅을 빼앗고 황폐하게 만들어 버렸다. 하지만 우리는 그들의 언어를 빼앗아 새로운 아름다움을 더했다." 그리고 그의 어머니인 스페란자의 시를 비롯해 아일랜드의 대표적인 시인들의 작품을 낭송했다. 《샌프란시스코 크로니클》은 이 강연이 그의 가장 성공적인 강연이었다고 평했다.

샌프란시스코는 그에게 또 다른 새로운 경험을 선사했다. 와일드는 강연을 매일같이 하면서도 스스로 즐길 시간을 찾을 줄 알았다. 서부의 해안 도시에서 보낸 2주간의 시간은 눈부신 하늘과 반짝이는 바다, 복숭아꽃과 푸르른 초목에서 펼쳐지는 마법 같은 휴식이었다. 어느 순간 샌프란시스코는 특별한 도시가 되었고, '실로 아름다운 도시'였으며 사람들은 '따뜻하고 너그럽고 교양이 넘치는' 도시였다.

특히 이곳의 차이나타운에 와일드는 매료되었다. 런던에서는 중국 예술을 "아름다움이란 찾을 수 없고, 추악하고 기괴한 것이 오히려 완벽함의 기준인 듯하다."라고 말했다. 하지만 샌프란시스코의 차이나타운 거리를 거닐며 그는 깨달았다.

'이곳은 내가 본 도시 중 가장 예술적인 곳이다.'

검소한 삶을 사는 이들이었지만 그들에게서 아름답지 않은 것은 하나도 없었다. 가난한 중국인들의 작은 찻집. 심지어 아무렇게나 휘갈겨 쓴 한지에 먹으로 작성한 청구서조차도 예술 작품처럼 보였다. 소박한 찻집에서 나온 작은 청백자 찻잔은 마치 장미 꽃잎처럼 섬세했지만, 지나치게 화려한 팰리스 호텔에서 제공되는 찻잔은 너무나 투박한 물건이었다. 와일드는 이 도시에서 아름다움은 화려함이 아니라 정제된 감각에서 나온다는 사실을 깨달았는지도 모른다. 가장 깊은 인상은 예상치 못한 대비에서 왔다. 그는 차이나타운의 어느 사창가에서 들은 시 한 구절을 종종 흥얼거리기도 했다.

'달빛이 꽃을 어루만지니

꽃은 달빛을 사랑하네.'

와일드는 보헤미안 클럽Bohemian Club에도 초청받았다. 그는 "이곳만큼 잘 차려입고 배부른 보헤미안들은 처음 본다."며 비꼬았다. 그래도 와일드는 클럽에서 마련한 만찬에 참석했다. 만찬 후 몇몇 회원들이 문학과 고전학에 대한 논쟁을 벌이며 그를 공격했다. 그러나 와일드는 술이 거나하게 취한 상태에서도 논쟁을 압도했다. 그날 밤, 샌프란시스코의 사업가들과 법률가들은 인정할 수밖에 없었다. 자신들이 비웃던 남자가 결국 또 다른 형태의 지성을 갖춘 인물이라는 것을 말이다. 며칠 후, 클럽 회원들이 팰리스 호텔을 찾아왔다. "당신의 초상화를 걸고 싶습니다." 와일드는 웃으며 동의했다.

샌프란시스코는 와일드에게 강연을 위한 여행지나 비즈니스를 위한 장소만은 아니었다. 사랑이 스며든 도시이기도 했다. 모친 레이디 제인은 자신의 아들이 아메리카에서 신붓감을 찾아오길 바랐고, 언론도 '오스카 와일드가 미국 여성과 결혼할 것인가'라는 기사를 쏟아냈다. 하지만 그는 기자에게 한탄하듯 말했다. "나는 내 사생활이 있기 바랍니다." 와일드는 늘 과장과 수사를 즐겼지만, 때때로 진심을 내비칠 때가 있었다.

어느 날, 그는 친구 샘 워드에게 뜻밖의 고백을 했다. "내 마음을 빼앗긴 곳이 있네. 바로 샌프란시스코에서." 와일드가 낭만적 감정을 품었던 상대는 누구였을까? 많은 이들이 서부 철도업계의 거물이었던 찰스 크로커의 딸, 해티 크로커Hattie Crocker를 떠올린다. 23세의 그녀는 총명하고, 활달했으며, 아름다웠고, 지적이었다. 무엇보다, 예술을 사랑했다. 와일드가 반할 만한 요소를 두루 갖춘 인물이었다. 두 사람은 플랫츠 홀 강연장에서 처음 만났을 가능성이 크다. 하지만 결정적 증거는 따로 있다.

와일드가 샌프란시스코를 떠나며 그녀에게 편지를 남겼다.

'미국을 떠올리면, 오직 당신만 기억납니다. 여름 장미꽃잎 같은 입술과 갈색 보석 같은 눈을 가진 당신. 표범의 매력과 호랑이의 용기를 갖춘 당신. 그리고 새처럼 우아한 당신. 사랑하는 해티, 이제야

깨닫습니다. 나는 당신을 영원히 사랑합니다.'

그렇게 오스카 와일드는 사랑과 함께 샌프란시스코를 떠났다. 그에게 이 도시는 자신이 미처 알지 못했던 감정들을 다시 한번 피어나게 해준 곳이었다.

와일드는 평생 동안 짧고 강렬한 사랑에 빠지는 사람이었다. 해티와 만남도 어쩌면 순간적인 불꽃이었을 것이다. 하지만 그는 확신에 차 있었다. 그의 여행 중 수많은 여성들이 그를 동경했지만, 해티에게는 무언가 특별한 것이 있었다. 샌프란시스코를 떠나는 기차 안에서, 그는 창밖으로 보이는 바다를 바라보며 자신이 남겨두고 가는 사랑을 생각했을지도 모른다.

미국에 찾아온 와일드는 여행자도, 방문객도 아니었다. 그의 이름은 뉴욕, 필라델피아, 워싱턴, 보스턴에서 신화처럼 퍼져 나갔다. 그가 방문한 도시마다 문학과 예술, 대중과 언론이 엉켜들었다. 그는 그 혼돈 속에서 미소를 지었다.

"미국이 나를 연구하는 동안, 나도 미국을 연구하고 있습니다." 그는 그렇게 미국을 횡단하며, 자신이 신화가 되어가고 있음을 실감하고 있었다. 1882년 그해 와일드는 빅토리아 여왕을 제치고 미국 언론에 가장 많이 기사화된 인물이었다. 그는 미국 무대에 살아있는 미학주의자라는 명목으로 초대되었지만, 그의 진짜 목표는 오스카 와일드라는 인물을 대륙에 각인시키는 것이었다. 그는 캐나다 일부와 미국 전역을 돌며 무려 150여 개 도시를 방문했고, 이동 거리만 15,000마일(약 24,000킬로미터)에 달했다. 가는 곳마다 기자들

지오바니 볼디니 〈해티 크로커 초상화〉, 1887

을 만났고, 무려 100회 이상의 인터뷰를 했다. 당시 어떤 인물도 그만큼의 인터뷰를 한 적이 없었다. 와일드는 강연장에서 '샹들리에와 벽걸이 촛대'를 이야기하면서도, 그 이야기의 중심은 언제나 '자신'이었다.

와일드는 광대가 아니었다. 그는 자신이 구축한 이미지를 철저히 관리했다. 그는 기자들에게 자신을 '진지한 예술가'로 묘사하게 하는 한편, 대중에게는 '유머 감각이 있는 세련된 이방인'으로 남기를 원했다. 그는 보스턴의 한 강연장에서 "미국은 너무 젊습니다. 하지만 그 결점마저도 사랑스럽습니다."라고 말했다. 이러한 모순적인 태도—날카로운 비판과 애정 어린 찬사가 뒤섞인 말투—는 미국인들에게 신선하게 다가왔다. 그의 전략은 현대에도 유효하다.

오늘날 소셜 네트워킹 시대의 유명인들은 무엇으로 유명한가? 인플루언서들은 명확한 업적 없이도 유명하다. 그러나 이 전략의 원조가 와일드였다. 그는 명성을 쌓는 것이 곧 명성을 만드는 과정임을 누구보다 먼저 이해한 사람이었다. '유명한 것으로 유명해진 최초의 인물.' 와일드의 미국 여행은 이를 증명한 순간이었다. 와일드는 이 모든 것을 19세기에 이미 실천한 인물이었다. 미국 여정이 끝난 후, 미국은 와일드를 쉽게 잊지 못했다. 그의 유머와 기행, 그리고 치밀한 전략은 일회성 이벤트가 아닌, 미국 문화 속에 하나의 아이콘으로 남았다. 와일드는 스스로를 신화로 만들었지만, 그 신화가 그의 발목을 잡았다. 그는 스스로를 너무 믿었고, 대중이 언제까지나 그를 사랑할 것이라 착각했다. 그러나 대중은 새로운 신화를 원했고, 그의 몰락은 또 다른 흥미로운 이야기로 소비했다. 와일드는 단순한 작가나 문인이 아니었다. 그는 우리 시대 '셀러브리티'의 기원을 만든 사람이었고, 동시에 그 신화의 위험성을 가장 먼저 경험했다. 그리고 오늘날까지도 그의 이름은 여전히 회자되고 있다.

나폴레옹 사르니, 오스카 와일드, 1882

# 06
OSCAR WILDE

몰락으로 이끄는
서곡
London

## 극작가 그리고 더글러스

런던에서 와일드는 언제나 이방인이었다. 하지만 자신의 드라마 「보잘것없는 여성」에서 "런던의 저녁 식탁을 장악할 수 있는 자가 세계를 지배할 수 있다."고 말했듯이 와일드는 자신의 다음 행로를 끊임없이 기획하고 실천에 옮겼다. 그는 결국 말의 힘, 언어의 힘을 간과하지 않았던 것이다. 유머와 기지가 넘치는 대화 능력이 곧 권력이라는 의미다. 1890년대 런던은 그에게 자신의 언어를 펼칠 무대가 되었다. 연극이 끝난 후 배우들이 허탈하게 화장을 지우듯, 와일드에게도 이 도시의 화려한 무대 뒤에는 어쩔 수 없는 피로가 남아 있었다. 하지만 1891년의 여름, 그 피로는 보이지 않았다. 오히려 그의 앞에는 환희로 빛나는 길이 펼쳐져 있었다. 『도리언 그레이의 초상』이 출간된 후, 런던의 사교계는 그를 향해 문을 열었다. 그는 오랫동안 동경했던 상류층 사회에서 환영받고 있었다. '소울즈 Souls'라 불리는 그룹의 젊은 귀족들은 모일 때마다 정치가 아니라

'영혼'에 대해 이야기했다. 그리고 그들은 와일드를 매혹적으로 받아들였다. 그는 기발한 이야기로 사람들을 웃겼고, 깊은 대화로 감탄을 자아냈다. 와일드는 이곳에서 하나의 사건이었고, 하나의 현상이었다. 그가 던지는 농담 한마디에도 방 안의 사람들이 숨을 멈추고 귀를 기울였고, 그는 마치 자신이 만든 캐릭터를 연기하듯, 무대 위에 선 배우처럼 말하고 움직였다. 사람들은 그를 사랑했고, 때로는 조롱했지만, 와일드는 그런 시선을 즐겼다. 조롱도 환호도 모두 관심의 한 방식이므로. 그가 이 공간에서 인정받는다는 사실은, 단지 인기를 넘어, 이제 그가 영국 문학의 중심을 향해 들어서고 있다는 의미였다. 하지만 이러한 환대 속에서도 와일드는 늘 긴장감을 느꼈다. 상류층 남성들의 경계 어린 시선, 여성을 대상으로 한 그의 농담에 깃든 미묘한 거리감. 이 세계는 결국 와일드의 것이 아니었는지 모른다. 그러나 그는 그곳에서 자신을 증명하고 싶었다.

그러던 1891년 6월 말의 어느 오후, 데카당스 운동에 심취해 있던 시인 라이오넬 존슨Lionel Johnson이 와일드의 집을 찾았다. 그와 함께 온 인물은 21살의 젊은 귀족, 알프레드 더글러스였다. 그는 와일드의 소설을 열정적으로 사랑했고, 와일드는 단숨에 그의 젊음과 아름다움에 매혹되었다. 그를 매혹시킨 것은 단순히 외모에서 뿜어나오는 아름다움이 아니었다. 더글러스는 젊었고, 시인이었으며, 자유로웠다. 와일드는 더글러스의 젊음과 귀족적 오만함, 자유로운 감각에 끌렸다. 규범을 무시하고, 책임을 회피하는 성격까지도 매력적으로 보였다. 그는 와일드가 꿈꿨던 젊음 그 자체였다. 하지만 그의 유희적이고 가벼운 태도는 와일드에게 점점 더 깊은 갈망을 일으켰다. 이 만남이 앞으로 와일드의 삶에 어떤 의미가 될지, 그 누구도 예측할 수 없었다. 다만, 그 순간의 정적과 전율만은 분명했다. 젊은 남성과의 관계가 '도덕적 타락'으로 간주되던 빅토리아 시대, 와일드는 점점 더 위험한 감정 속으로 빠져들고 있었다. 더글러스와의 관계는 이미 우정의 차원을 넘어섰고, 그가 애정을 쏟던 이 귀족 사회에서 그것은 곧 파국의 씨앗이 될 수 있었다. 와일드도 위험을 감지했지만, 그 매혹을 거부할 수는 없었다.

그 여름, 와일드는 새로운 희곡을 쓰기 시작했다. 「좋은 여자A Good Woman」라는 제목으로 집필 작업을 시작했다. 이 이야기는 당시 그의 주변 환경, 즉 자신이 어울리던 사교계에서 영감을 얻었다. 이 작품은 위선과 진실, 가면과 실체에 대한 이야기였다. 이 작품은 사회적 풍자의 차원을 넘어, 인간이 가진 모순과 사회의 위선을 정면으로 다루었다. 와일드는 인간이란 본래 가면을 쓰고 살아가는 존재라고 보았다. 가면을 쓴 채로 진실을 이야기하는 것, 그것이 그의 작품이었다. 『도리언 그레이의 초상』를 통해 자신의 이중성을 마주했다면, 이 연극에서는 사교계의 가면을 쓰고 살아가는 사람들의 모습이 무대 위에서 펼쳐졌다. 그는 이제 소설이 아닌 연극이라는 형식으로 세상을 조롱하고, 동시에 찬미하려 했다. 런던의 사교계에서 얻은 경험이 희곡 속으로 녹아들었다.

이때 와일드의 사회적 위상 상승 곡선에 균열이 생기기 시작했다. 사교계의 남성들은 그를 경계했고, 비웃었으며, 때로는 노골적으로 그를 밀어내려 했다. 그의 재능은 인정하면서도, 그를 '진정한 귀족'으로 받아들이려 하지 않았다. 와일드는 너무 빛났고, 너무 자유로웠다. 이 모든 화려함 뒤에는 그림자가 드리워져 있었다. 1891년의 여름이 지나고, 그는 점점 더 보지 더글러스(보지는 애칭)에게 집착하기 시작했다. 사랑이었을까? 아니면 그의 젊음과 열정 속에서 자신을 투영하고 싶었던 것일까? 그의 행동은 점점 더 대담해졌고, 위험해졌다. 사교계의 불문율을 깨뜨리고, 더욱 자유롭게 행동했다. 하지만 그 자유는 결국 그를 파멸로 이끌었다. 와일드는 알면서도 멈추지 못했다. 마치 희극의 마지막 장면처럼, 그는 극적인 몰락을 향해 나아가고 있었다.

1891년 크리스마스를 맞아 파리에서 런던으로 돌아온 와일드는 한동안 가정적 행복에 몰두했다. 아내 콘스턴스와 아이들은 그의 귀환을 반겼고, 와일드는 영국 남서쪽 엑스터Exeter 남쪽 토키Torquay의 별장 바바콤 클리프Babbacombe Cliff에서 「살로메」를 완성하기 위해 글을 수정하며 조용한 휴식을 취했다. 하지만 그의 삶이 조용할 리 없었다. 그는 '위대한 미학가'로서 자신의 입지를 재정비했다. 와일드는 엘킨 매튜스Elkin Mathews와 존 레인John Lane이 운영하는 보들리 헤드Bodley Head 출판사와 협력하여 자신의 시집을 특별판으로 재출간하는 계획을 세웠다. 오래된 원고가 새롭게 포장되는 이 과정은 일반적인 상업적 시도가 아니라, 자신의 작품을 예술적 오브제로 승화시키려는 전략이었다. 예술에 대한 그의 감각은 여전히 살아 있었고, 그는 이를 통해 자신을 재창조하려 했다.

한편, 연극계에서도 변화가 일어나고 있었다. 조지 알렉산더가 그의 신작을 무대에 올리려 했고, 원래 「좋은 여자」라는 제목으로 시작했던 작품은 「레이디 윈더미어의 부채」로 제목이 바뀌었다. 와일드는 리허설에 적극적으로 참여하며 세부적인 부분까지 관여했다. 배우들의 의상, 무대 장치, 대사 하나하나까지 신경 썼다. 그의 창작 방식은 마치 자신의 삶을 극으로 연출하는 듯했다. 특히 그는 2막의 마지막 대사를 두고 연출가와 격렬한 논쟁을 벌였는데 결국 그의 뜻을 굽히지 않았다. 그는 자신만의 예술적 직관을 신뢰했으며, 이 고집은 그의 작품을 독창적으로 만드는 원동력이었다.

이 작품은 세인트 제임스 극장에서 1892년 2월 20일에 초연되었다. 와일드는 초연 전날 그레이엄 로버트슨Graham Robertson에게 부탁해 '로열 아케이드'의 한쪽에 있던 꽃집에서 녹색 카네이션을 구해오도록 했다. 당시 녹색 카네이션은 화학적인 염색 기법을 이용해 제작된 신비로운 꽃이었고, 와일드는 이를 여러 남성들에게 나눠주며 하나의 패션 아이콘으로 만들어내고자 했다. "대중을 혼란스럽게 만들고 싶다."는 그의 말처럼, 특이한 색감의 꽃 하나로 사교계에서 큰 화제가 되었다. 그는 극작가의 차원을 넘어, 시대의 스타일을 창조하는 예술가였다.

연극은 개막과 동시에 대성공을 거두었다. 그의 대사들은 런던 상류층의 대화에서 인용되었고, 관객들은 그의 유머에 열광했다. 하지만 비평가들은 그에게 가혹했다. 몇몇은 그의 희곡이 지나치게 인위적이라고 비판했고, 일부는 도덕적으로 문제가 있다고 지적했다. 그러나 와일드는 이에 개의치 않았다. 그는 자신의 성공을 즐겼고, 이 기회를 활용해 다음 작품을 구상했다. 그는 「살로메」를 프랑스에서 출판하기 위해 편집을 거듭했고, 자신의 문학적 영역을 더욱 확장하려 했다. 파리의 여러 문인들에게 자신의 프랑스어 희곡 「살로메」를 교정받기 위해 원고를 보냈고, 그 과정에서 언어적 완벽함을 추구하는 집착을 드러내기도 했다. 그는 자신의 언어적 한계를 인정하기보다는, 오히려 편집자들에게 자신이 프랑스어를 더 잘 안다고 주장하며 수정을 거부하기도 했다. 그의 자의식은 여전히 강했고, 이는 그의 예술적 에너지를 유지시키는 원천이었다.

「윈더미어 부인의 부채」의 성공으로 와일드의 삶은 한층 더 여유롭고 또 자유로워졌다. 그에게 성공은 그저 경제적 여유를 위한 것이 아니라, 자신이 꿈꾸던 삶을 구현하는 힘이었다. 그는 자신의 삶을 '하나의 예술 작품'이라 선언하며 사소한 생활 습관조차도 하나의 의식으로 조성했다. 저녁 식사는 점점 더 호화로워졌고, 담배조차도 예술적 행위가 되었다. 단순히 친구에게 담배를 건네는 것이 아니라, 먼저 한 모금 빨고 나서 건네는 것. 이런 작은 의식조차도 그의 철학과 맞닿아 있었다. 그는 쾌락을 삶의 본질로 삼았다. 과잉과 사치는 무의미한 낭비가 아니었다. 그것은 그의 존재 방식이었고, 그의 예술이었다. 그해 여름, 와일드는 런던에서 전성기를 구가했다. 연극의 성공은 그의 이름을 거리와 살롱, 신문 기사 속에 새겨 넣었다. 하지만 성공은 주변을 바꾸었다. 한때 그와 자유롭게 대화를 나누던 사람들이, 이제는 거리감을 두거나 아첨을 일삼았다. 그를 질투하는 이들도 생겼다. 가령, '마이클 필드'라는 남성 필명으로 활동하던 여성작가 에디스 쿠퍼Edith Cooper는 한 행사에서 와일드가

**세인트 제임스 극장 기념비**

자신을 무시했다고 분개하면서, "우리가 상류 사회의 일원이 아니라는 이유로 오스카는 우리에게서 돌아서 어깨를 돌려버렸다."라고 쏘아붙였다.

런던에서 호화로운 삶이 이어지던 가운데, 와일드는 한 통의 편지를 받는다. 옥스퍼드에 있던 알프레드 더글러스가 '끔찍한 곤경'에 처했다는 것이다. 협박을 받고 있던 그를 도와, 와일드는 경험 많은 변호사들과 손을 잡고 100파운드를 지불해 주었다. 하지만 이 사건은 협박 사건으로 끝난 것이 아니라, 그와 더글러스 사이의 관계를 결정짓는 전환점이 되어버렸다. 더글러스와의 관계가 본격적으로 시작된 이 시기에, 와일드는 또 하나의 큰 사건을 맞이한다.

프랑스의 전설적인 배우 사라 베르나르가 그의 희곡 「살로메」에 관심을 보였다. 그녀는 즉시 공연을 원했다. 와일드는 황홀했다. 런던에서, 그것도 '신적 궤도'에 오른 베르나르가 자신의 드라마를 연기한다는 것은 최고의 영광이었다. 그는 무대 장치를 고민했고, '배우들이 모두 노란 옷을 입어야 한다.'는 아이디어를 떠올리기도 했다. 그리고 향수를 뿌려 극장을 감싸버리자는 그의 제안은 '공기 환기가 어렵다.'는 이유로 거절당했다. 더 큰 문제는 따로 있었다. 영국 검열 당국이 「살로메」 공연을 금지해 버린 것이다. 빅토리아 시대는 성경 속 인물을 연극 무대에 올리는 것이 금지된 시대였다. 와일드는 격분했다. 시인과 화가는 성경을 다룰 수 있는데, 극작가는 왜 안 된단 말인가? 하지만 그의 분노에도 불구하고, 리허설까지 마친 런던 공연은 좌절되었다. 베르나르는 "이 작품은 내 것이다. 오스카 와일드가 내게 주었고, 그 누구도 할 수 없다."라고 선언하며, 파리에서 공연할 것을 약속했다.

와일드는 이 좌절감을 뒤로하고, 동부 노퍽Norfolk의 해안 도시 크로머Cromer 근처에 있는 펠브리그Felbrigg에서 쉼의 시간을 가졌다. 아내 콘스턴스가 마련한 농가에서 아이들과 함께 지냈다. 아내는 와일드가 시골 생활을 지루해할 것이라며 회의적이었지만, 그는 의외로 이곳에 보낸 시간에 만족했다.

와일드는 이곳에서 새 희곡을 구상했다. 「아버스넛 부인Mrs Arbuthnot」이라는 제목의 이 희곡은 도덕과 위선에 대한 풍자였다. 런던의 화려한 삶과 대비되는 조용한 시골에서, 그는 집중할 수 있었다. 그러나 이 고요함은 그리 오래가지 못했다.

더글러스가 편지를 보내 '하룻밤만 재워달라'고 요청했다. 콘스턴스는 흔쾌히 승낙했지만, 그 '하룻밤'은 결국 몇 주로 늘어났다. 와일드는 더글러스와 골프를 치고, 마차를 몰고 다니며 시간을 보냈다. 그 과정에서 와일드는 더글러스의 다른 삶을 엿보았다. 그는 이미 런던의 어두운 세계, 남창과 불법적인 성적 관계가 넘치는 공간을 알고 있었다. 와일드는 위험을 감지했으나, 동시에 매혹되었다. 그는 당시 쓰고 있던 자신의 희곡 속 인물을 통해 이렇게 말하기도 했다. '현대 생활에서 위험은 점점 희귀해지고 있다.' 와일드는 자신이 불장난을 한다는 것을 알았지만, 그는 멈출 생각이 없었다.

모든 것이 한꺼번에 벌어졌다. 「살로메」의 검열, 더글러스와의 밀착, 새로운 희곡의 집필. 이 모든 것이 결국 그를 몰락으로 이끄는 서곡이었다. 그는 위험을 예감했지만, 불길 속으로 더 깊이 들어갔다. 그에게는 늘 그렇듯, 삶은 생존을 위한 여정이 아니라, 존재의 예술 작품화를 위한 지향이었다.

## 이름할 수 없는 사랑

와일드, 그는 끊임없는 미의 추구라는 명확한 목표를 가지고 있었다. 런던의 여정은 그저 자신의 어떤 문학적 성공을 향한 것이 아니었다. 그는 아름다움과 쾌락, 그리고 새로운 감각적 경험을 탐색하며 자신의 길을 걸었다. 이 여정 속에서 그가 머문 장소와 만난 사람들은 그저 흐릿한 배경으로 지나쳐버리는 것이 아니라, 그의 삶을 형성하고 변형시킨 결정적인 요소들이었다.

런던으로 돌아온 와일드는 친구 슈바베Schwabe와 더글러스가 마련한 저녁 식사 자리에 초대받았다. 당시 유명인들이 찾던 레스토랑 케트너Kettner's의 한 구석진 방에서 열린 이 조촐한 만찬은 그에게 중요한 전환점이 된다. 이 자리에서 그는 '겸손하고 말끔한' 외모의 청년 시드니 메이버Sydney Mavor를 만난다. 램프의 심지를 만드는 공장에서 일하는 평범한 청년이었지만, 와일드의 눈에는 그가 '아름다움의 화신'으로 비쳤다. 첫 만남 후 그날 밤, 두 사람은 알베말 호텔Hotel Albemarle에서 관계를 가졌고, 며칠 뒤 와일드는 메이버에게 값비싼 은제 담배 케이스를 선물한다. 이것은 와일드의 삶에서 새로운 장이 열렸음을 알리는 신호였다. 그는 점점 더 미소년들과의 관계에 빠져들었고, 그것을 하나의 예술적 실천으로 여겼다. 더글러스와의 관계도 새로운 국면을 맞이했다. 사랑의 관계를 넘어 그들은 함께 '영원한 미의 탐색'이라는 탐험을 시작한 것이다.

같은 시기에, 와일드는 더글러스와 함께 런던 외곽 브래크넬Bracknell에 있는 퀸즈베리 부인Lady Queensberry을 방문했다. 더글러스의 어머니다. 이 자리에서 와일드는 아들의 교육 문제를 상담하러 온 귀족 부인 앞에서 학부모의 역할을 자처했다. 그녀는 더글러스가 돈 문제에 무책임하다며 걱정했지만, 와일드는 그의 변덕스러움을 직접 경험하지 못한 상태였다. 이 방문을 계기로 와일드는 더글러스 가문이라는 복잡한 관계망에 본격적으로 휘말려 들어가는 계기가 된다. 얼마 후, 그는 더글러스의 아버지인 퀸즈베리 후작을 만났다. 처음에는 유쾌한 분위기였다. 와일드는 재치 있는 입담으로 후작을 매료시켰고, 심지어 그로부터 '매우 매력적인 사람'이라는 평가까지 받았다. 하지만 이 평화로운 순간은 오래가지 않았다. 후작은 점점 와일드와 아들의 관계를 문제 삼기 시작했고, 결국 그 유명한 재판으로 이어지는 복선이 깔리게 된다.

런던에서 방탕한 생활이 이어지는 가운데서도 와일드는 가족과의 정상적 관계를 유지하려 했다. 그는 부인 콘스턴스와 아이들을 위해 영국 남서부의 바바콤 클리프라는 해안가 저택을 빌렸다. 이곳은 그가 '귀를 기울이면 들을 수 없는 소리를 듣고, 눈을 감아야만 보이는 것을 볼 수 있는 곳'이라고 묘사할 만큼 신비로운 공간이자 휴식처였다. 하지만 실상은 그리 낭만적이지 않았다. 이때 와일드는 런던의 유혹에 다시 점점 끌려갔다.

더글러스는 옥스퍼드에서 학업을 소홀히 한 대가로 학교에서 쫓

겨났고, 개인 교사와 함께 바바콤까지 찾아왔다. 와일드는 그를 받아들였고, 더글러스를 위해 '바바콤 학교'라는 생활 규칙을 만들어 도움을 주려고 했다. 이 평화는 짧았다. 더글러스는 또 다시 격렬한 분노를 표출했고, 이번에는 와일드조차도 그 광기에 압도당할 정도였다. 그는 '다시는 보지를 만나지 않겠다'고 결심했지만, 곧 더글러스의 애원에 마음이 흔들렸다.

이후 와일드는 1889년 런던 시내에 새로 들어선 당시 최고급 호텔 브랜드였던 사보이Savoy로 거처를 옮겼다. 이곳에서 그는 더글러스와 함께 엄청난 돈을 소비하며 향락을 누렸다. 값비싼 식사, 최고급 샴페인, 그리고 끊임없는 젊은 남성들과의 만남. 심지어 호텔의 심부름꾼들에게까지 키스를 시도할 정도로 그의 행동은 대담해졌다. 이러한 생활에 그림자가 드리워지기 시작했다.

알프레드 우드Alfred Wood라는 젊은이가 등장하면서 와일드는 본격적인 협박의 대상이 되었다. 당시 17세의 우드는 더글러스와 관계가 있던 사이였고 와일드와도 그런 관계를 이어가고 싶어했다. 더글러스는 그런 우드를 데리고 옥스퍼드에서 시간을 보냈다. 이때 그는 더글러스가 무심코 두고 간 와일드의 연애편지를 훔쳐 이를 빌미로 돈을 요구했다. 결국 와일드는 변호사를 통해 문제를 해결했지만, 점점 더 위험한 상황에 노출되었다. 런던에서 더글러스는 점점 더 노골적으로 행동했고, 주위의 시선도 날카로워졌다. 프랑스 작가 앙드레 지드는 후일 와일드가 더글러스에게 감정적으로 얽매여 있는 것을 보고 '그는 보지의 지배를 받으면서도 그것을 사랑하고 있었다.'고 회상했다.

와일드는 삼십대에 접어들며, 점점 더 자신의 시선을 젊음과 남성에게 돌리기 시작했다. 그가 처음 마음을 연 상대는 로버트 로스 Robert Ross였다. 와일드는 그를 '로비'라 불렀다. 로스는 캐나다 출신의 젊은 지식인이었고, 당시 열일곱 살에 불과했지만, 자신의 성적 정체성을 또렷하게 인식하면서도 그것을 숨기려 하지 않았다. 두 사람은 1886년경 처음 만났고, 이후 조심스럽게, 그러나 꾸준히 가까워졌다. 로스는 와일드에게 자신의 이야기를 솔직하게 털어놓았다. 그것은 그 시대에는 흔치 않은, 거의 불가능에 가까운 고백이었다. 와일드는 그 고백을 말없이 받아들였고, 말보다 긴 침묵으로 그를 품었다. 그 둘 사이에 흐른 시간은 명확하게 정의되지 않았지만, 어떤 이들은 그것을 와일드의 '첫사랑'이라 불렀고, 또 어떤 이들은 그의 진짜 시작이라 말했다. 분명한 건, 그 만남 이후 와일드의 삶에는 이전과는 다른 무언가가 조용히 깃들었다는 점이다. 금기와 열망, 두려움과 해방이 교차하는 순간이었다. 이 만남 이후, 와일드의 삶은 이전과는 조금 달라지기 시작했다.

와일드는 로스에게 보낸 편지에서 자신이 "표범과 더불어 연회를 벌인다."고 적었다. 원래 이 말은 위험하거나 금지된 쾌락을 추구하는 행위를 가리키는 비유로, 와일드는 이를 통해 동성애와 관련된 자신의 감정과 관계를 암시하고 있었다. 그것은 매혹적이지만 동시에 치명적인 결과를 불러올 수 있는 경험 즉, 아름다움과 파멸이 함께 뒤섞인 삶의 한 조각을 말하는 것이었다. 와일드는 이 표현을 통해 자신의 욕망이 단지 개인적인 감정의 문제가 아니라, 사회적 규범과 충돌하는 위험한 선택임을 알았고, 그 위험을 감수하면

퀸즈베리 캐리커처, 레슬리 워드, 배너티 페어, 1877년 11월 10일

보지 더글러스와 형 프랜시스 드럼랜릭

런던 사보이 호텔

서도 그 안에서 의미와 쾌락을 찾고자 했다.

1893년 봄, 와일드는 「보잘것없는 여인」의 리허설에 몰두했다. 그의 존재감은 배우들과 제작진을 압도했으며, 연출가 허버트 비어봄 트리Herbert Beerbohm Tree는 그를 '도움을 주는 사람이 아니라 방해하는 사람'이라고 평했다. 하지만 그는 끊임없이 새로운 대사를 추가하고, 즉석에서 재치 넘치는 장면을 만들어냈다. 트리는 이런 그의 능력을 경이롭게 바라보았지만, 동시에 그를 흉내 내며 자신의 공연 스타일을 더욱 와일드스럽게 만들었다. 와일드는 이에 대해 "자연이 예술을 모방하는 놀라운 사례"라고 농담했다. 4월 19일. 개막일, 헤이마켓 극장Haymarket Theatre은 런던의 유력 인사들로 가득 찼다. 관객들은 공연을 사랑했고, 와일드를 무대 위로 불러냈다. 그러나 환호 속에서 섞여 나온 야유와 야유의 이유를 알 수 없는 미묘한 긴장이 있었다. 와일드는 두 번째 인사를 거부하고 조용히 극장을 떠났다. 이는 그가 대중의 사랑과 증오를 동시에 받는 존재임을 상징적으로 보여주는 순간이었다.

연극이 성공을 거두면서 그의 위상을 드높아졌지만, 곧바로 불길한 징조가 찾아왔다. 다음 날, 연출자 트리는 거리에서 받은 한 장의 편지를 와일드에게 건넸다. 그것은 그가 애정 어린 감정을 담아 쓴, 젊은 연인에게 보내는 편지의 사본이었다. 트리는 '이런 편지는 오해를 살 수 있다.'고 경고했다. 와일드는 이를 시적 산문이라며 가볍게 넘겼지만, 마음 한켠으로 불안감이 스며들었다.

며칠 후, 정체불명의 남자가 찾아와 편지를 돌려주겠다며 돈을 요구했다. 와일드는 '이 편지가 문학적 가치가 있으니 오히려 값이 오를 것'이라며 별일 아니라는 듯 대범한 태도를 취했다. 하지만 그의 손은 떨리고 있었다. 또 다른 방문자, 한 젊은이가 나중에 나타나 '그는 당신이 친절해서 더 이상 돈을 요구할 수 없다고 했다.'며 편지를 돌려주었다. 그는 잠시 안도의 한숨을 쉬었는지 모르지만, 이미 소문은 퍼지고 있었다.

그때 와일드는 런던을 잠시 떠나 옥스퍼드에서 시간을 보내며 새로운 세대와 교류했다. 이제 막 떠오르기 시작하던 화가 오브리 비어즐리Aubrey Beardsley를 젊은 친구 로스의 소개로 만났다. 비어즐리는 펜과 잉크로 절정의 순간에 이른 살로메를 묘사했다. 세례 요한의 잘린 머리. 그 위로 기울어지는 살로메의 입술. 일본풍으로 양식화된 이 장면은 기묘하고도 아름다웠다. 와일드는 한눈에 매료됐다. 그림뿐만이 아니었다. 마치 폐병을 앓는 듯한 가느다란 몸. 각진 얼굴. 그러나 자세만은 단단했다. 어딘가 균형을 잃지 않는 인간의 모습. 와일드는 감탄했다. 그 표시로 프랑스어판「살로메」를 건네주었다. 책 속에는 이런 문장이 적혀 있다. "93년 3월. 오브리에게. 나를 제외하고 유일하게 '일곱 베일의 춤'에 대해 알고, 그 보이지 않는 춤을 볼 수 있는 예술가에게. 오스카."

와일드는 비어즐리에게「살로메」의 삽화를 그리게 했고, 젊은 문

런던 헤이마켓 극장

인들과의 교류 속에서 자신의 명성을 더욱 강화했다. 그는 자신의 연인이자 옥스퍼드 학생이었던 더글러스와 함께 주말을 보내며 젊은 추종자들에게 이야기와 위트를 선사했다. 그러나 옥스퍼드 방문은 순수한 문학적 교류만으로 끝나지 않았다. 그의 무절제한 생활과 젊은 남자들과의 관계는 점점 위험한 영역으로 빠져들었다. 결국, 그를 신랄하게 풍자하는 글들이 학생 신문에 실렸고, 그를 조롱하는 소문이 퍼지기 시작했다. 그는 이 모든 것을 유쾌하게 받아들이는 듯했지만, 조롱과 경멸이 점차 현실적인 위협으로 다가오고 있었다.

자신의 삶을 둘러싼 논란이 점점 거세지자, 와일드는 프랑스로 향했다. 그곳에서 절친한 친구 피에르 루이스를 만났고, 루이스는 더글러스와의 관계를 끝내라고 충고했다. 하지만 와일드는 "나는 이제 친구가 아니라 연인들만을 갖게 될 것이다."라고 말하며 더글러스를 선택했다. 그 선택이 자신의 삶을 어떻게 바꿔놓을지는 알지 못한 채였다.

## 뮤즈 혹은 덫

강렬한 태양이 내리쬐던 1893년의 여름, 와일드는 레딩의 외곽 북서쪽 템스 강변에 자리잡은 작은 주택, '코티지The Cottage(지금은 페리 하우스The Ferry House란 이름으로 남아있음)'에서 시간을 보냈다. 강물은 평온하게 흐르고 있었지만, 그 속에서 일어난 일들은 결코 평온하지 않았다. 이곳은 그의 연인 더글러스, 그리고 무수한 방문객들로 가득 찼다. 매일같이 찾아오는 런던과 옥스퍼드의 친구들, 크로켓과 강변에서의 보트 놀이, 끝없이 흘러나오는 샴페인 속에서 와일드는 점점 더 현실에서 멀어지고 있었다.

 그의 아내 콘스턴스와 아들 시릴도 이곳을 찾았지만, 그녀는 곧 이 분위기에서 자신이 철저히 소외되는 것을 깨달았다. 그녀는 남편이 주변의 모든 사람에게 친절하면서도 정작 자신에게는 차가운 태도를 보이는 것에 견딜 수 없었다. 결국 그녀는 시릴과 가정교사만 남겨두고 떠났다. 그녀의 자리를 대신한 것은 방탕한 나날들이었다. 낮에는 강에서 노를 젓고, 저녁에는 연극을 하고, 밤에는 끝없는 술잔이 오갔다. 와일드는 이 모든 것을 즐기면서도 마음 한구석에서 점점 피로감을 느꼈다. 그는 편지를 통해 친구에게 '강의 신들이 나를 유혹해 아무것도 하지 못하고 있다.'라고 고백했다.

 여름의 끝자락, 기온이 높아지고 폭풍이 자주 찾아왔다. 그와 더글러스의 관계는 폭풍만큼이나 불안정했다. 때때로 심각한 말다툼이 벌어졌고, 그들은 한낮의 크로켓 경기장에서 미래에 대해 논쟁을 벌였다. 결국 '우리는 서로를 망치고 있다'며 결별을 선언했지만, 불과 사흘 후 더글러스는 전보를 보내 용서를 구했다. 와일드는 다시 그를 받아들였고, 두 사람은 원래의 관계로 돌아갔다. 이들은 「살로메」의 영어 번역 작업을 함께하기로 했지만, 더글러스는 좀처럼 속도를 내지 않았다. 와일드는 어쩌면 이런 관계를 유지하기 위한 명분이 필요했을지도 모른다.

 결국 와일드는 런던을 떠나 프랑스 브리타니 해안의 디나르Dinard

로 향했다. 더글러스와의 관계에 지쳐버린 그는 혼자만의 시간을 보내고자 했지만, 고요한 해변에서마저 그의 명성이 그를 따라다녔다. 그는 연극 공연에 초대받았고, 사교적인 모임에도 불려갔다. 해변에서 만난 기자에게 그는 이렇게 말했다.

"내가 준비 중인 책 '오스카리아나'에는 하루를 시작하는 새로운 사싱이 담길 것입니다. 과거의 불쾌한 기억을 지우고, 오직 현재와 미래만을 살아야 합니다."

이런 선언에도 불구하고, 그는 여전히 과거와 얽혀 있었다. 디나르에서 돌아오는 길에 저지 섬을 거치기도 했고, 돌아오는 길에 지방 순회 공연 중이던 자신의 희극「보잘것없는 여인」의 무대도 방문했다.

런던으로 돌아온 와일드는 더글러스가 번역한「살로메」를 검토했다. 하지만 실망스러웠다. 그는 직접 수정을 시도했지만, 더글러스는 그의 지적을 받아들이지 않았고, 결국 둘 사이에는 또 한 번의 격렬한 언쟁이 벌어졌다. 결국 와일드는 삽화가 오브리 비어즐리에게 새 번역을 맡기기로 했다.

와일드는 집필을 위해 세인트 제임스 스퀘어 근처에 있는 세인트 제임스 플레이스St James Place의 조용한 호텔에 머물렀다. 자신의 일에 몰입하기 위한 일종의 도피처이기도 했다. 이곳에서 그는「이상적인 남편An Idea Husband」의 첫 번째 막을 완성했지만, 더글러스는 매일같이 정오에 찾아와 오후 1시 30분까지 담배를 피우며 잡담을 이어갔다. 그러면 와일드는 그를 카페 로열이나 다른 레스토랑에 데려가 3시 30분까지 식사와 술을 같이하면서 시간을 보냈다. 런던에서의 생활은 여전히 향락과 욕망이 교차하는 시간이었고, 그는 카페 로열과 사보이 호텔에서 끊임없는 만찬을 이어갔다. 그러면서도 그는 새로운 사상가들과 교류했다. 그는 동성애 문화를 새롭게 정의하고자 했던 젊은 작가 조지 아이브스George Ives를 만나기도 했는데, 그는 와일드에 대해 '풀리지 않는 수수께끼 같은 존재'라고 평했다.

더글러스는 점점 더 무모해졌고, 결국 미성년자와의 사건으로 인해 스캔들에 휘말렸다. 와일드는 이를 계기로 더글러스를 해외로 보내기로 결심했다. 그의 어머니와 상의한 끝에, 더글러스를 이집트에 가 있도록 했고, 그렇게 두 사람은 일시적인 이별을 맞이했다. 와일드는 안도감을 느꼈다. 그는 오랜만에 가족과 함께 시간을 보냈고, 아내과 함께 연극을 보러 가며 평온한 가정을 되찾고자 했다. 와일드는 다시 집필에 몰두했다. 그는 「이상적인 남편」을 완성하기 위해 호텔 방에서 혼자만의 시간을 가졌고, 마침내 글쓰기에 집중할 수 있었다. 하지만 더글러스는 그를 쉬이 놓아주지 않았다. 이집트에서 보낸 편지들은 끊임없는 용서를 요구했고, 와일드는 그에게 이렇게 답했다. "우리는 다시 친구가 될 수 있어. 우리의 사랑은 어둠을 지나 다시 장미빛으로 돌아왔다네." 그러나 와일드의 마음속에서는 여전히 경고등이 켜져 있었다.

그해 겨울, 와일드는 파리로 떠나 스스로를 재정비하려 했다. 그러나 결국 다시 더글러스와 연락을 주고받게 되었고, 그는 또 한 번의 굴레에 빠져들 준비를 하고 있었다. 그의 삶은 항상 그런 식이었다. 더글러스란 존재는 떠나고 싶지만, 끝내 떠날 수 없었다. 와일드는 여전히 방탕과 창작 사이에서 흔들리고 있었다. 그의 마음 한구석에는 늘 바닷바람이 불고 있었다. 디나르에서 했던 그의 선언처럼, 그는 과거를 잊고 현재와 미래를 살기를 원했다. 하지만 그가 진정으로 그 바람을 따라갈 수 있을지는 아무도 알 수 없는 일이었다.

## 끝나지 않는 파국

와일드에게 인간은 그리 합리적인 존재도 아닐 뿐 아니라 그럴 수도 없는 존재였다. 1894년의 한겨울, 와일드는 한 장의 초대장을 받았다. 초대장은 미신을 조롱하는 '13 클럽'에서 온 것이었고, 1월 13일, 13가지 코스로 구성된 만찬을 런던 홀번 레스토랑의 13번방에서 즐기자는 제안이었다. 하지만 와일드는 단호하게 거절했다. "나는 미신을 사랑합니다. 그것들은 상상력과 사고의 색채 요소이자 상식의 적입니다. 상식은 로맨스의 적이죠. 당신들의 모임은 너무 끔찍합니다. 우리에게 불합리한 세계를 남겨두세요. 우리를 너무나도 합리적인 존재로 만들지 마십시오."

이 무렵 와일드는 현실보다 '비현실' 쪽으로 점점 더 기울고 있었다. 그는 친구에게 보낸 편지에서 "일할 것, 일할 것… 그것이 우리 같은 본성을 지닌 자들에게 남겨진 유일한 길이다."라고 썼다. 그에게 일은 현실을 살아내는 방식이 아니라, 오히려 현실로부터 도망치는 통로였다. 더글러스가 곁에 없던 몇 달 동안, 그는 오랜만에 조용히 창작에 몰입할 수 있었다. 간섭도, 감정의 소란도 없이 오롯이

글 앞에 앉아 있는 시간. 그렇게 희곡「이상적인 남편」은 서서히 이야기를 이어갔고, 와일드는 1월 말까지 이 작품을 완성할 수 있으리라 기대했다. 이 작품은 와일드에게도 새로운 도전이었다. 이전 희곡들보다 플롯은 훨씬 더 정교하고 복잡하게 얽혀 있었고, 주요 인물인 로버트 칠턴 경은 과거의 금융 비리를 숨기기 위해 점점 더 깊은 모략 속으로 빠져든다. 와일드는 이 작품을 쓰며 자신과 같은 캐릭터가 하나도 없다고 아쉬움을 털어놓았지만, 그럼에도 이 희곡에 남다른 애정을 쏟았다. 그는 "이 안에 진짜 오스카 와일드가 있다"고 말하기도 했는데, 아마도 그가 언급한 '진짜'는 극 중의 댄디스러운 고링 경Lord Goring을 뜻했을 것이다. 화려한 수사와 무심한 듯 날카로운 통찰을 지닌 인물이다. 와일드는 그 안에 자신을 숨기고, 동시에 드러냈다.

와일드의 창작욕은 멈추지 않았다. 그는 실험적인 1막극 세 편을 한데 모아 무대에 올리는 구상을 하기도 했다. 그중 하나인 미완의 원고「피렌체 비극, 거룩한 창녀The Florentine Tragedy, La Sainte Courtisane」는 독서용 희곡이라기보다 연극 무대로 구현될 가능성을 염두에 두고 기획되었다. 르네상스 시대를 배경으로 한「피렌체 비극」은 완성을 향해 가고 있었고,「아비뇽의 추기경The Cardinal of Avignon」이라는 또 다른 역사극을 집필하면서는 주연 자리를 미국인 배우 리처드 맨스필드에게 미리 제안하기도 했다. 이러한 창작의 흥분 속에서도 그의 현실은 녹록지 않았다. 경제적 압박은 점점 심해졌고, 런던의 채권자들은 그를 끊임없이 괴롭혔다.

"런던은 너무 위험합니다. 밤이면 소송장이 날아오고, 새벽이면

채권자들의 울부짖음이 들려옵니다. 변호사들은 광견병에 걸린 것처럼 사람들을 물어뜯으려 하죠." 와일드는 한때 「윈더미어 부인의 부채」로 큰돈을 벌었다고 보도되었지만, 그 돈은 이미 사라진 지 오래였다.

이런 와중에 1894년 2월, 영어판 「살로메」가 출간되었다. 이 작품은 퇴폐적인 세기말 분위기를 그대로 담고 있었으나, 정작 와일드는 삽화를 그린 오브리 비어즐리와의 관계에서 미묘한 불편함을 느꼈다. 그는 친구에게 비어즐리의 삽화가 지나치게 일본풍이어서 살로메가 드러내는 비잔틴적 감각과 어울리지 않는다며 불만을 토로했다. 하지만 공적인 자리에서는 비어즐리의 그림이 실로 경이롭다며 찬사를 아끼지 않았다. 비어즐리와의 관계뿐만 아니라, 와일드는 젊은 작가 막스 비어봄Max Beerbohm과의 관계에서도 신경전을 겪었다. 비어봄은 새로운 문예지 《옐로우 북The Yellow Book》을 준비하며 와일드를 의도적으로 배제했고, 이로 인해 와일드는 서서히 문학계에서 조롱의 대상이 되었다. 와일드의 절친한 친구이자 제자 같았던 아다 레버슨Ada Leverson조차 《펀치Punch》에 그를 풍자하는 글을 기고하며, 그의 사회적 입지가 흔들리고 있었다. 그러던 중, 그의 가장 위험한 관계인 더글러스가 다시 등장했다.

더글러스는 자신의 어머니와 와일드의 아내 콘스턴스를 설득하여 와일드가 자신과 다시 만나도록 했다. 파리에서 재회한 두 사람은 호화로운 생활을 즐기며 8일 동안 약 150파운드(2025년 기준 약 25,000파운드)를 소비했다. 하지만 이 모든 것은 그의 몰락을 향한 전주곡일 뿐이었다. 이들이 런던으로 돌아오자 더글러스의 아버지인 퀸즈베리 후작은 격분했다. 그는 공개적으로 와일드를 위협하며 두 사람의 관계를 끊으라고 요구했다. 더글러스는 이런 아버지에 대해 '참 우스운 인간이군요.'라는 전보로 응수했고, 퀸즈베리는 '다시 너를 그 남자와 함께 보면 크나큰 스캔들이 벌어질 것이다.'라고 협박했다.

와일드는 점차 통제할 수 없는 사건에 휘말리고 있었다. 그해 5월, 그는 피렌체로 여행을 떠났지만, 그곳에서도 더글러스와 함께하며 문학계 친구들에게 실망을 안겼다. 버나드 베렌슨Bernard Berenson은 와일드에게 '당신은 파멸을 향해 가고 있어요.'라고 경고했지만, 와일드는 '나는 나의 창조주를 본받고 싶네요. 칭찬만 받고 싶습니다.'라는 말로 응수했다. 결국, 그는 다시 런던으로 돌아왔고, 6월 11일, 옥스퍼드 시절부터 공들여온 시집 「스핑크스」를 출간했다. 하지만 그의 주변은 위험해지고 있었다. 퀸즈베리는 와일드를 사회적으로 매장시키기 위해 본격적인 행동에 나섰고, 사립탐정을 고용해 그의 사생활을 조사했다. 이 모든 사건은 결국 1895년 와일드가 법정에 서는 계기로 이어지게 된다.

이 시기의 와일드는 자신의 이상과 현실 사이에서 끊임없이 줄타기를 하고 있었다. 그는 로맨스와 상상력을 현실보다 중시했지만, 점차 자신이 만든 이야기 속에서 빠져나올 수 없는 상황에 놓이게 되었다. 와일드의 런던 무대는 끝없는 욕망과 망각, 기대와 실망이 교차하는 연극이 되어 갔다. 그의 행보는 때론 순진한 해변의 모래성을 쌓는 듯 평온했지만, 그 아래엔 치명적인 파도가 요동쳤다. 그의 삶에서 여행은 물리적 공간의 이동뿐 아니라, 문학적 실험과 사회적 도전, 그리고 개인적 욕망이 교차하는 무대였다.

1894년 여름, 와일드는 런던을 떠나 남부 서섹스 해안의 작은 도시, 워딩Worthing으로 향했다. 여기서 그는 새로운 희곡을 집필할 계획이었다. 이전의 경험을 되새기며, 그는 희극적 스토리 전개에 세기말적 감수성을 녹여낸 작품을 구상했다. 그것이 바로 「어니스트 되기의 중요성The Importance of Being Earnest」의 기원이었다. 여기 등장하는 주요 인물 중 하나인 잭 워딩Jack Worthing의 이름도 이곳 지명에서 왔다. 워딩에서의 생활은 그에게 이상적인 창작 환경을 제공했다. 그는 바닷가 산책을 하며 대사를 구상했고, 아이들과 놀면서도 새로운 이야기 구조를 떠올렸다. 특히 아들 시릴과의 유대는 깊었다. 와일드는 시릴을 '나의 친구 중 친구'라 불렀다. 이 여름은 그의 인생에서 마지막으로 평온했던 순간이었을지도 모른다.

워딩에서의 한적한 나날은 오래가지 않았다. 8월 14일, 그의 오랜 연인이자 운명의 파트너인 더글러스가 등장하면서 공기는 변했다. 와일드는 처음엔 가족의 평온을 위해 더글러스의 방문을 피하고 싶어 했다. 그러나 더글러스는 쉽게 물러서지 않았다. 결국 더글러스는 런던에서 온갖 방해를 뚫고 해안가의 저택 헤이븐The Haven에 자리를 잡았다. 와일드에게 있어 보지는 연인일 뿐 아니라, 문학적 영감을 제공하는 뮤즈이자, 파괴를 부르는 존재였다. 그는 희곡 작업을 돕는다고 자부하며, 와일드의 유머에 대한 즉각적인 반응을 했다. 그러나 그의 존재는 콘스턴스와의 관계를 더욱 악화시켰다. 콘스턴스는 남편의 외도를 묵인하면서도, 점점 더글러스의 존재를 견디기 힘들어했다. 결국 그녀는 9월에 학기가 시작되면서 아들과 함께 런던으로 떠났고, 남겨진 와일드는 다시 더글러스와 둘만의 세계로 빠져들었다.

워딩에서 더글러스와의 관계만이 문제였던 것은 아니다. 와일드는 워딩 해변에서 알폰소 콘웨이Alphonse Conway라는 16세 소년을 비롯한 지역의 젊은이들과 어울렸다. 그들은 함께 요트를 타고 바다로 나가거나, 호텔에서 식사를 했다. 때로 와일드는 워딩에서 가까운 대도시 브라이턴에 있는 앨비언 호텔Albion Hotel에서 함께 지내기도 했다. 와일드는 알폰소에게 자신의 이름이 새겨진 담배 케이스와 다른 선물을 보답했다. 단순한 우정 이상의 감정이 오갔음을 부정할 수는 없다. 나중에 드러난 법정 증언들에 따르면, 와일드는 알폰소와 신체적인 관계를 맺었다고 한다. 이러한 위험한 교류는 당시 영국 사회에서 금기시되던 동성애 스캔들의 불씨가 되었다. 런던에서는 경찰이 동성애자들이 모이는 장소를 급습하고 있었다. 그리고 더글러스가 런던에서 가져온 소식에 따르면, 찰리 파커Charlie Parker와 앨프레드 테일러Alfred Taylor 등 와일드의 지인들이 경찰의 감시를 받고 있었다. 워딩에서 보낸 평온한 나날이 실은 커다란 폭풍 전야였던 것이다.

그해 1894년 가을, 와일드는 또 다른 놀라운 소식을 접했다. 「초록색 카네이션The Green Carnation」이라는 책이 익명으로 출판되었는데, 이 작품은 그의 삶과 더불어 더글러스와의 관계를 신랄하게 풍자한 소설이었다. 이 작품 속에서 와일드는 '에스메 아마린스Esmé Amarinth'라는 인물로 묘사되며, 그의 재치 있는 대화와 동성애적 코드가 노골적으로 드러났다. 보지 더글러스는 '레지 경Lord Reggie'이라는 캐릭터로 등장하여, 그의 기이한 언행과 귀족적 허영심이 과장되었다. 와일드는 이 책을 보고 웃으며 넘겼지만, 대중의 반응은 달랐다. 그의 이름과 동성애적 소문이 널리 퍼졌고, 사회적 시선은 그에게 더욱 가혹해졌다. 프랭크 해리스는 "「초록색 카네이션」이야말로 와일드의 사회적 평판을 완전히 무너뜨린 책이었다"고 회고했다.

9월 말, 더글러스는 다시 런던으로 떠났고, 와일드는 혼자 남아 집필에 집중했다. 그러나 얼마 지나지 않아 더글러스는 다시 워딩으로 돌아왔고, 두 사람은 브라이턴으로 여행을 떠났다. 여기서 그들의 관계는 결정적인 균열을 맞이했다. 브라이턴에서 더글러스는 심한 감기에 걸렸고, 와일드는 그를 극진히 간호했다. 그러나 며칠 후, 상황이 역전되었다. 와일드가 독감에 걸려버린 것인데, 더글리스는 그의 병실을 떠나 런던으로 가버렸다. 이 일로 인해 와일드는 처음으로 더글러스에 대한 환멸을 느꼈다. '이제야 비로소 나는 자유를 되찾았다고 생각했다'고 그는 회고했다. 하지만 얼마 지나지 않아 더글러스의 형, 드럼랜릭Drumlanrig이 의문의 사고로 사망하면서, 그들의 이별은 다시 미뤄졌다.

### 희극은 끝나고, 비극이 시작되다

와일드는 연극 「이상적인 남편」에서 치블리 부인Mrs Cheveley의 입을 빌어 영국 사회에 스며들고 있는 지나친 청교도적 도덕주의를 비판한다.

"과거에는 누구도 이웃보다 더 도덕적인 척하지 않았어요. 사실, 이웃보다 조금이라도 더 나은 사람처럼 보이는 건 지나치게 촌스럽고 속물적인 일로 여겨졌지요. 그런데 요즘은 이 도덕적 강박증 때문에 모두가 순결과 청렴, 그리고 '일곱 가지 치명적인 미덕'의 완벽한 표본인 척해야 하죠. 그리고 그 결과가 뭐냐고요? 여러분은 죄다 볼링 핀처럼 쓰러지고 있어요—하나씩, 차례대로."

극이 시작되자마자 객석에서는 환호가 터져 나왔다. 매끄러운 대사, 재기 넘치는 유머, 그리고 영국 사회를 향한 신랄한 풍자가 어우러진 이 희곡은 그의 또 다른 성공작이 되었다. 와일드는 또다시 자신의 시대가 왔다고 믿었다. 연극이 끝난 후, 와일드는 무대 위로 나와 특유의 태연한 미소를 지으며 "오늘 밤 정말 즐거웠습니다"라고 말했다. 그의 희곡은 완벽해 보였다. 비평가들은 그의 작품이 패턴화되고 있다고 지적했지만, 버나드 쇼는 이를 반박하며 말했다.

"그의 희곡들이 여전히 독창적이라는 것은, 우리 작가들이 얼마나 자기절제를 하고 있는지를 보여줍니다. 그는 연극을 장난감처럼 가지고 놉니다. 재치, 철학, 드라마, 배우, 관객, 심지어 극장 전체와도 말이죠."

그런데 희극 속의 인물들은 때때로 작가보다 앞서 미래를 예고하는 듯한 아이러니를 보여준다. 작품 속 치블리 부인이 말하는 내용은 와일드의 삶을 기묘하게도 예언하고 있다. 예전엔 모두가 적당히 살았지만, 세기말 영국 사회는 누구라도 죄 없는 척하다 보니 결국 그 여파로 사람들이 도미노처럼 하나씩 쓰러져 간다는 내용이 더욱 그렇다. 와일드의 희극은 그 어느 때보다도 빛나고 있었지만, 인간 와일드는 완벽과는 거리가 멀었다. 그는 더 이상 자신을 설명하는 데 겸손을 사용할 필요를 느끼지 못했다. 누군가 그에게 '당신의 작품이 점점 더 나아지고 있다고 생각하느냐'고 묻자 그는 이렇게 대답했다. "오직 평범한 사람들만이 발전합니다." 완성형 천재라는 말이 있던가? 겸손함이 미덕이라고 말하는 시대였지만, 와일드는 그것을 비웃었다. '겸손은 위선자들을 위한 것이고, 겸양은 무능한 자들의 것'이라며 예술가의 의무이자 특권은 당당함이라고 주장했다. 그러나 이 시기 그의 자신감은 이미 무모함으로 넘어가고 있었다.

「이상적인 남편」이 흥행에 성공하자 곧 연극 제작자 조지 알렉산더와 더불어 새로운 희곡 「어니스트라는 이름의 중요성」을 무대에 올릴 기회를 모색하고 있었다. 알렉산더는 이 작품이 너무 길다고 판단했고, 몇몇 장면을 삭제하고자 했다. 삭제된 장면 중 하나는 주인공이 호텔에서 빚을 지고 체포되는 장면이었다. 이 소식을 들은 와일드는 단호하게 확신에 차서 대답했다.

"알렉, 당신이 맞을지도 모르겠어요. 다만 한 가지 말할 수 있는 건, 그 장면을 쓰는 데 겨우 5분밖에 걸리지 않았다는 겁니다." 와일드에게 극은 한 편의 게임이었고, 연극 속 인물들은 장기판의 말과 같았다. 하지만 현실 속에서 그는 훨씬 더 큰 도박을 하고 있었다.

1895년 1월, 와일드는 더글러스와 함께 알제리로 여행을 떠났다. 런던에서 벗어나면 현실도 잠시 잊을 수 있으리라 생각했을 것이다. 그곳에서 그는 프랑스 작가 앙드레 지드André Gide를 다시 만났다. 하지만 지드의 눈에 비친 와일드는 전과는 달랐다. 그의 태도가 더욱 거칠어졌고, 웃음에는 다소 날카로운 광기가 스며들어 있었다. 와일드는 말했다.

"나는 예술로부터 도망치는 중이야. 이제 태양만을 숭배하고 싶어."

와일드는 새로운 세상을 찾고 싶었지만, 현실은 어디서든 따라왔다. 지드는 와일드의 방종을 보며 조용히 결론을 내렸다. '만약 와일드의 희곡이 런던에서 300회 이상 상연되지 않았다면, 그리고 웨일즈 왕자가 그의 공연을 보러 가지 않았다면, 그는 지금쯤 감옥에 갔을 것이다.' 지드의 말은 머지않아 현실이 되었다.

1895년 1월 31일, 와일드는 다시 런던으로 돌아왔다. 그의 새로운 희곡 「어니스트라는 이름의 중요성」이 2월 14일 세인트 제임스 극장에서 개막을 앞두고 있었다. 「이상적인 남편」과 「어니스트라는 이름의 중요성」, 이 두 편의 희곡은 와일드가 만든 가장 정교한 작품들이었다. 런던의 극장 무대 위에서는 그의 대사가 울려 퍼지고 있었다. 와일드는 무대 위에서 살아가는 사람이었다. 비평가 앞에서도, 관객 앞에서도, 그는 언제나 화려한 수사를 즐겼다. 「어니스트라는 이름의 중요성」은 대성공을 거두었다. 런던의 모든 극장이 와일드의 천재성을 논했고, 그는 다시 무대 위에서 우아하게 인사를 했다.

더글러스의 아버지, 퀸즈베리는 더 이상 아들의 삶을 와일드가 망치는 것을 두고 볼 수 없었다. 후작은 극장에 난입해 와일드를 모

오스카 와일드와 보지 더글러스

욕하려 했으나, 그의 가족들이 이를 미리 저지했다. 후작은 물러설 생각이 없었다. 그는 더 철저한 복수를 준비했다.

  1895년 2월의 어느 저녁, 런던 첼시의 거리를 걷던 와일드에게 다가온 건 박수도, 명성도 아니었다. 찰스 리켓츠Carles Ricketts와의 대화는 문학적 상징과 미학의 세계를 맴돌았지만, 곧 이어진 찰스 섀넌Charles Shannon과의 짧은 만남은 이상할 정도로 현실적인 순간이었다. 그들이 함께 바라보던 소시지 롤, 그리고 와일드의 무심한 한마디—"사람들은 참 이상한 걸 먹어요. 아마도 배가 고픈 거겠죠"—는 한마디 풍자가 아니라, 곧 마주할 일에 대한 알 수 없는 예감처럼 들렸다. 그날 밤, 와일드는 전혀 다른 종류의 굶주림과 마주하게 된다. 그것은 이해받고 싶다는 굶주림, 사랑을 해명하고 싶다는 갈망, 그리고 무너져가는 자존심에 매달리려는 필사적인 허기였다.

  로열 아케이드 건너편 알베말 클럽Albemarle Club에 도착했을 때, 그는 아무런 예고도 없이 손에 한 장의 명함을 쥐게 되었다. 그것은 퀸즈베리 후작이 남긴 파멸의 씨앗이었다. 휘갈겨 쓴 글씨는 거칠었고, 철자조차 틀렸지만, 그 안에 담긴 의미는 치명적으로 명확했다. '소도마이트Sodomite'. 클럽의 문지기가 다행히 그것을 발견하고 와일드가 직접 마주하지 않게 조치했지만, 결국 그 말은 봉투 속에서도 칼처럼 와일드의 심장을 찔렀다. 그는 곧장 로비 로스에게 전갈을 보냈다. 메모 속에는 절망이 진득하게 묻어 있었다. 와일드는 자신의 삶이 모래 위에 쏟아진 것 같다고 했다. 아무리 붙잡으려 해도, 손가락 사이로 빠져나가는 모래처럼.

  와일드는 곧장 퀸즈베리를 명예훼손으로 고소하겠다고 결심했다. 그리고 그 곁에는, 언제나처럼 더글러스가 있었다. 보지는 오히려 이 기회를 반겼다. 아버지를 감옥에 보내고 싶어 했다. 오만한 젊음은 복수심과 뒤엉켜 판단을 흐렸고, 와일드는 그 감정에 휩쓸렸다. 아니, 어쩌면 그의 마음 깊은 곳에서도 무엇인가가 끓고 있었을지 모른다. 고요한 존엄 뒤에 숨어 있던 억울함, 치욕, 그리고 증명하고 싶은 열망. 예술가로서의 진실보다, 인간으로서의 무고함을 증명하고 싶은 마음.

어쩌면 와일드가 처음 퀸즈베리의 명함을 받은 순간부터 이미 도망칠 수 없는 길에 들어섰는지도 모른다. 이 재판은 단지 법정 싸움이 아니었다. 그것은 시대와의 충돌이었고, 사회가 정한 도덕이라는 이름의 칼날에 예술가가 찔린 사건이었다. 와일드는 문장으로 사람을 설득하는 사람이었지만, 그 문장이 증언될 때, 그것은 곧 죄의 언어가 되었다. 비극은 조용히 다가오는 것이 아니라, 그가 직접 걸어들어간 방 안에서, 이미 기다리고 있었다.

1895년 4월 3일 오전 10시 30분, 퀸즈베리에 대한 명예 훼손 소송으로 시작된 재판은, 사실상 한 시대의 도덕과 예술, 권력과 욕망이 정면으로 충돌하는 극장이었다. 런던 올드 베일리Old Bailey 중앙형사 법원은 그날, 퀸즈베리 후작이 아닌 와일드를 보기 위해 몰려든 인파로 들끓었다. 회색 가발을 쓴 변호사들, 신문기자들, 그리고 대부분이 남성으로 구성된 방청객들. 말 그대로 '구경꾼'이었다. 그들은 법의 심판을 보기 위해 온 것이 아니라, 무너지는 별의 파편을 줍기 위해 모인 사람들이었다.

와일드는 퀸즈베리의 옆을 지나며 법정 안으로 걸어 들어갔다.

검정 모닝코트에 보석 핀이 장식된 넥타이, 하지만 평소처럼 꽃은 달지 않았다. 이 싸움은 장식으로는 버틸 수 없다는 걸 와일드도 직감했을지 모른다. 와일드는 유머와 품위, 문학과 아이러니로 무장한 채 증인석에 앉았다. 와일드의 변호사인 클라크 경은 퀸즈베리의 주장을 가볍게 넘기려 했고, 와일드는 퀸즈베리 룰을 빗댄 농담으로 웃음을 자아냈다. 그 순간만큼은, 와일드는 여전히 자신의 페르소나를 통제하고 있었다. 재치 있는 말장난, 자의식 강한 태도, 그리고 무엇보다 자신의 이야기를 자신의 방식으로 끌고 가려는 욕망. 그는 예술가였다. 아니, 자신을 예술 그 자체로 여겼다.

하지만 처음부터 와일드는 어울리지 않는 무대에 올라선 배우였다. 변호사 찰스 험프리스는 신중히 질문했다.

"혹시 후작의 주장이 사실과 조금이라도 관련이 있습니까?" 와일드는 단호히 부정했다.

"저는 꽤 유명한 극작가이자 작가라고 생각합니다."라는 대답은 잠깐의 웃음을 자아냈지만, 판사의 단호한 말이 그 웃음을 지워버렸다.

"질문에만 답하세요."

와일드는 진실을 말했을지도 모르지만, 그 진실은, 세상이 듣고 싶은 형태의 진실이 아니었다.

퀸즈베리의 변호인으로 나선 에드워드 카슨은 와일드가 우습게 여기던 존재였다. 더블린의 같은 학교 트리니티 출신, 노력은 하지만 '그저 평범한 2등급 학생'이라 여겼다. 와일드가 "오랜 친구답게 더 독하게 굴겠지."라고 말한 건 농담이 아니라, 예감이었다. 카슨은

런던 올드 베일리 중앙 형사 법원

법정에서 가장 냉정한 연출자였고, 와일드의 삶을 한 장면 한 장면 해체해 나갔다. 시, 문학, 나이, 젊은 남성들, 그리고 '사소한 과장'에서 시작된 질문은 점점 더 날카로워졌다. 『도리언 그레이의 초상』의 문장을 인용해 와일드의 사적인 감정으로 끌어들이고, 한 명씩 그가 만났던 젊은이들의 이름을 언급하며 그의 관계를 파헤쳤다.

법정은 점점 싸늘해졌다. 웃음은 사라졌고, 긴장감만이 남았다. 카슨의 질문은 노련했다. 그는 단지 사실을 캐묻는 것이 아니라, 와일드 스스로 함정을 파게 만들었다.

"못생겼기 때문에 키스하지 않았다."는 말은, 와일드가 이 싸움을 진심으로 오해하고 있었다는 증거였다. 그는 여전히 언어의 미학으로 무언가를 덮을 수 있다고 믿었다. 하지만 법정은 비유가 아니라 명확한 진술을 요구하는 곳이었다. 그가 사랑하던 아이러니는, 이제 그의 발목을 잡는 족쇄가 되었다.

재판은 와일드에게 더는 유리한 흐름이 아니었다. 클라크 경은 마침내 전략을 바꿨다.

"소송을 철회하시죠." 처음엔 거부하던 와일드도, 추가 증인들이 출석할 예정이라는 소식에 결국 무너졌다. 4월 5일, 와일드는 고소를 철회했고, 퀸즈베리는 무죄 판결을 받았다. 하지만 그것은 승리가 아니라, 계획된 사건의 전환이었다. 고소를 철회하는 순간, 와일드는 피해자가 아니라 가해자로 바뀌었다. 와일드는 이 사람 퀸즈베리 때문에 내 모든 인생이 망가져 버렸다고 말했다. 명예훼손 재판은 끝났지만, 비극은 이제 시작이었다.

## 보우 스트리트 경찰서

프랑스로 가는 열차는 밤 9시 45분에 출발할 예정이었다. 친구들과 아내는 도망치라고 권했다. 와일드는 카도건 호텔에 앉아 있었고, 탈출할 수 있는 시간은 아직 남아 있었다. 하지만 그는 떠나지 않았다. 이유는 분명하지 않았다. 자존심, 순진한 낙관, 혹은 단순한 체념. 기자가 찾아와 체포 가능성을 경고했을 때도, 그는 와인잔을 비우며 조용히 웃고 있을 뿐이었다. 오후 6시 30분, 경찰이 도착했다. 와일드가 경찰에 체포될 때, 그에게 가해진 혐의는 '중대한 외설 행위gross indecency'. 법적 용어는 모호했지만, 세상은 그것이 무엇을 의미하는지 이미 알았다. 불과 하루 전까지만 해도 그는 승리를 믿었다. 법정이라는 무대 위에서, 언어의 힘으로 자신을 지킬 수 있으리라 생각했다.

"오스카 와일드 씨입니까?" 그는 고개를 끄덕였고, 아무 저항 없이 따라나섰다. 공공의 무대에서 내려오지 못한 대가였다. 그는 조용히, 그러나 명백하게 시대의 죄인이 되었다.

보우 스트리트 경찰서 유치장에 수감된 첫날 밤. 유치장은 냉담하고 비좁았다. 흰 벽, 철창, 희미한 조명. 그는 여전히 벨벳 코트 아래 시인의 자세를 지키려 애썼다. 손에는 프랑스 작가 피에르 루이스의 최신 소설이 들려 있었다. 조롱의 눈길 속에서도 그는 독서를 포기하지 않았다. 와일드는 그날 밤, 책과 함께 쇠창살 안으로 들어갔다. 그것은 자신이 만든 상징의 세계와 그를 둘러싼 냉혹한 현실이 충돌하는 순간이었다. 와일드는 자신이 더 이상 문장을 지휘하

## 런던 보우 스트리트 경찰서

는 사람이 아니라, 기록되는 대상이 되었음을 실감했을 것이다.

다음 날, 조그마한 법정에서 심리가 열렸다. 보석이 한 번 기각되었다. 그는 다시 감옥으로 돌아가야 했다. 하지만 미결수였기에, 자신의 옷을 입을 수 있었고, 약간의 돈을 내면 가구가 있는 '특별 독방'을 배정받을 수 있었다. 음식도 외부에서 주문할 수 있었고, 책과 편지, 면회도 허용되었다. 그러나 그것들은 감옥이라는 구조 안에서 허락된 일시적인 자율일 뿐, 자유는 아니었다. 무엇보다도, 담배가 금지되었다. 와일드에게 담배는 단순 기호식품이 아니라, 일종의 사유의 연장이었을 것이다. 그가 들이마신 연기는, 예술의 연기였고, 삶의 여유였다. 그것이 사라졌을 때, 그는 더 빠르게 말라갔다.

코벤트 가든 근처의 보우 스트리트. 「셜록 홈즈」에 등장하는 런던 경찰서의 대명사이기도 하다. 오늘날은 경찰 박물관이다. 외벽은 깨끗하게 보수되어 있지만, 안쪽엔 여전히 차가운 공기가 남아 있다. 창살과 낡은 나무 바닥, 전시된 수갑과 감시 기록들. 그러나 이 모든 것들 중 가장 묘한 감정을 불러일으키는 것은 따로 있다. 문 열고 들어서면 바로 눈에 들어오는 쇠로 짜인 증언대dock이다. 법정에 놓여 있던 것을 따로 떼어내 보관 전시하고 있다. 와일드는 체포된 이후 자신을 변호하기 위해 증언대에 섰다. 자신이 가장 잘하고 자신 있어 하는 언술로 자신을 변호하려 했다. 그러나 진실이란 것은 그리 순수하게 증명할 수 있는 것도, 단순한 것도 절대 아니었다. 법은, 재판장은, 런던의 군중들은 그의 말을 듣지 않았다. 그 증언대는 여전히 남아 있다. 와일드가 손을 올렸을 철제 난간도 그대로다.

100년도 넘는 시간이 흘렀지만, 그 자리는 비어 있지 않다. 보우

스트리트 경찰 박물관의 한쪽에 놓여진 그 증언대를 바라보고 있으면, 어쩐지 이상한 감각이 든다. 마치 그 자리에 서면, 세상의 시선이 자신을 향해 모이는 듯한 기분. 그가 받았던 질문들이, 지금의 우리에게도 여전히 유효한 듯한 느낌. 세상은 변했고, 법도 바뀌었다. 그러나 이 증언대는 여전히 여기 있다. 그것은 그 시대가 남긴 물리적 증언이다. 시대의 심판대였고, 동시에 시대의 심판이 옳았는지 묻고 있는 유물이다.

## 날개 없는 추락

4월 6일, 첫 번째 재판이 시작되었다. 퀸즈베리 재판에 나왔던 '젊은 남성들'이 다시 등장했고, 그들의 입은 차례차례 와일드를 겨눴다. 가장 강력했던 건 찰스 파커의 증언이었다. 그는 와일드와의 관계를 거리낌 없이 이야기했고, 호텔 직원과 하인들은 침대 시트의 얼룩과 냄새까지 증언했다. 돈을 받고 나온 증인이 있다는 정황도 있었지만, 그런 디테일은 누구에게도 중요하지 않았다. 이미 방향은 정해져 있었다. 재판이 진행되며, 와일드의 삶은 점점 더 무너졌다.

4월 26일, 두 번째 재판이 열렸다. 이번에는 알프레드 테일러와 함께 기소되었고, 와일드에게 적용된 혐의는 25개. 그중 하나라도 유죄가 입증된다면, 그의 삶은 법적으로도 끝나는 것이었다. 그의 얼굴은 점점 창백해졌고, 손은 무겁게 떨렸다. 하지만 그 순간에도 그는 예술가였다. 법정에서, 그 누구도 원하지 않았던 연설을 꺼냈다.

"감히 말로 이름할 수 없는 사랑"에 대해. 플라톤, 미켈란젤로, 셰익스피어의 이름을 들먹이며, 자신이 사랑한 방식이 얼마나 오래된 전통 위에 서 있는지를 말했다. 일부는 박수쳤고, 일부는 야유했다. 그러나 중요한 건, 판결은 감동으로 결정되지 않는다는 사실이었다. 와일드는 마지막까지 선택의 기로에 섰다. 1895년 5월 3일, 와일드는 보석으로 석방되었다.

홀로 런던의 은신처들을 떠돌며 다음 재판을 기다렸다. 미들랜드 호텔, 그레이트 노던 호텔을 거쳐 마지막으로 오클리 스트리트의 어머니 집에 몸을 기댔다. 그러나 그곳은 온전한 피난처가 아니었다. 술에 절어 있는 형 윌리와 무너져 내린 어머니의 기운이 가득한 공간에서, 그는 자신이 더 이상 기댈 곳이 없음을 깨달았다. 그에게 주어진 시간은 짧았지만, 결정은 영원한 것이었다. 그는 도망칠 수 있었다. 프랑스로 향하는 배편도, 열차도, 그를 기다리고 있었다. 친구들은 그를 설득했고, 아내도 도망치라고 간청했다. 그러나 그는 남기로 했다. 이유는 하나였다. "도망치면, 나는 다시는 너를 보지 않겠다."는 어머니의 말이었다. 그녀는 와일드가 여전히 '싸워내는 아들'로 남기를 바랐다. 와일드는 그것을 받아들였다.

5월 20일, 와일드는 초췌한 모습으로 법정에 섰다. 이전 재판에서는 배심원들이 합의를 이루지 못해 무죄 판결이 날 수도 있는 희망이 있었지만, 이번에는 모든 것이 달랐다. 자신감은 사라졌고, 그의 곁에는 지쳐가는 변호인과 더 이상 웃지 않는 방청객들이 있었다. 검찰은 더욱 조직적이었고, 증인들은 더욱 노련했다. 이번에는

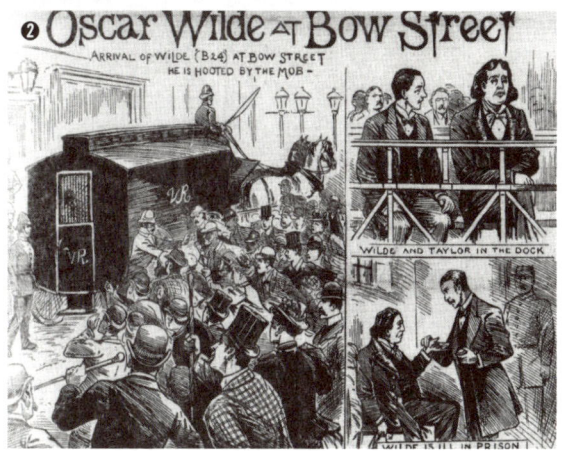

❶ 1895년 4월 13일, 《폴리스 버짓》, 오스카 와일드 체포 광경
❷ 1895년 4월 20일, 《폴리스 뉴스》
  오스카 와일드가 보우 스트리트 경찰서에서 재판 받는 광경

❶ 1895년 5월 4일 《폴리스 버짓》, 오스카 와일드 물품 경매 광경.
❷ 1895년 5월 4일, 《폴리스 뉴스》, 올드 베일리 재판 광경

분위기조차 와일드를 외면했다. 법정은 그를 이해하려 하지 않았다. 질문은 더 단순했고, 대답은 더 피곤했다. 변호인의 전략은 무뎠고, 와일드의 언어는 더 이상 방어가 되지 않았다.

퀸즈베리는 만족한 얼굴로 방청석에 앉아 있었다. 그는 한 전보에서 '와일드는 내일 끝장난다'라고 선언하듯 말했다. 그에게 이 재판은 법적 다툼이 아니라 지극히 개인적인 복수극이었다. 와일드는 마지막으로, 스스로를 변호했다. 이전의 재판처럼 화려한 수사도, 위트를 섞은 반격도 없었다. 다만 사랑에 대한 한 문장이 남았다.

"나의 사랑은 위대한 영혼의 유대 관계입니다." 그 사랑이 죄가 아니라고 강변했다. 그러나 세상은 그 언어를 받아들이지도 이해하려 하지도 않았다. 방청석의 박수는 너무 늦었고, 조롱과 야유는 이미 판결을 따라가고 있었다.

5월 25일 오후 5시, 배심원단이 돌아왔다. 유죄 평결이었다. 하나씩 반복되는 유죄 판결에, 와일드는 천천히 무너졌다. 난간을 붙잡고, 고개를 숙였고, 얼굴은 창백했다. 판사 윌스는 "내가 다뤄본 사건 중 최악이다"라고 평하며 형량을 선고했다. "2년의 강제 노동형을 선고한다. 그러나 이 형량은 터무니없이 가볍다." 법정은 술렁였고, 누군가는 외쳤다. "부끄러운 줄 알아라!" 그러나 누구를 향한 말인지, 누구를 위한 탄식인지, 더는 분명하지 않았다. 그날 와일드는 끌려나갔다. 어떤 말도 남기지 못한 채. 그의 입에서 가장 많은 말이 쏟아졌던 그곳에서, 그는 조용히 사라졌다. 19세기 영국 사회는 예술가를 심판했고, 그의 사랑을 범죄로 규정했다. 언론은 그의 몰락을 대서특필했고, 영국뿐 아니라 미국의 극장들도 그의 희곡을 무대에서 치웠다.「이상적인 남편」,「진지함의 중요성」같은 걸작조차 그를 지켜주지 못했다. 서점은 그의 책을 내렸고, 미술관은 그의 초상을 벽에서 떼어냈다. 언론은 그의 타락을 입에 올리며, 예술가의 언어를 욕설로 바꿔 버렸다.

'오스카 와일드는 이제 끝났다' 런던 이브닝 뉴스는 그렇게 선포했다. 그리고 사회는, 마치 오래된 스캔들을 치우듯 그를 지워버렸다. 와일드는 찬란한 성공의 정점에서 거침없이 무너졌다.

## 레딩 감옥

와일드는 더 이상 재치 있는 작가도, 사교계의 주인공도 아닌, 단지 '죄수'였다. 손목을 죄는 쇠사슬의 감촉은 살갗을 가르듯 날카로웠고, 낡은 마차 '블랙 마리아'는 어둠 속을 미끄러지듯 달렸다. 북쪽 감옥으로 향하는 길은 끝도 없이 이어졌고, 마차 바퀴 소리는 그의 머릿속에서 메두사의 머리칼처럼 얽히며 지워지지 않는 굉음으로 남았다. 그의 죄목은 '중대한 외설 행위,' 동성애. 19세기 영국에서 그것은 단순 도덕의 문제가 아니라, 명백한 범죄였다. 2년간의 강제 노동형. 어제까지 영국 문학의 자랑이었던 천재 작가는 이제 법과 도덕의 이름으로 죄인이 되어 철저히 추락했다. 와일드는 더 이상 시대의 아이콘이 아니라, 시대가 내친 이방인이었다.

처음에는 할로웨이Holloway 감옥에 수감되었다. 며칠 후, 뉴게이트로, 다시 펜튼빌과 완즈워스를 거쳐 11월 20일 레딩 감옥에 도착했다. 당시 사람들은 말했다. 마흔 살, 글이나 쓰고 언어유희에나 능한 지식인이 그런 가혹한 육체노동을 견딜 수 있을 리 없다고. 감옥 관리자 하나는 담담하게 중얼거렸다.

"그런 일에 익숙하지 않은 사람은, 보통 2년 안에 죽지요."

레딩 감옥의 환경은 혹독했고, 굴욕적이었다. 도착하자마자 그는 머리를 깎았다. 입고 있던 옷은 빼앗겼고, 거친 천으로 만든 죄수복을 입었다. 이름 대신 'C.3.3.'이라 불렸다. C동 3층 3번 방, 그가 배정된 독방의 주소였다. 방은 가로 4미터, 세로 2미터. 그 안에서 그는 매일 같은 노동을 반복했다. 첫 번째는 오크움 피킹oakum picking. 굵고 낡은 밧줄을 손으로 가닥가닥 쪼개는 일이다. 손끝은 갈라지고 피가 배었다. 두 번째는 트레드밀. 하루에 6시간 이상 바퀴 위를 걷는 무의미한 고행이었다. 요즘은 운동기구라 불리지만, 그때는 무엇보다 힘든 형벌이었다. 어느 날 그는 한마디 말을 했고, 그 대가로 24시간 동안 빵과 물만 주어졌다. 잘못된 건 말이 아니라, 감옥의 논리를 어긴 행위였다. 감옥은 규칙보다 더 단단한 침묵으로 사람을 지배했다.

말없이 시작해 말없이 끝나는 하루. 새벽 5시 30분, 거친 종소리가 잠을 끊었다. 아침은 묽은 코코아와 딱딱한 빵, 점심은 오트밀죽, 저녁은 다시 빵과 물. 식사는 언제나 형벌처럼 주어졌다. 가장 괴로운 것은 고된 노동이 아니라 완전한 고립이었다. '분리 시스템' 아래, 그는 다른 수감자들과 철저히 격리되었다. 예배 시간에도 따로 떨어져 앉았고, 운동 시간에는 서로 눈을 마주쳐서도 안 됐다. 말은 금지되어 있었다. 누구에게든. 감옥은 침묵으로 가득 찼고, 그 침묵은 점점 그의 내부로 스며들었다. 이러한 제도와 처벌은 인간을 정화하고 교화하겠다는 것이었다. 그러나 실제로는 정신적 고문이었다. 감옥은 천천히 그를 부숴버렸다. 와일드처럼 예민하고 생각이 많은 사람에겐 그 시간이 더디고도 잔인했다. 훗날 그는 그 시절의 일상을 자신의 시에서 이렇게 남겼다.

> 우리는 문을 닦고, 바닥을 문질러
> 반짝이는 난간을 깨끗이 했다.
> 줄지어 선 채로 판자를 비누칠하고
> 양동이를 부딪치며 소란을 냈다.
> 운동 시간의 고된 순간:
> 미끄러운 아스팔트 마당을
> 조용히, 조용히 돌고 또 돌았다.
> 아무도 말하지 않았다.
> 그리고 이어진 고된 노동:
> 끈적한 밧줄을 맨손으로 찢으며
> 무뎌진 손톱 끝에서 피가 배어나왔다.
> 자루를 꿰매고, 돌을 깨고,
> 먼지 날리는 드릴을 돌리며
> 땀으로 물든 채 거친 맷돌을 돌렸다.

감옥에서 와일드의 육체는 쇠약해졌고, 정신은 조각났다. 영양 결핍은 만성 설사와 기력 저하로 이어졌지만, 감옥 의사들은 대수

레딩 감옥 전경

롭지 않게 넘겼다. 결국 그는 예배 도중 의식을 잃고 쓰러졌다. 머리가 돌바닥에 부딪혔고, 그 충격은 귀의 감염병으로 번졌다. 이 병은 끝내 그의 생을 따라다녔고, 죽음의 한 원인이 되었을지도 모른다. 와일드는 그 시간을 '죽음보다 끔찍한 악몽'이라 불렀다. 매일 반복되는 일정, 강요된 침묵, 무의미한 규칙. 후에 그는 이렇게 말했다. 그곳의 하루하루는 시간이 흐른다기보다는, 같은 고통이 끝없이 반복되는 것 같았다고.

와일드에게 남겨진 거의 유일한 위안은 책과 글쓰기였다. 처음엔 성경만 허락되었다. 그러나 새로 부임한 교도소장과 외부의 정치적 인맥 덕분에 그는 도서관 이용을 허가받았고, 얼마 지나지 않아 감옥 내 도서 정리 업무도 맡게 되었다. 그는 자신이 읽은 책을 다른 수감자들에게 추천했고, 책을 통해 말없이 사람들과 연결되었다. 감옥은 그의 몸을 가두었지만, 사유까지 가둘 수는 없었다.

감옥에서 한 편의 긴 편지를 썼다. 제목은 「심연에서 De Profundis」. 겉으로는 연인 더글러스에게 보내는 형식이었지만, 실제로는 감옥에서의 시간과 자신에 대한 반성을 담은 철학적이고 문학적인 고백이었다.

정확히 2년 후 1897년 5월 19일 출소 후, 와일드는 감옥에서의 경험을 문학으로만 풀어내는 데 그치지 않았다. 그는 그것을 현실의 문제로 끌어왔다. 영국 감옥의 비인간적인 환경과 처벌 방식을 비판하며 《데일리 크로니클 Daily Chronicle》에 장문의 글을 기고했다. 특히 어린 수감자들이 겪는 고통과 부당한 처우를 폭로하며 사회의 관심을 촉구했다. 감옥은 인간을 바꾸는 곳이 아니라, 망가뜨리는 곳이라고 주장했다. 그 글은 영국 사회에 감옥 개혁에 대한 논의를 불러일으켰다. 그리고 와일드가 파리에서 숨진 지 2년 뒤인 1902년, 그가 가장 잔인했다고 회고했던 트레드밀 노동이 마침내 폐지되었다.

## 심연에서

  레딩 감옥에서 와일드는 더글러스를 향해 「심연에서」라는 제목으로 편지를 쓴다. 어떤 개인적인 원망이나 변명을 담은 글이 아니다. 그것은 고통을 기록한 문서이자, 사랑과 배신, 절망과 희망을 오가는 문학적 성찰이다. 그는 이 편지에서 더글러스를 탐욕스럽고 무책임하며, 나약한 인간이라고 비판한다. 더글러스는 화려한 사치를 즐겼고, 와일드가 번 돈을 마치 자신을 위한 것처럼 낭비했다. 값비싼 호텔, 여행, 도박, 귀족적 허영. 와일드는 처음에는 그 모든 것이 더글러스를 사랑하기 때문에 기꺼이 감당할 수 있다고 생각했다. 그러나 감옥에서 돌아보니, 그것은 방탕이 아니라 자신의 예술과 인생을 갉아먹는 독이었음을 깨달았다. 그는 이 글에서 이렇게 적는다.

  '나는 너에게 나의 창작을 바쳤고, 나의 정신을 바쳤으며, 결국 나 자신을 바쳤다.' 더글러스의 존재는 와일드의 창작력을 점점 쇠퇴시키는 걸림돌이 되었고, 결국 그의 몰락을 초래했다. 그러나 그는 이 모든 선택이 결국 자신의 몫이었음을 인정한다.

'너를 탓하기 전에, 나 자신을 탓해야 하리라.'

감옥 생활은 그의 아내 콘스턴스와 아이들에 대한 그리움을 더욱 깊게 했고, 열악한 환경 속에서 그는 극심한 외로움을 느꼈다. 어머니는 그가 레딩 감옥으로 이송된 지 3개월 만에 세상을 떠났다. 1896년 2월이었다. 그의 아내는 멀리 이탈리아의 제노바에서 직접 찾아와 이 소식을 전했다. 하지만, 더글러스로부터는 이후 아무런 연락도 받지 못했다.

「심연에서」의 후반부에서 와일드는 고통의 의미를 깊이 성찰한다. 자신의 고통을 단순 불행으로 여기지 않는다. 그는 감옥이 자신의 영혼을 망가뜨리게 내버려 두지 않겠다고 결심하며, '사랑 없이 감옥에 들어간다면 내 영혼은 어떻게 될 것인가?'라는 질문을 던진다. 그는 자신의 고통을 받아들이며, '슬픔이 있는 곳에는 거룩한 땅이 있다.'고 선언한다.

와일드는 예수 그리스도의 삶에서 고통의 의미를 발견하려 했으며, 그리스도를 종교적 인물이 아닌 자기완성을 위해 순수하게 고통을 받아들인 시인으로 보았다. 고통을 통해 완전해진 존재, 고통을 예술로 승화한 존재라고 말한다. 그렇게 자신의 고난을 예수의 경험에 빗대며, 감옥에서의 시간을 통해 더 높은 예술적 경지에 도달하겠다고 와일드는 다짐했다. 감옥은 그에게서 모든 것을 빼앗았지만, 대신 새로운 시각을 선사해 주었다. 그는 이제 삶을 다르게 바라보게 되었다.

"처음 감옥에 갇혔을 때, 어떤 사람들은 나에게 내가 누구인지 잊어보라고 조언했다. 그것은 파괴적인 충고였다. 나는 오직 나 자신의 존재를 깨달음으로써 비로소 어떤 형태로든 위안을 찾을 수 있었다. 이제는 또 다른 사람들이 출소 후 감옥에 있었던 일은 완전히 잊으라고 말한다. 나는 그것이 똑같이 치명적일 것임을 안다.

그렇게 한다면 나는 끝없는 치욕감에 시달릴 것이며, 나를 위해 존재하는 모든 것—태양과 달의 아름다움, 계절의 변화, 새벽의 음악과 깊은 밤의 고요, 나뭇잎 사이로 떨어지는 빗방울, 풀잎 위로 스며들며 은빛으로 빛나는 이슬—이 나에게는 오염되어, 그 치유의 힘과 기쁨을 전해주는 힘을 잃어버린 것으로 느끼게 될 것이다.

자신의 경험을 후회하는 것은 곧 자신의 성장을 멈추는 것이다. 자신의 경험을 부정하는 것은 자기 삶의 입술에 거짓을 담아두는 것이며, 결국 자기 영혼을 부정하는 것과 다른 것이 아니다."

이 글에서 나타나듯 그는 자신을 잊으라는 조언을 받았지만, 그럴수록 오히려 내면이 더 황폐해졌다는 사실을 깨달았다. 자연의 아름다움이 전해주는 치유와 기쁨이 오히려 더럽혀질까 두려워하는 대목에서, 진정한 회복은 경험을 부정하지 않는 데 있다는 점을 드러낸다. 고통을 솔직하게 마주하지 않으면, 삶의 본질적인 기쁨조차 온전히 느낄 수 없다는 것이다. 글의 마지막에서 와일드는 말한다. 경험을 후회하거나 지우려는 건 결국 자신을 부정하는 일이며, 그 행위는 곧 자아의 근간을 흔드는 일이라고. 고통을 대하는 태도는 삶의 깊이를 결정한다고. 진정한 치유는 도피가 아니라 직면하는 데서 시작된다고.

레딩 감옥과 뱅크시 작품

## 레딩 감옥과 뱅크시Banksy의 〈탈출을 창작하라〉

　레딩 감옥 외벽에 나타난 뱅크시의 그림은 그 자체로 하나의 탈출극이다. 감옥 벽을 타고 내려오는 인물의 손에는 타자기로 이어진 침대 시트가 들려 있다. 이 장면은 단순한 거리 예술을 넘어, 오스카 와일드와 그의 문학적 유산에 대한 직접적인 오마주다. 1895년, 와일드는 동성애 혐의로 이 감옥에 수감되어 이후 「레딩 감옥의 시」를 통해 자신의 고통과 감옥의 현실을 문학으로 승화시켰다. 뱅크시의 〈탈출을 창작하라Create Escape〉는 그러한 와일드의 탈출, 즉 '쓰기'라는 수단을 통한 정신적 도주를 시각화한 장면이다.

　레딩 시민들에게 뱅크시의 작품은 뜻밖의 선물이었다. 뱅크시는 이 감옥을 직접 사들여 와일드를 기념하는 문화 공간으로 만들고자 하였으나, 레딩 시는 매각을 거부했다. 그럼에도 그의 익명성과 반체제적 이미지, 정치적 감수성은 이번에도 그대로 살아 있다. 이 그림 하나로 폐허가 된 감옥은 다시 주목받았고, 지역 사회는 이 공간을 문화 예술 공간으로 탈바꿈시키기 위한 논의를 본격화했다. 특히 감옥이라는 장소가 지닌 역사성과 상징성은, 뱅크시의 작품과 만나면서 더욱 복합적인 울림을 낳는다. "모든 예술은 무용하다."고 했던 와일드조차, 결국 그 '무용함'을 통해 자신을 구원했고, 후세에 남았다. 뱅크시의 작품은 바로 그 '무용함'이 지닌 힘을, 다시 한번 우리 눈앞에 상기시킨다.

## 랭엄 호텔

　런던의 한복판 리젠트 스트리트의 끝자락에 위치한 랭엄 호텔 Langham Hotel은 영국 문학과 사교계의 중요한 무대였다. 특히 와일드의 삶에서 중요한 순간들을 담고 있다. 와일드는 이곳에서 새로운 문학적 기회를 모색하고, 유럽 사교계의 중심인물들과 교류하며, 문학과 명성을 동시에 키워갔다. 1887년 와일드가 《여성 세계》의 편집장을 맡으면서 원고 청탁을 위해 화려한 사교계의 중심에 있던 인기 소설가 우이다 Ouida를 랭엄 호텔에서 만났다. 키가 작고 다부진 체형, 괴상한 패션 감각, 날카로운 목소리를 가진 그녀는 스스로를 '라이온Lionne'이라 부르며 사교계에서 확고한 입지를 다지고 있었다.

　대부분의 문학계 인사들은 그녀의 작품을 가볍고 과장된 이야기라며 평가절하했지만, 와일드는 다르게 보았다. 그는 우이다의 작품에서 러스킨과 페이터의 '화려한 언어와 아름다움'을 느낀다고 주장하며, 그녀의 문체를 적극적으로 옹호했다. 진심 어린 찬사를 바탕으로 그는 곧 그녀의 랭엄 호텔 스위트룸에 자유롭게 드나드는 손님이 되었고, 연회뿐만 아니라 그녀의 사적인 저녁 식사에도 초대받았다. 어느 날 저녁, 와일드는 우이다에게 말했다.

　"선생님의 책에서 가장 감탄스러운 점은 배경과 환경을 생생하게 묘사하는 능력입니다. 눈을 감으면 마치 그 장면 속에 있는 듯한 느낌을 받지요."

　그러자 우이다는 대답했다. "아, 맞아요. 그건 사실이에요. 하지만 내 책에서 정말 놀라운 건 그게 아니에요. 내 책이 놀라운 건 내가 공작부인들이 말하는 방식으로 글을 쓴다는 점이에요." 결국, 우이다는 와일드에게 글을 기고하기로 약속했다. 그녀 특유의 변덕스러움으로 인해 잡지의 새 제목을 달가워하지 않았지만 말이다. 후에 런던을 떠나면서 우이다는 '영국에서 바라보고 대화할 만한 사람이 오직 한 사람 있는데 그가 오스카 와일드다'라는 말을 남겼다고 한다.

1889년 와일드는 또 다른 중요한 초대를 받아 이 호텔을 방문하게 된다. 필라델피아 출신의 출판업자 스토다트J. M. Stoddart는《리핀코츠 매거진》의 편집자로서 런던을 방문 중이었고, 8월 30일 랭엄 호텔의 카페 '아르테시안Artesian'에서 저녁 식사를 제안했다. 이 만찬에는 와일드, 스토다트, 아일랜드 출신 국회의원 헨리 길Henry Gill, 그리고 셜록 홈스 시리즈의 작가 아서 코난 도일Arthur Conan Doyle이 참석했다. 당시 30세였던 코난 도일은 이 저녁을 '황금 같은 밤'으로 회상했다.

"와일드는 내 예상과 달리 내 소설「마이카 클라크Micah Clarke」를 읽었고, 열렬히 칭찬해 주었다. 덕분에 나는 외부인처럼 느껴지지 않았다. … 그는 우리 모두를 압도하면서도 동시에 우리의 말을 귀담아듣는 재주를 지니고 있었다. 지나치게 독백하는 사람은 아무리 똑똑해도 신사일 수 없다는 말이 있다. 와일드는 대화를 주고받을 줄 알았고, 그가 주는 것은 특별했다. 그는 문장을 정확하게 표현하는 감각, 섬세한 유머 감각, 그리고 손짓을 섞어 의미를 강조하는 독특한 방식이 있었다. 그의 말은 단순한 언어를 넘어 그림처럼 생생

런던 랭엄 호텔

한 이미지를 만들어낼 줄 알았다."

이날 랭엄 호텔에서의 저녁 식사는 와일드의 영향력을 확장할 수 있는 발판이 되었다. 스토다트는 영국 작가들을 영입해 잡지의 국제적 색채를 강화하고 싶었고, 와일드와 코난 도일에게 중편 소설기고를 청탁했다. 그가 제안한 원고료는 200파운드였으며, 최소 35,000단어의 작품을 요구했다. 와일드는 흔쾌히 수락했다. 이 제안은 와일드에게 매우 반가운 소식이었다.《리핀코츠 매거진》과의 계약은 그에게 소설가로서의 자질을 시험할 수 있는 새로운 희망을 주었다. 이를 계기로 와일드는 다음 해인 1890년 7월호에 『도리안 그레이의 초상』의 초판본을 세상에 처음 내놓게 된다.

## 해처드 서점

1797년에 설립된 해처드 서점은 런던 문학의 중심이며, 과거와 현재가 공존하는 공간이다. 피카딜리의 한가운데, 나무로 된 책장이 촘촘히 들어찬 이곳에서는 18세기의 향기가 여전히 남아 있다. 서점의 내부를 거닐다 보면, 마치 과거로 거슬러 올라간 듯한 착각을 불러일으킨다. 검은색과 흰색이 섞인 오래된 사진들, 왕실 초상화, 그리고 오랜 세월 동안 이곳을 찾았던 문인들의 흔적이 곳곳에 남아 있다. 해처드 서점의 고객 명단에는 제인 오스틴Jane Austen, 버지니아 울프Virginia Woolf, 윌리엄 보이드William Boyd, 그리고 오스카 와일드의 이름이 나란히 자리하고 있다. 그야말로 영국 문학의 한 장

런던 해처드 서점

을 이루는 장소다.

  독서가 일상이며 속독에 능했던 와일드는 종종 이곳에 들러 시간을 보냈다. 해처드 서점과 와일드의 관계는 단순히 작가와 서점주인 사이의 비즈니스적 교류에 그치지 않았다. 서점 관리자 아서 험프리스Arthur Humphreys는 와일드의 삶과 문체를 누구보다 가까이에서 이해한 사람이었다. 와일드가 남긴 언어의 조각들을 다시 엮어 새로운 형태의 작은 책「오스카리아나 Oscariana」을 세상에 내놓으려 했다. 와일드는 아내 콘스턴스에게 '오스카리아나'의 기획을 맡겼다. 험프리스는 적극적으로 책을 기획하고 편집하며 새로운 아이디어를 모색하는 사람이었다. 이 협업은 단순한 출판 작업 이상의 의미가 있게 되었고, 시간이 흐르며 험프리스와 콘스턴스 사이에는 특별한 관계가 형성되었다. 그녀는 종종 그를 '이상적인 님편,' '모자란 것이 거의 없는 이상적 남자'라며 찬사를 보냈고, 한 편지에서는 '사랑하는 아서Darling Arthur'라고 부르기도 했다. 그 감정이 일시적인 호감이었는지, 혹은 더 깊은 감정으로 발전했는지는 알 수 없다. 다만, 와일드도 그 변화를 감지했을 것이다. 그의 아내가 타인에게 매력을 느끼고 있다는 사실을 깨닫는 순간, 그는 무슨 생각을 했을까?

  오늘날, 해처드 서점은 여전히 같은 자리에서 사람들을 맞이하고 있다. 많은 서점들이 현대화되면서 개성을 잃어가고 있지만, 해처드는 변하지 않았다. 이곳에는 여전히 오래된 서가와 손때 묻은 가죽 소파가 있다. 햇빛이 드리우는 창가에서, 여행자들은 책을 펼쳐 들고 잠시 시간을 멈춘다 런던을 여행하는 사람들에게 해처드 서점은 단순 방문지를 넘어, 한 시대의 정신을 담고 있는 장소이다. 와일드가 남긴 이야기, 그의 아내 콘스탠스와 험프리스의 작은 문학적 동맹, 그리고 시간이 흘러도 변하지 않는 책의 가치. 해처드 서점은 그러한 요소들이 뒤섞인 채 오늘날까지 남아 있다. 피카딜리 거리를 걷다가 이 서점의 문을 밀고 들어서는 순간, 당신도 와일드의 발자취를 따라가게 될 것이다. 그리고 그곳에서 한 권의 책을 집어 들면, 어쩌면, 100여 년 훨씬 전의 와일드도 같은 자리에서 같은 책을 넘기고 있었을지 모른다.

## 사보이 호텔

런던 템스 강변에 자리한 사보이 호텔은 1889년 리처드 도일리 카트Richard D'Oyly Carte가 세웠다. 카트는 오페레타 프로듀서이자 사업가로, 사보이 극장을 통해 길버트와 설리번의 오페라 〈페이션스Patience〉를 선보이며 당대 런던의 예술계를 주도했다. 뛰어난 흥행 전문가로 알려진 카트는 와일드의 스타성을 알아보고 미국으로의 강연 여행을 제안했던 장본인이기도 하다. 화려하고 현대적인 시설을 자랑하는 사보이 호텔은 곧 유럽 귀족과 예술가들의 집결지가 되었고, 와일드 역시 이곳에서 자신의 탐미주의적 삶을 극대화했다.

1893년 3월 한 달간, 와일드는 자신의 연인이었던 보지 더글러스와 함께 호텔의 361호와 362호에 머물렀다. 와일드는 자신의 삶

## 샤보이 호텔

을 연극처럼 연출하며 '예술 작품'으로 만들고자 했다. 사보이 호텔은 그러한 연극의 무대였다. 이 시기의 와일드는 이미 「윈더미어 부인의 부채」와 같은 작품들로 극작가로서의 명성을 확립한 상태였지만, 그의 관심은 글쓰기보다 삶 자체의 유희에 있었다. 객실로 배달을 온 심부름 소년들은 오스카에게 키스를 받고, 팁으로 2실링 6펜스를 받았다. 이는 당시에 한 끼 식사나 극장 입장료 정도를 지불할 수 있는 금액이었다. 와일드는 후에 이 시기를 회고하며 '위험과 욕망이 교차하는 연회'라고 묘사하기도 했다.

런던을 여행하며 사보이를 방문하는 것은 단순히 고급 호텔에서 차 한 잔을 마시는 경험을 넘어, 역사 속의 이야기에 직접 발을 들이는 행위다. 사보이의 대리석 바닥을 밟을 때, 샹들리에 아래서 와일드의 음성을 상상해 보라. 그는 여전히 여기 어딘가에서, 아마도 한 구석에서 위스키 한 잔을 들고 앉아, 그의 빛나는 문장 중 하나를 읊조리고 있을지도 모른다.

"우리는 모두 시궁창에 빠져 있지만, 그중 몇몇은 하늘의 별을 바라본다."

사보이 호텔에서 탐미주의적 삶의 한계를 시험했던 와일드는 시대를 초월하는 아이러니와 위트를 남겼다.

## 카페 로열

카페 로열의 문 앞에 서면, 일종의 착각에 빠진다. 런던의 번잡한 거리 위에서 문득, 나는 한 세기 전의 인물처럼 느껴진다. 문은 거대하다. 육중한 짙은 나무가 단단히 틀을 잡고 있고, 양옆으로는 무심한 듯 유려하게 깎인 대리석이 흐르고 있다. 위로는 낡았으나 기품을 잃지 않은 황금빛 장식이 걸려 있고, 그 사이로 'CAFÉ ROYAL'이라는 글자가 새겨져 있다. 선명하면서도 낡은, 한 시대의 영광과 퇴락이 겹쳐진 글씨체다. 문은 쉽게 열릴 것 같지 않다. 그 무게와 크기 때문에도 그렇지만, 무엇보다도 이 문을 통과하는 순간부터는 전혀 다른 세계가 펼쳐질 것만 같은 예감 때문이다. 문을 열고 들어서면 금빛 몰딩과 붉은 벨벳, 거울과 샹들리에가 반기는 세계. 런던 한복판에 뜬금없이 출현한 일종의 시간 왜곡 현상 같다. 그런데 이 공간이 단지 화려한 인테리어의 산물이라고만 느껴지지 않는 이유는, 바로 그 공간을 거쳐간 와일드의 흔적 때문이다. 이곳 어두운 조명의 카페에 잠시 머물면서 차를 마시다 보면 와일드의 도시, 런던 전체가 마치 유령이 되어 출몰할 듯하다.

와일드는 이곳에서 사랑에 빠졌다. 더글러스와의 만남은 단순 연애담으로 축소되기엔 너무나 많은 파장을 불러온 사건이었다. 카페 로열에서의 대화, 웃음, 시선, 그리고 어쩌면 그날 오후의 어떤 침묵조차도, 이후 그의 삶을 결정짓는 마디가 되었다. 이 공간은 와일드에게 낭만의 장소이자 파멸의 서막이었다. 사람들은 여전히 그의 몰락을 연민과 경외 사이에서 소비하지만, 정작 그는 그 끝을 예감하며 그 공간을 통과했을지도 모른다. 그에게는 순간의 아름다움이 곧 존재의 이유였으니까.

오늘날, 여행자들은 카페 로열의 '오스카 와일드 바'에서 애프터

카페 로열 내부

눈 티를 마신다. 샌드위치와 스콘, 바텐버그 케이크가 은쟁반에 담겨 나온다. 차는 향기롭고, 잼은 진하다. 하지만 그것이 단순한 식음의 행위로 느껴지지 않는 이유는, 그것이 일종의 재연이기 때문이다. 와일드가 이곳에서 말했을 법한 문장, 비꼬는 듯한 미소, 샹들리에에 비친 그의 실루엣. 아무도 그 장면을 본 적은 없지만, 모두가 그를 떠올린다. 그는 여전히 이곳에 있다. 존재라기보다는, 연출된 '기억'처럼.

그렇다면 와일드가 지금의 런던에 다시 나타난다면, 어떤 멘트를 남길까? 어쩌면 이런 말을 했을지도 모른다. '런던에서 애프터눈 티를 마시지 않는 것은 런던에 오지 않은 것과 같다.' 사람들은 웃고, 끄덕이고, 그 말이 실제로 있었던 인용인 양 적어둔다. 의미 없는 말처럼 보이지만, 와일드를 아는 이라면 아무도 그렇게 생각하지 않을 것이다. 그는 늘 그렇게 살았다. 아무 의미도 없지만, 의미가 넘쳐흐르는 방식으로.

## 제임스 J. 폭스

런던의 세인트 제임스 스트리트 19번지에는 두 세기를 훌쩍 넘긴 담배 가게가 있다. 제임스 J. 폭스James J. Fox. 평범한 시가 상점이 아니라, 역사를 품고 있는 공간이다. 영국의 위대한 정치가 윈스턴 처칠이 애용했고, 프랑스의 나폴레옹 3세도 찾았으며, 그리고 와일드의 이름도 이곳의 장부에 남아 있다. 다만, 그가 남긴 것은 유쾌한 농담도, 문학적인 아포리즘도 아닌 미납된 외상 장부이다. 7실링 43펜스라는 상대적으로 소액의 미납 청구서는 빚이라기보다는 그가 이 공간과 맺었던 관계의 물질적 증거로 보인다. 와일드의 삶은 애초부터 외상의 연속이었다. 옥스퍼드 시절부터 그랬다. 돈이 있을 때는 그 누구보다 호기롭게 쓰고, 없을 때는 빚을 지는 게 당연했다.

아름다움을 사랑하는 탐미주의자에게 담배는 하나의 기호품이 아니라, 덧없이 흐르는 순간순간을 음미하는 방식이었고, 우아한 허무주의의 상징이기도 했다. 연기는 사라지지만, 피어오르는 그 순간만큼은 완벽했다. 한 모금 깊이 들이마시는 것은 현실을 유예하는 행위였고, 길게 내뿜는 것은 세상의 무게를 덜어내는 의식이었다. 탐미주의자들은 담배를 손에 들고 예술과 인생, 욕망에 대해 논했다. 와일드도 그렇게 입가에 걸린 담배 하나로 삶을 견디고, 즐기고, 연출했다. 담배 가게를 찾은 와일드는 그의 멋스러운 코트를 휘날리며 등장해, 특유의 말투로 시가를 주문했을 것이다. 그가 마지막으로 한 모금 들이켠 그 담배가 외상 장부에 기록되어 있다는 사실이야말로, 와일드의 삶을 단 한 줄로 요약하는 문장이 아닐까.

와일드가 감옥에 가던 날, 그의 외상 장부는 여전히 이곳에 남아 있었다. 신사들의 출입이 잦은 제임스 폭스의 점원들은 그의 체포 소식을 들으며 고개를 저었을 것이다. 한때 런던을 쥐락펴락하던 남자가 지금은 감옥에 있다. 그리고 아마도, 그가 이 빚을 갚으러 돌아오지는 않을 것이라고. 그의 몰락이 담배 가게에서 어떤 대화를 낳았을지는 모른다. 그러나 한 가지는 분명하다. 장부는 그를 기억하고 있었다.

제임스 J. 폭스 지하 박물관에 있는 오스카 와일드 외상 장부

한 시대를 풍미했던 남자, 그가 사라졌어도 기록은 남는다. 그렇게 세월이 흘렀고, 런던은 바뀌었다. 세인트 제임스 스트리트의 담배 연기는 여전히 피어오르지만, 그 시가를 손에 쥐고 위트를 던지던 남자는 없다. 그러나 제임스 J. 폭스의 지하에 있는 작은 박물관에 가면, 그 장부를 볼 수 있다. 그곳에는 '오스카 와일드'라는 이름이 적혀 있다. 지불되지 않은 채, 여전히 그를 기다리고 있다.

## 케트너스 레스토랑

나폴레옹 3세의 셰프였던 오귀스트 케트너가 운영하기 시작한 케트너스 레스토랑Kettner's은 1867년 문을 열었다. 소호에 위치한 이곳은 마가렛 대처, 윈스턴 처칠, 빙 크로스비, 아가사 크리스티 등 역사적으로 무수한 유명인, 정치인들이 자주 찾던 식당이다. 1880년대 후반과 1890년대 초반, 런던의 예술가들과 문학인들은 케트너스를 자주 찾았다. 고급 프랑스 요리를 제공하는 이 레스토랑은 만남의 장소를 넘어 새로운 사교 문화를 형성하는 공간이었다.

와일드의 삶에서 케트너스는 또 하나의 극적인 무대였다. 이 장소는 그의 친구이자 연인이었던 더글러스와 그의 지인들이 마련한 저녁 식사 자리에서부터 시작하여, 후일 그를 법정으로 이끈 관계들의 시발점이 되었다. 법정에서 증언한 인물들은 하나같이 케트너스에서 시작된 이야기들을 상세히 진술하며, 와일드의 사생활을 낱낱이 드러냈다. 경찰과 검찰은 와일드가 케트너스에서 젊은 남성들과 식사를 하고 이후 호텔로 향했다는 점을 문제 삼았다. 와일드와 함

런던 케트너스

께 시간을 보낸 인물들의 증언과 그의 사교적 관계망은 케트너스를 평범한 식당 공간에서 그의 성적 취향을 입증하는 장소로 해석되었다. 와일드에게 케트너스는 일상의 평범한 삶의 배경이 아니라, 하나의 장치이고, 상징이며, 운명의 갈림길이었다. 와일드는 예술적 감수성과 현실적 욕망을 동시에 추구하며, 이를 숨기지 않았다. 하지만 빅토리아 시대 영국 사회는 그러한 자유를 허락하지 않았다.

우리는 질문할 수밖에 없다. 만약 와일드가 케트너스를 찾지 않았다면 그의 삶은 달라졌을까? 어쩌면 그렇지 않았을지도 모른다. 와일드는 결국 와일드였을 것이다. 그가 어디에서 누구를 만났든, 그의 욕망과 예술은 운명을 피할 수 없었을 것이다. 케트너스는 한 인간의 욕망과 사회의 윤리가 충돌하는 장소였고, 그곳에서 벌어진 일들은 다른 어떤 스캔들이 아니라 한 시대의 잔혹한 초상이었다.

현재 이곳은 케트너스 타운하우스로 불리며 부티크 호텔과 레스토랑을 운영하고 있다.

### 로열 아케이드

로열 아케이드는 여전히 그 자리에 있다. 1879년부터 이어져 온 이 우아한 공간은 화려한 장식과 유려한 곡선의 기둥들로 구성되어 있다. 빛은 유리 천장을 타고 부드럽게 내려와 대리석 바닥을 어루만진다. 런던의 시간 속에서 흔들림 없이 제자리를 지키고 있는 듯하지만, 이곳을 걸었던 사람들은 떠났다.

런던 로열 아케이드

누군가에게는 이 아케이드가 소비의 공간이지만, 또 다른 누군가에게는 존재를 증명하는 무대이기도 했다. 와일드에게 로열 아케이드는 일상의 연극을 펼치는 장소였다. 그는 이곳을 걸으며 자신의 정체성을 연출했고, 시대와 충돌하면서도 그 안에서 자신을 빛냈다. 시간을 초월하는 건 건축물만이 아니다. 그 공간을 살았던 사람들, 그들이 남긴 흔적 역시 여전히 유효하다.

와일드가 굿이어 플로리스트Goodyear the Florist에서 초록 카네이션을 사던 날들. 그것은 장식이 아니라 하나의 선언이었다. 물론 그는 애매모호한 태도를 유지했다. '아무 의미도 없지만, 그렇다고 믿는 사람은 아무도 없을 것'이라고 했다. 의미 없는 상징이란 있을 수 있을까? 사람들은 여전히 그의 카네이션을 해석한다. 그 시대의 부르주아적 도덕성을 소롱하는 것, 혹은 동성애를 은유하는 것, 아니면 그저 자기 자신을 극대화하는 미학적 태도. 무엇이 되었든, 그것은 와일드가 선택한 '기호'였다.

여행자가 찾았을 때 굿이어 플로리스트의 자리는 폴 스미스 매장이 차지하고 있었다. 와일드가 그곳을 찾던 시절과 전혀 다른 모습이지만, 문을 열고 들어서는 순간 어딘가에서 그의 기운이 스치는 것 같다. 누군가는 코트를 여미며 거리로 나선다. 누군가는 쇼윈도 속 초록빛 넥타이를 힐끗 바라본다. 아무 의미도 없지만, 그렇다고 믿는 사람은 아무도 없을 것이다.

## 카도건 호텔

런던 시내에서 하이드파크를 지나 첼시의 타이트 스트리트 34번지를 향하다가 오른편으로 고급스런 오래된 주택가를 지나면 아담한 듯 화려한 호텔이 눈에 들어온다. 카도건 호텔이다. 지금은 벨몬드 카도건 호텔Belmond Cadogan Hotel이라 불린다.

와일드는 1895년 4월 5일, 바로 이곳 호텔에서 체포되었다. 와일드가 퀸즈베리에 대한 명예훼손 소송에서 패한 직후였다. 기자들, 사립탐정들, 그리고 소문에 굶주린 대중. 그들은 와일드가 마차를 타고 세인트 제임스 거리를 지나 호텔로 향할 때도 감시하고 있었다. 그를 따라다니는 그림자는 점점 짙어졌다. 와일드는 보지가 일주일째 묵고 있던 호텔로 들어섰다. 와일드는 118호에 머물렀다. 오후의 햇살은 무심하게도 방 안을 비추고 있었고, 그는 하크와 셀처(하크는 와인의 일종이고 셀처는 탄산수. 이 둘을 섞어 만든 술)를 마시며 기다렸다.

누구를 기다리던 걸까? 친구들을? 운명을? 아니면, 자신의 몰락을? 어쨌든 시간이 흘렀고, 저녁 신문들은 그의 체포가 임박했다고 떠들어댔다. 로비 로스는 급히 콘스턴스에게 달려가 소식을 전했다. 그녀는 눈물 속에서 간청했다. '그를 설득해 달라. 외국으로 떠나게 해달라.' 하지만 와일드는 요지부동이었다. "기차는 떠났어. 이제 너무 늦었어." 거짓이었다. 빅토리아 역에서는 유럽으로 가는 배편을 연결하는 기차가 여전히 있었다. 경찰이 곧 들이닥칠 것을 알고 있었지만 도망치지 않았다. 저녁 6시 반쯤, 문을 두드리는 소

카도건 호텔

리가 들렸다. 사복 경찰 두 명이 들어왔다.

오늘날 카도건 호텔은 와일드의 기억을 품은 채 방문객들을 맞이한다. '그린 카네이션 패키지—그의 취향을 반영한 숙박 상품이다. 방에는 와일드가 즐겨 입었다는 흡연 가운의 복제품이 걸려 있고, 그의 시대를 떠올리게 하는 장식품들이 놓여 있다. 하크와 셀처를 맛볼 수도 있다.' 창문을 열면 런던의 거리 소음이 들려오지만, 19세기 런던과는 전혀 다른 소리다. 118호는 현재 스위트룸이다. 와일드가 마지막 자유를 누린 공간. 그가 무엇을 생각했을까. 창밖을 바라보았을까. 아니면 책상 앞에 앉아 마지막 한 줄의 문장을 떠올렸을까. 오늘날 이곳을 찾는 이들은 그 순간을 상상한다. 카도건 호텔은 한 작가의 몰락과 문학적 유산, 그리고 한 시대의 공기를 간직한 장소다.

## 브라이턴

와일드는 런던에서의 사회적 활동과 문학적 성취에도 불구하고, 끊임없이 새로운 경험과 인간관계를 찾아 나섰다. 많은 이들이 오가는 브라이턴은 그런 그에게 이상적인 장소였다. 빅토리아 시대의 브라이턴은 다른 해안 도시와 달랐다. 상류층과 예술가들이 모여들었고, 퇴폐적이면서도 개방적인 분위기가 있었다. 유흥과 방탕의 상징으로 여겨지기도 했던 이곳에서, 와일드는 친구들과 연인들을 만나고, 기성 사회의 시선에서 벗어나 자유를 만끽했다.

브라이턴 앨비언 호텔

브라이턴 피어에 바로 인접한 앨비언 호텔은 드넓은 해변을 오가기에 최적이었다. 이곳에서 와일드는 육체적 쾌락만 누린 것이 아니라 시대의 모순과 개인의 욕망, 그리고 예술적 영감을 한데 녹여내며 자신의 정체성을 재정의해 나갔다.

1894년 가을, 그는 브라이턴의 앨비언 호텔에서 젊은 연인 알폰스 콘웨이와 하룻밤을 보냈다. 하지만 그를 흔히 마주치는 동료나 벗으로 대하지만은 않았다. 그에게 연결된 방을 마련해 주었고, 저녁 식사를 함께하며 친밀한 시간을 가졌다. 이들의 관계는 일회성 만남이 아니었다. 와일드는 그에게 사진과 고급스러운 선물을 남겼다. 이것은 와일드 특유의 사랑 방식이기도 했다.

앨비언 호텔에서 보낸 그 시간들은 결국 와일드의 재판에서 언급되는 수많은 사건들 중 하나가 되었다. 와일드에게 브라이턴은 문학과 삶을 형성했던 공간 중 하나였으나 동시에 그의 삶을 무너뜨리는 증거들이 남겨진 장소이기도 했다.

### 워딩과 헤이븐

1894년 8월, 와일드는 잔잔한 바닷바람이 부는 워딩의 작은 해변 마을에 머물렀다. 강연 여행을 하며 지나친 곳이기도 하다. 이곳에서 와일드는 그 자신을 버리지 않았다. 바닷가를 따라 늘어선 산책로, 늦은 저녁 석양 아래에서 홀로 걷는 모습이 종종 목격되었다.

"아름다운 산책길이 있더군요. 다른 사람들에게 추천할 수 있을 것 같아요. 물론, 나는 걷지 않습니다만." 그가 워딩에서 열린 베네치안 페스티벌Venetian Fête에서 남긴 농담이다. 그의 말처럼, 그는 산책길을 걷기보다는 삶의 풍경을 유희처럼 바라보는 사람이었는지도 모른다.

와일드가 묵은 숙소는 '헤이븐'이라는 이름을 가진 주택이었다. '헤이븐'은 본래 안식처, 피난처라는 뜻을 지닌다. 그러나 와일드에게 이곳이 진정한 안식처였는지는 알 수 없다. 그 여름부터 가을까지 헤이븐의 방 안에서 그는 무대에 올릴 다음 연극의 원고를 집필했다. 돈이 필요했다. 다른 희곡 「이상적인 남편」을 막 끝낸 참이었지만, 그에게는 또 다른 희곡이 필요했다. 그리고 퀸즈베리 후작이 계속해서 그의 그림자를 밟고 있었다. 이 모든 불안과 긴장 속에서 태어난 작품이 「어네스트라는 이름의 중요성」이있다. 이 희곡은 웃음과 아이러니의 극치다. 경쾌한 대사, 가벼운 농담, 속물적 귀족들의 허영 속에서 진지함을 가장한 가벼움이 춤을 추는 작품이다. 불과 반년 사이에, 그는 문학적 절정을 찍고 나락으로 떨어졌다. 워딩에서 보낸 여름이 그의 마지막 자유의 계절이 될 줄, 그는 알았을까?

지금 우리는 헤이븐을 찾을 수 없다. 그 자리에 현대식 아파트 건물이 들어섰다. 아파트의 외벽 한쪽에 푸른 표시판blue plaque이 있다. '이곳에서 오스카 와일드가 「어네스트라는 이름의 중요성」을 집필했다'는 문구가 새겨져 있다. 하지만 그것이 정확한 위치인지는 모른다. 이 명판이 놓인 곳은 헤이븐이 있던 자리가 아니라는 설도 있다. 역사적 자료를 놓고 보아도 그 본래 자리는 쉽게 정리되지 않고 있다. 와일드는 어쩌면 이런 혼란을 재밌다고 생각하지 않을까? 그

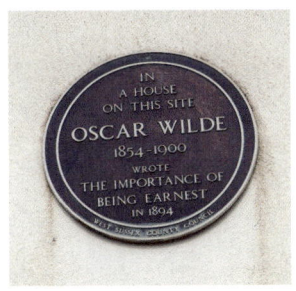

워딩 해변가 5층 흰색 건물 벽에 오스카 와일드가 「어니스트 되기의 중요성The Importance of Being Earnest」집필한 곳이라는 것을 알려주는 푸른 원형 표시판이 있다.

는 늘 세상의 모든 질서를 우아한 농담으로 바꾸는 데 능했다. 그러니 그가 묵었던 장소마저도 정확한 위치를 둘러싼 논란에 휩싸인다는 것은 어쩌면 자연스러운 일일 것이다. 그 자신이 삶과 문학, 현실과 연극 사이에서 경계를 넘나든 사람이었으니까.

## 본모스, 로열 바스 호텔

와일드는 1883년 11월 본모스에서 미국 여행을 하면서 느낀 자신의 개인적 인상을 주제로 강연을 했다. 그 후 강연 여행차 이곳에 서너 차례 들를 기회가 있었다. 로열 바스 호텔의 방명록에 와일드의 서명이 두 차례에 걸쳐 남아 있다. 1891년과 92년이다. 92년에 방명록에는 더글러스의 서명도 같이 있다. 와일드는 건강상의 이유로 본머스를 방문했다고 알려졌지만, 사실 그는 연인이었던 더글러스와 함께 있었다. 더글러스는 의사의 권고로 본머스로 가게 되었지만, 혼자 있는 것을 싫어해 와일드를 불러들였다.

이 짧은 여행에서 두 사람의 관계는 일방적인 패턴을 보이기 시작했다. 보지는 늘 자신의 필요를 최우선으로 생각했고, 와일드는 그의 요구에 순응하는 모습을 보였다. 와일드는 더글러스를 위해 옥스퍼드 학부생들이 발간하는 문예지 《스피릿 램프》에 시를 기고하기로 했다. 애정의 표현이라고 할 수도 있겠지만, 그것은 더글러스를 문단에서 중요한 위치에 올려놓기 위한 후원의 의미도 있었다. 더글러스는 감정 기복이 심하고 분노를 쉽게 표출하는 사람이

본모스, 로열 바스 호텔

었다. 와일드는 더글러스의 이러한 성향을 본모스에서 처음 보았고, 불안감을 느꼈다.

와일드의 처남 오토 로이드는 본머스에서 돌아온 그가 호텔에서 중요한 편지나 쪽지를 분실했다며 걱정하고 있었다고 회상했다. 그 편지 속에 담긴 내용이 그를 위협할 수 있는 것이었기 때문이었을 것이다. 와일드는 당시 더글러스에게 보낸 편지에서 '기묘하고 불안한 인물들이 내 런던 생활 속을 유령처럼 배회한다.'라고 썼다.

예술가 와일드는 아름다운 시와 연극을 창조했지만, 그 이면에는 편지를 잃어버린 것을 걱정하던 인간 와일드가 있었다. 그의 삶은 결국 이 두 가지 얼굴—찬란한 천재와 불안한 인간—사이에서 갈등하며 흘러갔고, 본머스는 그 갈림길 중 하나였다.

## 펠브리그, 크로머

여행자가 펠브리그란 동네를 찾아가는 것은 쉽지 않다. 크로머에서 기차를 내린 뒤, 전화기의 구글 지도를 펼치며 택시 기사에게 물었다. 대답은 고개를 젓거나, 막연한 손짓뿐. 그러다 한 젊은 여성이 운전대를 잡은 택시가 멈춰 섰다. "어딘지 알 것 같아요." 그녀는 그렇게 말하며 차를 돌렸다. 이름 모를 숲속 길을 지나 펠브리그에 가까워질수록 풍경이 달라졌다. 집들은 오밀조밀 모여 있으면서도, 거리에는 여유로운 햇살이 흘러 넘쳤다. 바람은 부드럽고, 길모퉁이마다 작은 정원이 있었다. 아름답고 조용한 마을. 그곳에서 우리는 다시 길을 잃었다. 낯선 주민에게 물었다. 돌아온 대답은 대개 비슷했다. "글쎄, 어쩌면 저쪽일지도?" 그렇게 헤매다 겨우 목적지에 닿았다. 하지만 주인은 없었다. 5년 전 신문에서 보았던 모습과는 조금 달랐다. 벽과 지붕을 새롭게 하여 단장한 듯했다. 색감이 조금 변했지만 그래도 여전히 그곳은 고요하고 단정한 팜하우스였다.

 런던의 화려한 삶을 뒤로하고, 와일드가 크로머 근처 펠브리그의 한적한 시골 농가로 숨어들던 순간을 떠올려 본다. 그의 이름 앞에 따라붙는 '위트'와 '화려함'이라는 단어들은 적어도 그곳에서는 잠시 쉼표를 찍었을 것이다. 1892년,「윈더미어 부인의 부채」가 런던에서 성공을 거두자, 와일드는 새로운 작품을 구상할 시간을 갖기 위해 북동부 해안의 조용한 마을로 향했다. 그의 아내 콘스탄스가 여름 휴가를 위해 렌트한 펠브리그의 농가는 조용한 은신처가 되어 주었다. 와일드는 이곳에서「보잘것없는 여인」을 집필했다.

 크로머 해변으로 가는 오후 산책길, 그 길에서 마주쳤을 지인들과 함께한 차 한 잔, 창을 넘어 들어오는 바닷바람. 런던에서의 분주한 일상과 달리, 이곳의 시간은 달랐다. 마치 정지된 듯한 공기 속에서, 그는 도시의 소음에서 벗어나 자신의 문장과 대화를 나눴을 것이다. 와일드는 작품에 몰두했다. 그러다 한순간, '레이디 헌스탠튼Lady Hunstanton'이라는 이름이 그의 원고에 적혔을 것이다. 헌스탠튼은 그의 아들들이 백일해로 요양 중이던 헌스탠튼 마을에서 따온 이름이다. 와일드는 이렇게 주변의 풍경과 사람들을 자신의 작품 속으로 끌어들여, 현실과 허구의 경계를 흐릿하게 만들었다. 그러나 이 조용한 공간도 결국 그의 세속적인 삶에서 완전히 벗어날

펄브리그에서, 아내 콘스턴스와 아들 시릴과 함께 찍은 사진

수는 없었다. 와일드는 아내 콘스턴스와 머물던 이곳에 더글러스를 초대했다. 콘스턴스가 떠난 후, 더글러스는 열흘간 그와 함께 있었다. 그는 감출 수도, 숨길 수도 없는 존재였을까? 자기만을 위한 고요를 즐기기 위해 잠시 이기적일 수는 없었던 것일까? 이 시기에 찍은 사진들 속 콘스턴스의 표정은 너무나 선명하게 우울하다.

펠브리그의 그로브 팜하우스는 문학사에서 중요한 장소였음에도 불구하고, 그 흔적은 미미하다. 아이러니하다. 그의 런던 저택이나 더블린의 생가처럼 표시판이 걸려 있지도 않다. 그곳을 아는 사람도 극히 드물다. 그러나 오히려 그렇기 때문에, 와일드의 흔적이 바람과 함께 남아 있는지도 모른다. 조용한 마을에서 그가 바라보던 바다와 하늘, 그리고 그가 써 내려갔던 문장들은 여전히 이곳 어딘가에 머물고 있을 것이다.

**07**
OSCAR WILDE

나는
가라앉고 있어
Paris

와일드에게 파리는 '인간의 모든 나약함을 절대적으로 용인하면서도, 인간의 모든 미덕과 능력에 대한 뜨거운 찬탄이 공존하는 세상 유일의 장소'다.


### 파리 첫 만남

생애 첫 해외여행이었다. 목적지는 프랑스. 와일드는 열두 살이었다. 1867년 여름, 어머니와 형과 함께 배를 타고 더블린을 떠났다. 이 여행은 모험을 위한 여정이 아니라, 마음의 위안을 위한 것이었다. 그해 2월, 와일드의 여동생 이솔라Isola가 세상을 떠났다. 뇌수막염이었다. 아름다운 푸른 눈, 명민한 머리, 넘치는 재능. 가족의 사랑을 한 몸에 받던 9살 아이였다. 갑작스러운 죽음. 남겨진 사람들은 멍해졌다. 슬픔은 집 안을 가득 채웠고, 공기마저 무거웠다. 어머니 제인 와일드는 견딜 수 없었다. 결국, 두 아들을 데리고 더블린을 떠나기로 했다. 여행이라기보다는 도망이었다. 슬픔이 닿지 않는 곳으로. 하지만 과연 그런 곳이 있을까? 어딜 가든 비극은 그림자처럼 따라왔다. 그래도 어머니는 믿고 싶었다. 세상을 더 넓게 보여주면, 새로운 풍경이 두 아들의 마음을 조금이라도 어루만져 줄 거라고. 어린 와일드와 형 그리고 제인 와일드는 깊은 슬픔을 가방에 담아 배에 올랐다.

파리에 도착하자마자 모든 것이 달랐다. 파리는 빛으로 가득했다. 아니, 빛만이 아니었다. 소리, 냄새, 색깔, 언어, 그 모든 것이 넘쳐흘렀다. 마르스 광장Champs de Mars에서는 만국 박람회Exposition Universelle가 한창이었다. 거리엔 색이 있었고, 공기에는 어딘가 모를 자유로운 기운이 감돌았다. 스웨덴 농부들은 손도끼로 나무를 깎아 집을 짓고, 중국에서 온 연주사들은 처음 듣는 음계를 타고 기묘한 선율을 만들어냈다. 스타인웨이 피아노가 번쩍이는 조명 아래 놓여 있었고, 한쪽에서는 일본 화가들이 섬세한 붓질로 세상을 그려냈다.

오스카는 넋을 놓고 도시를 바라보았다. 더블린이 한낱 변두리 마을처럼 느껴졌다. 후에 그는 '프랑스의 정신을 사랑하게 되었다'고 회고했지만, 실은 프랑스가 아니라 파리였을 것이다. 고요한 거리도, 질서 있는 건축도 아닌, 어수선하고 시끌벅적하며 살아 숨 쉬는, 한순간도 가만히 있지 않은 듯한 그 도시가 마음에 들었다. 처음으로 세계가 넓다는 것을 알았다. 동시에 슬픔이란 어디를 가도 따라온다는 것을 어린 와일드는 파리에서 배웠다.

1867년 유니버설 엑스포의 공식 전경 이미지

〈스핑크스〉 기원전 2550년경

## 두 번째 파리 여행

1874년 6월, 와일드는 옥스퍼드 장학금 시험에 합격했다. 열아홉 살이었다. 어머니와 형을 런던에서 만나 제네바를 거쳐 파리로 향했다. 세느강과 루브르 박물관이 내려다보이는 '볼테르 호텔'에 짐을 풀었다. 우연이었을까, 아니면 운명이었을까. 그곳은 그가 문학적 동경의 대상이자 영웅으로 여기고 있던 앨저넌 찰스 스윈번 Algernon Charles Swinburne이 머물렀던 곳이었고, 「악의 꽃」의 보들레르 Charles Baudelaire가 거쳐 갔던 곳이었다.

와일드는 루브르에서 기묘한 얼굴을 한 이집트 스핑크스를 보았다. 그 형상이 뇌리를 떠나지 않았다. 그는 그것을 모델로 하여 시를 쓰기 시작했다. 보들레르와 포우의 환영이 뒤섞인 시였다. 정교한 운율, 화려한 언어, 관능적인 묘사. 청년이 된 와일드는 이제 시인이 되어가고 있었다. 프랑스 문학과 예술이 그의 핏속으로 흘러 들어가는 순간이었다.

그의 시 「스핑크스」는 이렇게 시작된다.

희미한 빛이 깃든 내 방 한구석에서
내 상념이 헤아리는 시간보다 더 오랜 세월,
고요하고도 아름다운 스핑크스는
변덕스러운 어둠 속에서 나를 지켜보았네.

불가침의 존재, 흔들림 없는 형상,
그녀는 일어나지도, 몸을 움직이지도 않으며
은빛 달도, 혼란스레 회전하는 태양도
그녀에게는 아무런 의미가 없도다.

붉은 빛이 회색빛 하늘을 뒤따르고,
달빛의 파도는 밀려왔다 사라지건만
새벽이 와도 그녀는 떠나지 않고,
밤이 되면 여전히 그 자리에 있도다.

새벽이 오고 또 지나가며 밤은 늙어가건만
그 시간 내내 이 기묘한 고양이는
중국산 매트 위에 웅크린 채
황금빛으로 둘러싸인 비단 같은 눈으로 응시하네.

그 매트 위에 몸을 뉘인 채 미소를 짓고,
황갈색 목덜미 위로
부드러운 털이 가볍게 떨리며
뾰족한 귀끝까지 잔물결처럼 퍼지네.

거대한 석상의 얼굴은 수천 년의 시간을 견딘 채 그를 바라보고 있다. 인간도 아니고 짐승도 아닌 존재. 지혜로운 동시에 음험한 신비로움. 그것은 욕망과 신비, 그리고 타락을 향한 선언과도 같았다.

## 보들레르와 미(美)

와일드는 아름다움과 타락이 공존하는 도시를 시로 만들었다. 「악의 꽃Fleurs du Mal」속에서 그는 죄악을 찬미하고, 부패를 향유하며, 추악함에서조차 미학을 발견했다. 와일드는 이 시집을 손에서 놓지 않았다. 밤이 깊어질수록 그의 방 안에서는 보들레르의 시구가 낮은 목소리로 반복되었다. 그는 혼잣말처럼 읊조렸다. 보들레르의 시구처럼 '아름다움은 언제나 기이한 것이다Le beau est toujours bizarre'. 그는 이 말이 사실이라는 것을 파리에서 배웠다.

## 미국에서 돌아온 후

1883년 초, 와일드는 다시 파리로 떠났다. 프랑스어는 이미 능숙했다. 그러나 언어는 도구적 기능보다, 또 다른 형식의 예술로 의미가 있었다. 그는 더 정교한 표현을 익히고 싶었다. 프랑스어 편지는 점점 더 아름다워졌고, 어머니조차 '발자크에 필적할 만하다'며 감탄했다. 그곳에서 그는 파리의 문인들과 어울리며, 언어와 예술, 그리고 삶을 탐구했다.

파리는 그에게 문학적 예술적 영감을 위한 도피처였다. 그 자체로 하나의 거대한 소설 같았다. 그는 발자크의 『인간 희극』을 탐독하며 한 가지 깨달음을 얻었다. 현실에서 만나는 사람들보다 문학 속 인물들이 더 생생하게 느껴진다는 것. '사람은 점점 이 세상에 존재한 적 없는 이들만이 진짜 사람 아닌가 하는 생각을 하게 된다. 발자크의 작품을 계속 읽다 보면, 살아 있는 친구들은 그림자가 되고, 지인들은 그림자의 흔적으로 변해버린다.' 그는 특히 『잃어버린 환상』의 루시앵 드 루방프레에 매혹되었다. 야망과 허영으로 가득 찬 젊은 시인, 범죄와 음모에 휘말려 몰락하는 이야기. 그것은 마치 불길한 예언처럼 그의 마음을 사로잡았다. 그는 이렇게 말했다.

'루시앵의 죽음은 내 삶에서 가장 큰 비극 중 하나다.'


미국에서 돌아온 와일드는 거울 속 자신을 새롭게 조각하기로 했다. 루브르에서 본 네로의 흉상이 머릿속에 박혀 있었다. 그는 황제를 닮고 싶었던 것이 아니다. 자신의 존재 자체를 예술로 만들고 싶었다. 머리를 짧게 자르고 곱슬거리는 네로 스타일을 연출했다. 옷차림도 달라졌다. 발자크와 그의 소설 속 인물 '루시앙Lucien de Rubempbré'의 패션에 착안하여 자신만의 댄디룩을 완성하였다.

바지와 소매가 지나치게 몸에 밀착되어 파리 대로에서조차 화제가 되었다. 심지어 발자크처럼 터키석 장식이 달린 상아 지팡이까지 들고 다녔다. 그것은 패션의 변화가 아니라, 스스로 설정한 새로운 정체성의 표식이었다. 그는 이제 인상주의적 시인이었고, 강연계의 신화가 되었으며, 「베라」와 「파도바의 귀부인」을 무대에 올릴 극작가가 되었다. 그는 스스로 선언했다.

'처음의 오스카는 죽었고, 이제 우리는 새로운 오스카를 이야기해야 한다.'

와일드는 어디를 가든 유머와 재치로 공간을 장악했다. 미국의

나폴레옹 사로니 〈네로의 머리 스타일을 한 와일드〉 1883

사교계 여왕 케이트 무어Kate Moore의 살롱에서는 지적이고 도발적인 대화로 청중을 사로잡았고, 프랑스 문학계의 거장 에드몽 드 공쿠르Edmond de Goncourt를 만났을 때는 런던 문학계의 가십을 늘어놓으며 웃음을 끌어냈다. 문학 살롱과 개막 전시회, 저녁 만찬에 초대 받았다. 공쿠르는 자신의 일기에 이렇게 적었다. '그는 스윈번이 소아성애자도, 수간을 즐기는 이도 아니면서 사람들이 그런 취향을 가졌다고 믿게 만들기 위해 무슨 짓이든 했다고 했다.' 와일드는 자신의 성 정체성에 대해 모호한 태도를 유지했다. 사람들은 그의 말을 듣고도 확신할 수 없었다. 그래서 공쿠르는 그를 '의심스러운 성au sexe douteux을 지닌 인물'이라 기록했다.

와일드는 화가들과도 가까웠다. 휘슬러의 추천으로 인상주의 화가들의 모임에 참석했고, 까미유 피사로Camille Pissarro, 장 샤를 카쟁Jean-Charles Cazin과 예술에 대해 열정적으로 토론했다. 심지어 무뚝뚝하기로 유명한 에드가 드가Edgar Degas조차 그의 말에 귀를 기울였다. 드가는 와일드를 두고 '지방 극장에서 바이런 역할을 맡은 배우 같다'라고 평하면서도 나중엔 자신의 화실로 초대했다. 그는 또 다른 망명자, 미국 출신의 화가 존 싱어 사전트John Singer Sargent와도 친분을 쌓았다. 라베뉘L'Avenue 레스토랑에서 사전트가 와일드를 스케치한 흔적이 남아 있으며, 후에는 런던 타이트 스트리트에서 이웃으로 지내며 더욱 가까워졌다. 이렇게 와일드는 말뿐만 아니라, 그 존재 자체로도 예술가들을 매혹시켰다.

와일드는 카페 드 플로르Cafe de Flore와 레뒤 마고를 드나들었다. 사르트르와 보부아르, 피카소와 헤밍웨이가 전설을 만들기 훨씬 전, 그는 이미 그곳 생제르망 거리에서 거침없는 불어로 문학을 논하고 있었다. 스테판 말라르메, 폴 베를렌, 젊은 앙드레 지드 등과 지속적으로 교류하며 예술과 언어를 탐구했다. 심지어 프랑스 문학의 거장 빅토르 위고와도 만났지만, 그의 재치 넘치는 대화도 노년의 위고에게는 통하지 않았다. 둘의 첫 만남에서 위고는 그대로 잠들어 버렸다고 전해진다.

와일드가 어울린 인물들은 문인들만이 아니었다. 그중 한 명이 마리아 카사베티 잠바코Maria Cassavetti Zambaco였다. 한때 번-존스의 뮤즈였던 그녀는 아름답고 부유했으며, 무엇보다도 파리에서 유용한 인맥이었다. 와일드는 1877년 그로브너 갤러리 리뷰에서 번-존스의 멀린의 유혹 속 비비안 역할을 맡은 그녀를 두고 이렇게 묘사하기도 했다. '키가 크고 유연하며… 뱀처럼 아름답고 신비로운 모습.' 그녀는 당시 파리에 거주하며 로댕에게 조각을 배우고 있었다. 사전트, 폴 부르제Paul Bourget 같은 젊은 예술가들과 작가들이 그녀의 테이블에 모여들었다. 그곳은 저녁 식사 자리라기보다는 새로운 만남과 교류의 공간이었다. 바로 그 자리에서 와일드는 스물두 살의 영국 청년 로버트 셰러드Robert Sherad를 만났다. 키가 크고 푸른 눈을 지닌 그는 반듯한 이목구비에 넓은 이마, 그리고 긴 금발이 인상적인 인물이었다. 처음에 와일드는 그를 보고 연주자로 착각했다. '첼로 연주자 슐츠 씨인가?' 그러나 와일드는 곧 자신의 오해를 깨달았다. 그리고 그 만남은 그의 삶에 중요한 전환점이 되었다. 셰러드는 옥스퍼드를 떠나 파리에 정착한 문학청년이었다. 와일드는 그를 예술에 관심 없는 다른 후배들과는 다르게 대했다. 젊은이에게는 과학적으로 계산된 포즈가 필요하는 조언도 해 주었다. 그는 셰러드의 태도와 몸짓, 인간 셰러드라는 존재 자체에 흥미를 느꼈다. 두 사람은 거의 매일같이 파리의 레스토랑과 극장을 오갔다.

와일드는 셰러드에게 낭만적이고 화려한 파리를 선물했고, 셰러드는 경제적 결핍 속에서도 그런 순간을 만끽했다. 와일드는 선물도 아끼지 않았다. 한 번은 피에르 퓌비 드 샤반Pierre Puvis de Chavannes의 그림을 건네며 말했다.

"이 그림은 붉은색과 회색이 잘 어우러진 날씬하고 좁은 틀의 액자에 넣으면 가장 아름다울 겁니다."

셰러드는 와일드의 책상 위에 놓인 샤반의 판화를 감탄하며 바라보았다. 푸른 풍경 속, 풀어진 수의를 걸친 젊은 여인이 앉아 있는 기묘한 이미지. 와일드는 흔쾌히 그 그림을 선물하며 마운트에 알프레드 드 뮈세Alfred de Musset의 글귀 하나를 적었다.

'오직 아름다움만이 진실하다Rien n'est vrai que le beau' 와일드는 셰러드에게 예술을 감상하는 것으로 끝나는 것이 아니라, 그것을 소유하는 법을 가르쳐 주었다. 셰라드는 와일드의 예술적 탐구를 존경했지만, 때로는 따라가기 힘들었다. 어느 날, 와일드가 커피잔받침 접시에 시가를 비벼 끄자 그는 참지 못하고 물었다. '이게 무슨 아름다움입니까?' 와일드는 나른한 목소리로 대꾸했다. '이제 그럴듯한 갈색이 되었습니다.' 누군가에 그런 반응이 장난처럼 보일 수 있었다. 모든 사물은 그 자체로 의미가 있을 수 있고, 우연한 흔적조차 미학적으로 해석될 수 있다는, 와일드만의 세계관이었다. 그러나 셰러드는 끝내 그 사고방식을 받아들이지 못했다.

## 데카당스와 야수파의 영향

와일드는 보들레르에 열광하며 데카당스 문학에 깊이 빠져들었다. 그는 셰러드와 함께 「악의 꽃」을 탐독하며 '아름다움 안에 숨어 있는 추함'이라는 개념을 끊임없이 논했다. 밤이면 몽마르트르에 자리한 르 샤 누아르Le Chat Noir에 모여 젊은 시인들과 어울려 압상트를 마시며 시를 이야기했다. 이곳에서 무시무시하고 섬뜩한 주제로 시를 읊어대는 모리스 롤리나Maurice Rollinat를 지켜보았다. 예술은 어디까지 인간의 어둠을 담아낼 수 있을까? 와일드는 고민했다.

그 무렵, 와일드는 「스핑크스」를 다시 쓰기 시작했다. 이 시는 복잡한 단어와 에로틱한 상징으로 가득 차 있고, 마치 보들레르와 에드거 앨런 포의 감성이 뒤섞인 듯한 분위기를 풍겼다. 시를 쓰던 그는 셰러드를 다그치기도 했다. '왜 새로운 라임을 찾아오지 않나?' 그러면 셰러드는 조심스럽게 단어 하나를 내밀었다. '네뉘파르nénuphar(수련)'라는 단어를 제안하자, 와일드의 눈빛이 반짝였다. 그리고 단숨에 그 단어를 시 속에 녹여 넣었다.

> 혹은 거대한 아피스가
> 황금 마차에서 뛰어내려
> 그대 발 앞에 바쳤던가,
> 꿀 향기 그윽한 꽃들과
> 꿀 같은 빛깔의 수련을?

그러나 파리에서의 삶은 점점 산혹해졌다. 생활비가 바닥나면서 점심 한 끼조차 사치가 되었다. 셰러드에게 저녁을 얻어먹으며 근근이 버티기도 했다. 어느 날, 셰러드는 와일드를 카페 드 파리Café de Paris로 데려가며 능청스럽게 말했다. '작고 아담한 곳입니다.' 와일드는 화려한 샹들리에, 금박과 벨벳 장식을 둘러보며 조용히 미소 지었다. '정말이지 꽤 아담한 곳이로군.' 두 사람은 끝까지 그곳을 평범한 선술집 취급하며 장난인 듯 연극 같은 대화를 이어갔다.

와일드가 기대를 걸었던 희곡 「파도바의 공작 부인」의 출연 제안도 배우 메리 앤더슨에게 거절당했다. 예상치 못한 반전이었다. 볼테르 호텔에서 점심을 먹고 담배를 피우던 중 한 통의 짧은 전보가 그의 손에 쥐어졌다. 무심히 그것을 펼쳐 읽더니, 습관인 듯 용지 한 귀퉁이를 찢어 입에 넣고 씹어 삼켜버렸다. 그리고는 셰러드에게 이렇게 말했다.

"로버트, 이거 꽤나 따분하군."

와일드는 자존심에 깊은 상처를 입었지만, 조용히 받아들였고 전보에 대해서는 다시 언급하지 않았다. 영국에 돌아가 강연 여행을 다시 시작하리라. 미국 여행의 경험담을 강연으로 풀어보리라 생각했다. 8월부터는 뉴욕에서 「베라」의 공연도 예정되어 있었다.

## 신혼여행

1884년 5월 29일, 와일드는 콘스턴스와 결혼했다. 신혼여행지는 파리였다. 그의 신혼여행은 조금 달랐다. 숙소는 공간이 협소한 볼테르 호텔이 아닌 와그램 호텔Hotel Wagram을 선택했다. 두 사람은 저녁 만찬과 오찬 모임을 주최했고, 연극과 전시회를 찾았으며, 책을 읽고, 새로운 인연을 쌓았다. 빛의 도시에서 그들은 관광을 위해 여행하는 신혼부부가 아니라, 지적이고 예술적인 관계 속에서 함께 성장하는 동반자였다. 파리에 나타난 두 사람을 보며 사람들은 와일드가 신부에게 완전히 마음을 빼앗겼다고 이야기했다. 그들의 사랑은 많은 사람과 함께 하면서 더욱 빛을 발했다.

와일드가 아내 콘스턴스를 작가 폴 부르제Paul Bourget와 화가 사전트에게 소개했고, 그해 여름 살롱에서 작품을 전시한 젊은 아일랜드계 미국인 조각가 존 도노휴John Donoghue와도 어울렸다. 와일드는 시카고에서 그의 작품을 보고 찬사를 보낸 적이 있었다. 그해 여름 그는 살롱 드 파리Salon de Paris에서 자신의 작품 전시회를 진행하고 있었다. 콘스턴스는 그의 아일랜드인 특유의 푸른 눈을 보고 감탄하기도 했다.

와일드는 기자들 앞에서도 행복을 감추지 않았다. "너무 행복해서 인터뷰를 할 수 없습니다."라고 선언했지만, 곧 독서법에 대한 자기 생각을 늘어놓았다. "나는 처음부터 읽지 않습니다. 책은 항상 정해진 방식으로 시작되지만, 그런 방식으로는 결코 호기심을 자극할 수 없기 때문입니다." 그는 친구 관계에 대해서도 한마디 했다. "우리는 왜 어떤 사람들을 다시 보고 싶지 않다는 사실을 솔직하게 인정하지 못할까요? 그것은 배신도 무관심도 아닙니다. 단지 그들이 우리에게 줄 수 있는 모든 것을 이미 받았기 때문입니다."

셰라드는 어느 날 튈르리 정원 근처 대로변에 위치한 와그럼 호텔로 두 사람을 찾아왔다. 와일드는 그를 보자마자 데리고 나와, 시장 가판대에서 꽃을 사더니 콘스턴스에게 보냈다. 길을 걸으며 결혼의 기쁨을 이야기하려 했지만, 셰라드는 "젊은 여인과 함께하는 것이 경이롭긴 하지요..."하며 말을 끊었다. 그날 저녁, 와일드의 넘치는 행복에 질린 셰러드는 "내 칼지팡이에서 칼을 빼 그의 심장을 찌르고 싶을 정도였다."고 농담할 정도였다. 콘스턴스는 웃으며 그의 지팡이를 압수해 버렸다.

신혼여행 일정이었지만 와일드는 책을 놓지 않았다. 그가 빠져든 책은 출간된 지 한 달도 채 되지 않아 파리를 뒤흔든 조리스-카를 위스망스의 『거꾸로 À Rebours』였다. 당시 데카당스를 이해하려면 반드시 읽어야 할 책이라고 했다. 주인공 '장 데상트Jean des Esseintes'는 도덕과 규범을 거부하고 극단적인 미학적 탐미주의에 몰입하는 퇴폐적 귀족이다. 주인공 데상트는 식상한 물질적 쾌락주의에 질려, 자연을 부정하고 완전히 인공적인 세계를 만들어낸다. 독극물에 가까운 식물을 수집하고, 환각을 일으키는 향수를 사용하며, 보들레르의 시와 로마제국 말기의 라틴 문학을 탐독한다. 구스타브 모로의 그림을 감상하고, 바그너의 음악에 심취하며, 쇼펜하우어 철학을 곱씹는다. 그러나 무엇보다도, 금과 보석으로 장식된 애완 거북이를 묘사하는 기이한 장면은 당시 예술계에서 격렬한 논쟁을 불러일으키며, 당시 퇴폐적 미학과 과도한 인위적 아름다움의 극단을 상장되었다.

데상트의 세계는 후에 와일드가 『도리언 그레이의 초상』에서 도

파리 시내 전경

리언 그레이의 다양한 심미적 편력, 쾌락적 타락을 묘사하는 데 중요한 영감을 주었다. 와일드는 이 책이 보여주는 '독이 되는 아름다움'에 깊이 빠져들었다. 한 기자에게 '이 책은 내가 읽어 본 책 중 최고'라고 찬사를 보냈다. 그는 또 다른 자리에서는 '이 책을 읽고 나면, 세상의 모든 죄악이 마치 우아한 의상을 차려입고, 피리 소리에 맞추어 진행되는 무언극처럼 그의 눈앞을 지나가는 듯했다.' 결혼의 행복과 흥분을 즐기면서도, 그는 이 책이 던지는 도전과 유혹을 외면하지 않았다.

신혼여행은 파리를 떠나 프랑스 서쪽 해안 도시 디에프Dieppe의 한적한 휴양지로 이어졌다. 1884년의 파리 여행은 신혼여행이었지만, 와일드의 문학과 예술적 감각을 더욱 깊이 발전시키는 시간이었으며, 그의 삶에 새로운 미학적 방향을 제시하는 계기가 되었다. 다만 아이러니하게도 도시 디에프는 와일드가 레딩 감옥에서 출소하고 나서 영국에서 추방되었을 때, 처음으로 망명한 곳이기도 했다.

## 파리, 상징과 유혹의 도시

1891년 2월 말, 와일드는 다시 파리에 도착했다. 일주일 계획하고 떠난 여행이지만 결국 3주를 머물렀다. 7년 전, 신혼여행으로 이곳을 방문했을 때 와일드와는 전혀 다른 사람이 되었다. 그때는 단 한 권의 시집과 미국 강연 투어의 명성만을 지닌 젊은 작가였다면, 이제는 소설 『도리언 그레이의 초상』으로 문단에 합법적 파장을 일으키고 있는 작가이자 비평가로 자리매김하고 있었다. 하지만 그는 여전히 새로운 것을 탐색하는 방랑자였다. 이번에는 방문객이 아니라, 프랑스 문학과 예술의 중심에서 자신의 자리를 찾으려는 야심가로 파리에 왔다. 이때도 그는 익숙한 볼테르 호텔Hôtel Voltaire에 짐을 풀었다. 창문 너머로 여전히 세느강이 흐르고 낡은 가구들 사이로 보들레르의 그림자가 어른거렸다.

와일드가 이번 파리 방문에서 가장 만나고 싶었던 인물은 스테판 말라르메Stéphane Mallarmé였다. 새로운 상징주의 문학의 기수이자, 난해한 시어로 독자들을 당혹스럽게 만드는 시인이었다. 2월 24일, 와일드는 말라르메가 생 라자르 역 근처 자택에서 열던 화요 저녁 모임, 이른바 '마르디Mardi'에 참석했다. 이곳은 상징주의 문인들의 아지트였다.

폴 베를렌, 장 모레아스, 앙리 드 레니에 같은 시인들이 모여 와인을 기울이며 시를 논하고, 의미를 해체하고, 인간의 감각이 닿을 수 없는 세계를 탐구했다. 와일드는 이 화요 살롱의 분위기에 빠져들었다. 상징주의와 와일드의 미학이 맞닿았다. 와일드는 말라르메와 밤늦도록 이야기를 나누었다. 문학, 예술, 그리고 형식 너머의 세계에 대해. 대화가 끝날 무렵, 말라르메는 자신의 에드거 앨런 포 시집 번역본을 그에게 건네며 짧은 헌사를 적었다.

'오스카 와일드에게, 첫 저녁을 추억하며.' 그것은 파리 문학계가 그를 정식으로 받아들였다는 작은 신호였다.

와일드는 스스로 이렇게 확신했다.

최근 몇 년간 볼테르 호텔은 리모델링 공사중이다.

'모든 예술은 표면이자 동시에 상징이다. 상징을 해석하는 자는 위험을 감수해야 한다.'

그해 4월에 출간한 『도리언 그레이의 초상』 개정판 서문에 더해진 문장이다.

이틀 뒤, 목요일. 셰러드의 주선으로 와일드는 장 모레아스(1886년 상징주의 운동을 선언하고 정의한 인물)와 더불어 카페 리슈Café Riche에서 말라르메와 점심을 함께하기로 했다. 말라르메가 올지 확신할 수 없었지만, 결국 그는 나타났다. 와일드는 이 자리에서 프랑스 상징주의 시인들과 한층 가까워졌다. 이것이 문학적 교류를 위한 만남일 수도 있겠지만, 이제 그는 아일랜드 출신의 프랑스 문학 애호가에서 벗어나 파리 문학계의 중심으로 진입하고 싶었다. 그가 원하는 것은 상투적인 대화 테이블이 아니라, 그들과 함께 새로운 문학을 빚어낼 수 있도록 창조적으로 연대하는 것이었다.

그는 파리에 머무는 시간을 늘리기로 했다. 런던에서는 『도리언 그레이의 초상』 개정판 교정이 진행 중이었지만, 그것보다 지금 프랑스 문학의 본질을 흡수하는 것이 중요했다. 다섯 살 아들 시릴에게 일정이 늦어진다며 편지를 썼다. '엄마를 잘 보살피고 있어야 한다.' 그리고 마지막 한 줄. '초콜릿을 사다 줄게.'

이후 와일드는 에밀 졸라Émile Zola를 찾아갔다. 프랑스 자연주의 문학의 거장이자, 냉혹한 사회 현실을 날카롭게 묘사하는 데 뛰어난 작가였다. 하지만 와일드는 졸라의 스타일을 좋아하지는 않았다. 그는 졸라의 문학을 '불쾌하고, 무질서하며, 상상력이 부족하다.'라고 혹평한 적이 있었다. 그러나 직접 만난 졸라는 예상과 달랐다. 그는 따뜻하고 정중했다.

와일드는 졸라가 다음 작품인 『라 데바클La Débâcle(패주)』을 준비하며 수많은 문서를 읽고, 전장을 직접 답사했다는 이야기를 듣고 웃으며 말했다. '당신은 전장을 조사했고, 나는 보석 목록을 조사했습니다. 소설은 모두 연구의 산물이지요.' 졸라도 그 말을 듣고 미소를 지었다. 와일드는 나름의 방식으로 사실주의를 추구했지만, 그 방식은 졸라와 아주 달랐다.

어느 날, 와일드는 친구 카를로스 블래커Carlos Blacker와 함께 오페라 가르니에 근처에 있는 라 메종 도레La Maison Dorée에서 저녁을 함께했다. 이곳은 파리의 보헤미안들과 예술가들이 모이는 장소였다. 그 자리에서 그는 앙리 드 레니에Henri de Régnier를 만났다. 젊은 프랑스 시인이었고, 와일드에게 깊은 인상을 남겼다. 와일드는 레니에를 '프랑스에서 만난 가장 지적인 인물'이라 평했다. 그날 밤, 그는 와인을 마시며 말했다.

"문학이란 결국 보석과 같습니다. 우리는 세공사일 뿐입니다."

어느새 3월 중순이 다가오고 있었다. 와일드는 건강이 좋지 않았다. 런던에서는 출판사가 원고 교정을 기다리고 있었고, 그의 희곡 「윈더미어 부인의 부채(1892년 2월 초연)」도 무대를 앞두고 있었다. 떠나야 한다는 건 알고 있었다. 하지만 쉽지 않았다. 짐을 꾸리는 대신, 그는 호텔 창가에 앉아 세느강을 내려다보았다. 바람에 흔들리는 가로등 불빛, 스쳐 지나가는 사람들, 어둠 속으로 스며드는 도시의 이야기들. 떠나야 할 시간이 가까워질수록, 파리는 더욱 선명해졌다.

## 와일드의 파리 탐닉

와일드는 런던에서 멀어질수록 진짜 자신이 되는 듯했다. '나는 우아한 군중 속에 있을 때, 대도시의 황홀함에 취할 때, 부유한 지역의 중심에 있을 때, 혹은 궁전 같은 호텔의 화려한 장식들에 둘러싸여 있을 때, 원하는 물건들로 가득한 공간에서 하인들의 군대에 둘러싸여 있을 때, 그리고 발아래 부드러운 융단의 따뜻한 감촉을 느낄 때 비로소 진정한 나 자신이 된다.' 늘 그렇듯 약간의 과장이 있겠지만 파리에 오면 자연스럽게 그의 무대를 펼쳤다. 영국에서는 가려져야 할 것들이 이곳에서는 당당하게 펼쳐졌고, 그 속에서 와일드는 누구보다 자유로웠다.

'파리에서는 모든 것을 드러내지만, 여기서는 모든 것을 감춘다. 심지어 정신마저도! 이것이 바로 영국과 프랑스의 차이다.'

파리에 도착한 와일드는 처음엔 루브르 박물관 옆, 호텔 노르망디에 묵었다. 꽤 근사한 곳이었지만, 곧 더 생기 넘치는 곳을 찾아 나섰다. 결국 그가 자리를 잡은 곳은 카퓌신 대로변의 낮은 천장 숙소였다. 방은 좁았지만, 중요한 건 공간이 아니라 그곳을 드나드는 사람들이었다. 와일드는 문학적 교류를 위해 이 도시에 왔고, 파리의 공기 속에 스며든 문학적 기운을 온전히 흡수하고자 했다. 그의 일정은 살롱 모임과 카페에서의 만남으로 빼곡했다.

11월 4일, 그는 말라르메의 마르디 모임에 참석했다. 말라르메에게 『도리언 그레이의 초상』을 헌정했고, 시인의 찬사는 그의 문학적 자존감을 한층 끌어올렸다. 하지만 환영받기만 한 것은 아니었다. 파리에 머물던 휘슬러는 그가 자신의 아이디어를 훔쳤다며 신랄한 비난을 퍼부었고, 문단의 시기와 논쟁은 끊이지 않았다. 와일드는 특유의 유머로 받아넘겼지만, 속으로는 자신의 입지를 더욱 단단히 하고자 했다.

그해, 파리에서의 와일드는 하나의 사건이었다. 당시 문학계는 상징주의와 자연주의, 자유로운 실험과 엄격한 형식이 충돌하는 장이었다. 그는 그 경계를 능숙하게 넘나들었다. 마치 몰리에르처럼, 겉으로는 무심한 태도를 보였지만, 속으로는 프랑스 문단 깊숙이 들어가고자 했다. 자신의 소설을 말라르메에게 헌정한 것도 그 연장선에 있었다.

와일드는 더욱 적극적으로 파리의 경계를 넘나들었다. 문학계 거장들과 어울리는 한편, 거리의 방랑자들과도 술잔을 기울였다. 타락한 방랑자로 알려진 비비 라 퓌레Bibi la Purée와 함께 뤽상부르 공원 근처의 카페 하커트Cafe Harcourt에서 시간을 보내며 도시의 언더그라운드 문화를 탐닉했고, 때로는 범죄자의 세계에도 묘한 끌림을 느꼈다.

어느 날, 그는 악명 높은 샤토 루즈Château Rouge에서 돌아와 금박 지팡이를 잃어버렸다고 소동을 피우기도 했다. "어젯밤 나는 도둑과 살인자들 사이에 있었지. 내 지팡이는 지금쯤 사랑에 배신당한 젊은 남자의 손에 들려 있을 거야." 하지만 친구 마르셀 슈옵Marcel Schwob이 방 한구석에서 지팡이를 발견하자, 그는 잠시 머뭇거리더니 어색한 미소를 지으며 말했다. "아, 여기 있었군. 참, 자네가 기막

파블로 피카소 〈비비 라 퓌레의 초상〉 1901

히게 잘 찾아냈어."

파리에서 와일드는 이미 전설이 되어가고 있었다. 영국에서 온 백만장자라는 소문까지 돌았다. 그의 글이라면 출판사들이 앞다투어 계약금을 건다는 말도 있었다. 영국 귀족이 그를 총애한다고 했다. 그러나 와일드는 그런 가십에 개의치 않았다. 그는 자신의 방식대로 파리에서 새로운 친구들, 추종자들과 어울렸다. 와일드는 프랑스어를 능숙하게 구사했고, 자기 생각을 표현하는 데에도 거침이 없었다. 어떤 이들은 그가 자신의 사상을 '거부할 수 없는 부드러움'으로 감싸 전달할 줄 아는 사람이라고 했다. 앙드레 지드는 그가 프랑스어를 놀랍도록 유려하게 사용할 뿐만 아니라, 선택하는 단어마다 새로운 색채를 입히는 재주가 있다고 말했다.

와일드는 파리에 머무는 동안 「살로메」에 깊이 빠져들었다. 성경에서 짧게 언급된 이 이야기는 이미 플로베르와 구스타브 모로 Gustave Moreau 가 탐구한 바 있었다. 단편 소설이나 시로 써 볼까 고민도 했다. 하지만, 와일드는 이를 더욱 강렬한 비극으로 만들고자 했다. 프랑스어로 쓰기로 결정한 것도 그 때문이었다. 그날 밤, 파리의 문인들과 토론을 나눈 뒤 호텔로 돌아온 그는 즉흥적으로 단막 비극 「살로메」를 써 내려갔다. 언어의 한계는 오히려 그의 문체에 어떤 생동감이나 색채, 그리고 독특한 리듬을 부여하여 프랑스어가 더 시적일 수 있다고 생각했다. 그는 극을 무대에 올릴 방법을 고민하며 살로메의 모습을 상상하기도 했다. 그녀는 나체로 춤출 것인가, 보석으로 장식할 것인가. 모로의 그림을 반복해 감상했고, 파리의 여성들 속에서 자신의 살로메를 찾았다. 한때 사라 베르나르를

구스타브 모로 〈살로메〉 1874-76

염두에 두었고, 때로는 서커스 단원들에게까지 눈길을 주었다. 그리고 더욱 극적인 순간을 체험하기 위해 시체 안치소를 찾아 실제로 잘린 머리의 무게를 손으로 느껴보기도 했다.

세례 요한의 처형을 다룬 이 작품은 영국 정부가 성경 속 인물을 무대에 올릴 수 없다는 이유로 공연을 금지시켰다. 그 소식을 들은 와일드는 프랑스 시민권을 진지하게 고민했다. 예술가를 존중하는 나라는 프랑스뿐이라고 믿었다.

그는 새로운 문학적 실험을 시도하며, 자신의 삶을 예술로 만들겠다는 신념을 더욱 굳혔다.

'나는 내 작품에는 재능을 쏟았고, 내 삶에는 천재성을 쏟았다.' 파리는, 그가 천재성을 쏟아낼 수 있도록 허락한 도시였다. 크리스마스를 앞두고, 그는 다시 런던으로 돌아갔다.

이후 와일드는 기회가 될 때마다 파리를 찾았다. 1892년에는 「살로메」의 프랑스어판 출간 문제로 며칠씩 머물렀다. 마침내 그의 비극 「살로메」는 1893년 2월 파리에서 출간되었다. 이제 그는 도피를 위해 파리를 찾았다. 런던의 눈을 피해 프레디 앳킨스Freddie Atkins, '예쁜 소년' 모리스 슈왑Maurice Schwabe, 칼로스 블랙커Carlos Blacker, 보지 더글라스 등과 동행했다. 특히 1893년에는 더글러스의 변덕과 허영을 달래기 위해 파리에 머물기도 했다.

때로는 아내 콘스턴스에게 터무니없는 핑계를 대고 파리로 떠났고, 때로는 자신의 행선지를 제대로 알리지도 않았다. 도착한 그는 젊은 친구들과 함께 오페라 가르니에에서 남쪽으로 뻗은 오페라 대로와 카퓌신 대로 거리를 장악했다. 공연이 끝나면 화려한 비스트

로에서 늦은 밤까지 식사를 즐겼다. 오페라 가르니에의 화려함을 그대로 옮겨놓은 듯한 카페 드 라 페Café de la Paix에서 그는 마치 무대 위의 배우처럼 존재했다. 금빛 천장과 다층 샹들리에 아래 등장하는 그의 존재는 모두가 주목하는 사건이 되어 있었다. 보다 감각적이고 세련된 그랑 카페 카퓌신Le Grand Café Capucines에서는 또 다른 모습이었다. 아르누보풍 장식 아래, 와인을 기울이며 젊은이들과 어울렸고, 자신을 둘러싼 소문과 신화를 즐겼다.

1896년 2월, 오페라 가르니에 맞은편, 파리 코메디 극장Théâtre de la Comédie-Parisienne에서 「살로메」 막이 올랐다. 와일드가 감옥에 갇혀 있을 때다. 이후 1899년, 이 극장은 지금의 아테네 극장Théâtre de l'Athénée으로 이름을 바꾸어 운영 중이다.

### 출옥 후 파리에서

1898년 2월, 이탈리아를 떠난 와일드는 다시 파리에 닻을 내렸다. 세느강 우안, 마레 지구의 소박한 호텔 드 니스Hotel de Nice에 짐을 풀었다. 한때 자신을 감쌌던 도시 파리의 온기를 되찾아보려 했다. 그러나 출옥 후 와일드가 마주한 파리는 그가 알던 도시가 아니었다. 파리 문단의 풍경은 소리 없이 변해 있었고, 익숙했던 얼굴들은 자취를 감추었다. 공쿠르와 베를렌은 이미 세상을 떠났고, 병약해진 말라르메는 이제 화요 모임을 열지 않았다.

마침 런던에서 출간된 시집 「레딩 감옥의 노래」는 예상 밖의 성

카페 드 라 페

공을 거뒀다. 신문들은 그의 시를 앞다투어 실었고, 책은 순식간에 동이 났다. 마치 그가 다시 문학계로 복귀한 듯 보였다. 하지만 파리에서 체감하는 분위기는 달랐다. 사정이 여의치 않아 거처를 루브르 마르솔리에Hotel Louvre Marsollier로 옮겼다.

파리의 문학계는 더 이상 그를 기다리지 않았다. 그럼에도 와일드는 자신의 이름을 붙잡고자 했다.「레딩 감옥의 노래」프랑스어 번역본이 5월 메르퀴르 드 프랑스Mercure de France에 실리며, 그의 시는 다시금 파리 문단의 시선을 끌었다. 그는 몇몇 문인들과 만나며 자신이 여전히 문학의 세계에 속해 있음을 확인하고 싶었다. 시인 스튜어트 메릴Stuart Merrill은 와일드를 찾아와 시를 칭찬했고, 펠릭스 페네옹Felix Feneon은 리뷰 블랑슈Revue Blanche에 초대했다. 그러나 과거의 환대는 없었다. 마르셀 슈옵과 레미 드 구르몽Remy de Gourmont은 조용히 거리를 두었고, 앙리 드 레니에는 길에서 그를 보고도 모른 척 지나쳤다. 그리고 그해 9월, 말라르메마저 영영 눈을 감았다. 한때 그를 둘러싸던 파리 지성의 불빛들이 하나둘 꺼져 갔다.

## 드레퓌스 사건

1898년의 파리는 이제 예술과 문학의 무대가 아니었다. 오히려 거대한 도시가 되어 있었다. 드레퓌스 사건이 프랑스를 둘로 가르며 모든 대화를 집어삼켰고, 문학은 논쟁의 주변부로 밀려났다. 와일드는 본디 정치에 관심이 없었다. 그러나 파리에서 살아가는 한,

그 소용돌이에서 완전히 비켜 서 있을 수는 없었다.

영국 기자 로랜드 스트롱Lowland Strong을 통해 그는 드레퓌스 사건의 핵심 인물, 진범으로 지목된 페르디낭 에스테하지Ferdinand Esterhazy 소령을 만나게 되었다. 원치 않게 논란의 중심으로 다가간 셈이었다. 그러나 와일드는 가십을 사랑했다. 에스테하지와의 만남은 그에게 누구도 듣지 못한 자극적인 이야기들을 안겨주었다. 드레퓌스 사건의 배후, 위조된 문서, 조작된 증거. 무엇보다, 프랑스 정보국이 드레퓌스를 희생양으로 삼기 위해 문서를 조작했다는 사실. 그것은 친구 블래커가 그에게만 귀띔해 준 기밀이었다. 와일드의 오랜 친구 카를로스 블래커는 드레퓌스의 무죄를 확신하고 있었다. 그는 양쪽의 이야기를 흥미롭게 들었지만, 어느 편에도 깊이 개입하지 않았다. 그는 그저 말을 주고받으며, 특유의 조롱과 위트로 상황을 가볍게 흘려보냈다.

하지만 와일드는 그런 정보를 혼자 품고 있을 인물이 아니었다. 술자리에서, 카페에서, 그는 거리낌 없이 떠벌렸다. 결국, 블래커는 곤경에 빠졌고, 반(反)드레퓌스파의 공격 대상이 되었다. 와일드는 개의치 않았다. 그에게 중요한 것은 언제나 이야기였고, 그는 서사의 중심에 서기를 두려워하지 않는 사람이었다. 와일드의 관심은 언제나 정치가 아니라, 인간의 고통과 아이러니에 있었다.

어느 날, 에스테하지가 말했다. "우리는 인류 역사상 가장 위대한 순교자들입니다." 그리고 잠시 후 덧붙였다. "하지만 내가 더 고통받았습니다." 와일드는 기다렸다는 듯이 웃으며 맞받아쳤다. "아니, 내가 더 고통받았지요."

와일드에게 죄란 그의 시대가 이해하는 일반적인 법적, 종교적 개념이 아니었다. 그것은 인간 존재의 방식이었다. 사회가 정한 도덕적 경계를 넘나들며, 부정한 거래를 하고, 비열한 거짓말을 하면서도 끝내 살아남아 자신의 이야기를 들려줄 수 있는 자들, 그들에게 그는 언제나 끌렸다. 에스테하지가 유죄인가 무죄인가 하는 문제는 와일드에게 중요하지 않았다. 와일드는 끝까지 에스테하지를 만났다. 어쩌면 그를 자신을 비추는 거울처럼 바라봤을지도 모른다. 세상이 정의롭지 않다면, 죄인들에게도 정의로운 순간이 찾아올 수 있을까? 와일드는 답을 찾지 못했다. 대신 술을 마셨고, 이야기를 나누었고, 망각을 기다렸다. 이미 오래전 사회가 내던져 버린 사람이었기에, 같은 운명을 짊어진 자들과 함께하는 데 주저함이 없었다. 그렇게 와일드는 죄인들의 세계에서 마지막까지 유머를 잃지 않으려 했다.

　결국, 에스테라지는 국가의 배신자로 지목되었고, 와일드는 도덕의 배신자로 몰렸다. 둘 다 자신이 저지른 죄보다 훨씬 무거운 형벌을 받는다고 느꼈을지도 모른다. 하지만 와일드는 결코 순진한 인물이 아니었다. 그는 사람을 직관적으로 꿰뚫어 보는 능력을 지니고 있었다. 검은 콧수염, 불안한 눈빛, 끊임없이 이어지는 격렬한 변론. 에스테하지는 스스로를 방어하면서도, 어디까지가 진실이고 어디까지가 거짓인지 알 수 없는 사람이었다. 와일드는 그런 모호함을 즐겼다. 와일드 스스로 말하지 않았던가.

　"죄 없는 사람에게는 흥미를 느낄 수 없다."

　와일드는 결국 드레퓌스 사건에서 한 발 물러섰다. 에밀 졸라가

'나는 고발한다J'accuse'로 정의를 외칠 때, 그는 졸라를 '삼류 플로베르'라며 비꼬았다. 정치적 정의보다 중요한 것은 언제나 개인의 비극이었다. 그의 삶 자체가 그러했으니까.

## 파리의 일상

파리에 머무는 동안 와일드는 또다시 익숙한 유혹에 빠져들었다. 이곳에서는 어떤 법적 위험 없이 원하는 것을 탐닉할 수 있었다. 거리에서 우연히 마주친 젊은 군인, 모리스 질베르Maurice Gilbert와의 만남은 그에게 새로운 즐거움을 안겨주었다. 그는 모리스에게 자전거를 사주었고, 함께 카드를 하며 시간을 보냈다. "모리스는 25번이겼고, 나는 24번" 와일드는 말했다. "하지만 그는 젊음을 가졌고, 나는 천재성을 가졌으니 당연한 결과입니다." 그러나 천재성은 밀려오는 계산서를 해결해주지 않았다. 그의 삶은 점점 더 빠르게 경제적 궁지로 몰리고 있었다.

콘스턴스는 와일드가 더글러스와 결별했다는 소식을 듣고 한동안 매달 10파운드를 보내주었다. 그러나 보지와의 관계가 다시 되었다는 소식에 그마저도 끊었다. 런던에서 잊힌 작가, 파리에서 쇠락해가는 남자. 와일드의 주머니는 갈수록 얇아졌고, 시간은 무심하게 흘러갔다.

1898년 4월, 콘스턴스는 점점 심해지는 마비 증상으로 수술을 받았다. 그러나 얼마 지나지 않아 병원에서 생을 마감했다. 그녀는 와일드의 친구에게 보낸 편지에 이렇게 적었다.

'오스카는 너무도 애처로운데, 타고난 연기자이기도 하지요.' 그리고 덧붙였다.

'그에게는 곁에서 지켜줄 강한 의지를 가진 사람이 필요하다고. 그런 사람이 반드시 있어야 한다고.'

여름이 다가오자, 와일드는 파리 외곽으로 거처를 옮겼다. 노장 쉬르 마른Nogent-sur-Marne의 작은 시골 여관. 한동안은 피난처가 될 것 같았던 곳이다. 그곳에서 롤랜드 스트롱, 더글러스, 모리스 질베르와 어울리며 마지막 여유를 즐겼지만, 점차 파리에서도 더 이상 자신의 자리가 없음을 깨달아갔다. 블래커와의 결별은 남아 있던 몇 안 되는 친구들마저 등을 돌리게 했고, 그는 점점 깊이 고립되어 갔다.

9월, 파리는 더 이상 견딜 수 없는 곳이 되었다. 더위는 짜증스럽고, 자신을 알아보는 이들은 점점 줄어들었다. 결국 찰스 콘더Charles Conder의 초대를 받아 세느 강변의 작은 마을, 샹테메슬Chantemesle로 떠났다. 그곳에서 그는 잠시나마 평온을 찾았다.

'내 작은 배를 타고 강을 따라 내려가고, 오리햄과 와인을 사 오는 것이 내 하루의 일과였다.'

고립은 장소를 가리지 않았다. 샹테메슬에서도 그는 여전히 외로웠다.

그해 어느 날, 와일드는 파리의 카페 드 라 페에서 더글러스를 만났다. 그는 막대한 유산을 상속받은 더글러스에게 재정적 도움을 요청했다. 그러나 보지는 단호하게 거절했다. 그것도 냉정함을 넘어 멸시를 담아. 그는 와일드를 향해 비웃듯 말했다. "늙고 뚱뚱한 매춘부." 한때 열정으로 얽혔던 관계는 이제 냉소와 모욕만 남았다. 더글러스의 마음은 이미 오래전에 떠나 있었다. 파리에서 더글러스는 경마에 빠져 있었고, 거리에서 만난 젊은 소년 플로리페르에게 집착했다. 와일드는 그의 집착을 가볍게 조롱하며 지켜보았다. 한때 자신을 휘감던 감정은 희미해졌고, 남은 것은 씁쓸한 관망뿐이었다. 이후 더글러스는 3년 반의 망명 생활을 끝내고 영국으로 돌아갔다.

친구들이 떠난 파리에서 와일드는 편지 속 농담과 거리의 대화로 외로움을 달랬다. 영국으로 보내는 편지에는 여전히 젊고 아름다운 남자들의 이름이 등장했다. '너무나 노란' 호텔 방의 고독이 견디기 어려울 때면 라탱 지구를 거닐었고, 골동품 가게의 진열장을 오래 들여다보았으며, 가끔은 뤽상부르 공원에 모습을 드러냈다. 때로는 이 고독이 스스로 선택한 것이기도 했다. 옛 옥스퍼드 동창이 저녁 식사에 초대했지만, 가족이 함께한다는 사실을 알고는 문 앞에서 조용히 발길을 돌렸다. 그는 여전히 이야기꾼이었고, 사람들을 즐겁게 하면서도 동시에 스스로를 증명하고 싶어 했다. 자신은 아직 이야기할 수 있다는 것, 여전히 할 수 있고, 여전히 안다고. 와일드의 느릿한 걸음걸이는 그를 아는 이들에게는 과거의 자신을 조금 더 오래 붙잡으려는 마지막 의식처럼 보였다.

여전히 와일드를 좋아하는 이들도 있었다. 젊은 미국인 작가 찰스 시블리Charles Sibleigh와 어울렸고, 툴루즈-로트렉과 Henri de Toulouse-

Lautrec, 가수 이베트 길베르Yvette Guilbert와도 함께 시간을 보냈다. 그리고 24세의 어니스트 라 쥬니스Ernest La Jeunesse와는 금세 친한 친구가 되었다. 이마는 습진으로 얼룩졌고, 늘 제국 시대의 지팡이를 손에서 놓지 않는 괴짜 비평가. 그들의 조합은 마치 한 폭의 그림 같았다. 와일드는 그의 높은 톤의 목소리와 신랄한 유머를 즐겼고, 무엇보다도 지칠 줄 모르는 에너지에 감탄했다.

### 툴루즈-로트렉과 와일드

툴루즈-로트렉과 와일드가 처음 만난 것은 1890년대 초, 물랑루즈에서였다. 벨 에포크의 절정을 상징하는 그곳에서 와일드는 파리의 환락을 탐닉했고, 로트렉은 매일 밤 그 상면을 그림으로 기록하고 있었다. 춤추는 여인들, 붉게 물든 카바레의 조명, 그 사이를 떠도는 음울한 귀족과 예술가들—그의 그림에는 어떤 미화도 없었다. 사람들의 못생긴 얼굴이든, 낡아가는 육체든, 로트렉은 숨길 필요가 없다고 믿었다.

1895년 5월 어느 날, 런던. 법정에서 힘겨운 나날을 보내고 있던 와일드를 찾아온 이는 툴루즈-로트렉이었다. 와일드는 이제 마치 살로메의 세례 요한처럼, 세상의 조롱 속에서 머리가 잘린 채 사라질 운명이었다. 로트렉은 조용히 그의 손을 잡았다.

"그들은 당신을 기억할 겁니다." 짧지만 확신에 찬 말이었다. 그러나 와일드는 쓴웃음을 지었다.

툴루즈-로트렉 〈오스카 와일드의 초상〉 1895, 개인소장

툴루즈-로트렉 〈무어인의 춤〉 1895, 오르세 박물관

"아니, 그들은 나를 잊을 겁니다. 당신은 아니겠지만요."

이 만남 이후, 로트렉은 템스 강변, 웨스트민스터의 시계탑을 배경으로 와일드의 초상화를 그렸다. 와일드는 겨우 마흔 살이었지만, 로트렉의 시선은 그가 빠르게 쇠락해가는 모습을 정확히 포착했다. 살이 오른 얼굴, 늘어진 볼, 무거운 눈꺼풀. 그림 속 와일드는 현실의 그와 다를 바 없었다.

같은 해, 로트렉은 자신의 가장 유명한 모델 중 하나였던 캉캉 댄서 '라 굴뤼(본명 루이스 웨브르)'의 물랑루즈 공연을 묘사하는 「무어인의 춤」을 그렸다. 그는 무대를 지켜보는 군중들 사이에 와일드를 슬며시 그려 넣었다. 한때 파리의 밤을 뒤흔들었던 그녀는 결국 페르 라셰즈에 묻혔고, 로트렉의 대작 「무어인의 춤」은 오르세 박물관에 남았다.

그것이 마지막이었다. 와일드는 감옥에 갇혔고, 로트렉은 여전히 그림을 그렸다. 와일드가 풀려난 뒤, 둘은 다시 만나 몇 번의 술자리를 가졌지만, 예전처럼 환락을 누릴 수는 없었다. 리카르드 오피소가 그린 물랑루즈 카페에 앉은 두 사람의 표정은 무척이나 우울하다. 시간은 이미 그들을 지나쳐가고 있었다. 와일드는 병들어갔고, 로트렉 역시 망가져갔다.

## 마지막 1년

1899년, 이탈리아 리비에라에서의 여정을 마치고 파리로 돌아온 와일드는 마솔리에 호텔에 더 발을 들일 수 없었다. 밀린 숙박비 때문에 그를 받아주지 않았고, 두고 간 짐마저도 몰수당했다. 결국 그는 보다 저렴한 보자르 거리Rue des Beaux Arts의 허름한 달자스 호텔Hotel D'Alsace로 자리를 옮겼다. 지금 그곳은 이제 '로텔L'Hotel'이라 불린다. 다행히도 이곳의 주인 장 뒤푸아리에Jean Dupoirier는 숙박비가 밀려도 재촉하지 않았다. 오히려 그를 동정하여 아침 식사와 방을 내주었다. 하지만 그것이 와일드의 쇠락을 막지는 못했다. 와일드는 신경쇠약에 시달리며 서서히 무너져갔고, 1900년 초에는 피부 발진까지 겹쳐 합병증으로 고생하였다. 거리의 소음은 신경을 긁었고, 낯선 방은 감옥보다 더 비좁게 느껴졌다. 몸은 점점 무거워졌고, 정신은 흐려졌다.

밤이면 압생트와 향수에 취한 채 유령 같은 시간을 떠돌았다. 한때 사치가 본능이었던 그는 이제 가난을 숙명처럼 받아들이는 법을 배웠다. 호화로운 만찬은 이제 꿈꿀 수 없었고, 대신 값싼 포도주나 싸구려 술 한 잔을 약속하면 곁을 내어주는 젊은이들이 있었다. 어느 밤, 그는 자신을 이렇게 묘사했다.

"한때는 왕이었지만, 이제는 거지라네."

1900년 5월 말, 마지막 이탈리아 여행을 마친 와일드는 다시 달자스 호텔로 돌아왔다. 여행 중 런던의 첼시에서 형 윌리의 부고가

리카르드 오피소 〈툴루즈-로트렉과 오스카 와일드〉 1898

전해졌다. 마흔여섯의 나이, 남겨진 아내와 딸. 사인은 알코올 중독으로 인한 합병증이었다.

와일드는 이제 글을 쓰는 일조차 힘에 부쳤다. 대신 편지로 세상과의 연결 고리를 이어갔지만, 그것마저도 고통스러웠다. 프랭크 해리스에게 남긴 한 줄이 모든 것을 말해주었다.

'나는 가라앉고 있어. 시체 안치소가 나를 기다리고 있어.'

창삭에 내한 기대는 점점 더 희미해졌다. 보자르 거리의 호텔 2층 작은 방에 머물면서도 어쩌면 그는 다시 불꽃이 일기를 바랐을지 모른다. 그러나 세상은 숨 가쁘게 변하고 있었다. 해롤드 멜러는 최근 '자동차'를 손에 넣었고, 와일드는 이 낯선 기계를 흥미롭게 바라보았다. 그는 그것이 매력적이면서도 종종 고장 난다는 점에서 마치 살아 있는 생명체처럼 느껴진다고 말했다. '무기물의 신경계'에 관한 글을 써보겠다고 농담하던 그는, 곧 파리 곳곳에서 더 많은 기이한 기계들과 마주치게 되었다.

그해 여름, 파리는 만국 박람회의 열기로 들떠 있었다. 와일드는 잠시 1867년 처음 이 도시를 마주했던 소년으로 돌아갔다. 그때처럼 화려한 거리와 축제를 즐겼다. 스페인관에서는 격정적인 플라멩코 춤을 지켜보았고, 이집트관에서는 검은 피부의 날씬한 웨이터가 서빙하는 카페에 앉아 술잔을 기울였다. 만국 박람회에는 전 세계에서 모인 기술과 예술의 성과들이 펼쳐져 있었다. 디젤 엔진, 무

파리 로텔 (과거명 호텔 달자스) 내부

빙 필름, 에스컬레이터, 대형 회전식 관람차, 음성 녹음 장치—이 새로운 문명의 기념비들을 마주하며 와일드는 시대가 거대한 속도로 변하고 있음을 실감했다. 박람회에서 와일드를 가장 깊이 사로잡은 것은 로댕의 전용 전시관이었다. 그는 로댕과 만나 그의 조각을 감상했고, 지옥의 문 앞에서는 경외감을 숨기지 못했다.

"그는 프랑스에서 가장 위대한 시인입니다." 와일드는 말했다. 로댕의 작품 속에는 예술과 죽음이 맞닿아 있었다. 그 불길한 기운은 그의 내면에서도 어른거렸다. "내가 내년을 넘긴다면, 영국인들은 그것을 참아내지 못할 것입니다." 그는 웃으며 농담처럼 말했다.

가을이 깊어가며, 그의 병세도 깊어졌다. 몇 달간 방치했던 귀 감염병이 결국 패혈증으로 번졌고, 와일드는 점점 기력을 잃어갔다. 얼굴은 창백했고, 몸은 쇠약해졌다. 10월, 의사는 호텔방에서 긴급 수술을 진행했지만, 그것은 이미 손쓸 수 없는 병을 잠시 늦출 뿐이었다. 병은 그의 온몸을 잠식하고 있었다. 11월이 되자, 그는 차츰 더 의식을 잃어갔다. 로비 로스와 레지 터너는 끝까지 곁을 지키며 간호했지만, 와일드는 천천히, 분명히 죽음을 향해 가고 있었다. 11월 29일, 로스는 결국 사제를 불렀다. 거의 무의식 상태였던 와일드는 오후 4시경 가톨릭 사제 커스버트 던Cuthbert Dunne이 도착하자 희미하게 반응했다. 그리고, 마지막 순간, 그는 가톨릭 세례를 받았다.

새벽 다섯 시 반, 그의 얼굴에 전혀 다른 기운이 서렸다. 얼굴선

로댕〈지옥의 문〉

이 미묘하게 변하더니, 임종의 순간인 듯 '가래 끓는 소리'가 들려왔다. 그러나 그것은 흔히 말하는 숨이 가빠지는 소리와는 달랐다. 마치 거친 손이 녹슨 크랭크를 억지로 돌리는 듯한, 듣기 힘든 마찰음이 방 안을 가득 채웠다. 그리고 그 소리는 마지막 순간까지 멈추지 않았다. 그의 눈은 빛을 잃었고, 입에서는 피 섞인 거품이 흘러내렸다. 누군가 곁에서 끊임없이 닦아주지 않으면 안 될 정도였다.

11월 30일 밤, 파리의 작은 호텔방에서 와일드는 생을 마감했다.(여행자가 그 호텔을 찾았을 때, 매니저는 조용히 귀띔해 주었다. 와일드가 숨을 거둔 곳은 흔히 알려진 2층, 공작새가 그려진 방이 아니라, 사실 1층 로비 어디쯤이었다고.)

12월 3일 아침, 생제르맹데프레St-Germain-des-Prés 성당에서 열린 그의 장례식은 조용하고 소박했다. 몇몇 친구들, 프랑스 문인들, 언론인들이 모였고, 끝까지 그의 곁을 지킨 로비 로스, 레지 터너, 그리고 길버트가 묵묵히 관을 따랐다. 보지 더글라스도 전날 파리에 도착해 있었다. 영국 언론은 그의 죽음을 도덕적 교훈을 제시하기 위한 사건으로 정리했다. 선데이 타임즈는 이렇게 썼다.

'이보다 더 슬픈 인생의 기록을 찾기는 어려울 것이다'

로비 로스는 와일드의 마지막 후견인이었고, 죽음 이후에도 그의 이름을 지켜낸 친구였다. 와일드가 남긴 것은 문학적 유산만이 아니었다. 400파운드가 넘는 빚, 그리고 그보다 더 무거운 부끄러움과 후회의 감정이 그를 짓눌렀다. 의사들, 여배우 에이다 리한, 달 영, 그리고 무엇보다 호텔 달자스의 주인 뒤푸아리에게 진 빚. 와일드는 평생 빚에 대해 무심한 듯 살아왔지만, 병든 몸을 침대에 누이고서야 후회했다고 한다. 로스와 터너 역시 넉넉한 형편이 아니었기에 직접적인 도움을 주기는 어려웠다. 하지만 로스는 가만히 있지 않았다. 그는 보지 더글러스에게 편지를 보내 와일드의 처지를 알렸고, 이 빚이 장부상의 숫자에 불과한 것이 아니라 한 인간의 마지막 자존심과 연결된 문제임을 강조했다. 그는 와일드의 저작권을 끝까지 지켜내어 그의 빚을 모두 정리하는 데 힘을 보탰다. 그것은 법적인 싸움이었지만, 로스에게는 우정의 마지막 형태이기도 했다.

와일드를 진정으로 알고 지냈던 이들에게, 그의 죽음은 깊은 상실이었다. 그러나 로스는 믿었다. 시간은 결국 와일드를 더 온전히 평가할 것이라고. 그리고 그는 옳았다. 한때 비난받던 희곡들은 시대를 대표하는 작품이 되었고, 금기시되었던 시들은 다시 읽혔다. 「살로메」는 리하르트 슈트라우스Richard Strauss의 오페라로 새롭게 태어났다. 한때 조심스럽게 속삭여지던 그의 이름은 이제 존경을 담아 또렷이 발음되었다.

와일드는 유배지에서 생을 마감했지만, 그의 말은 결코 추방되지 않았다. 그의 유해 역시 파리를 떠나지 않았다. 처음에 그는 바뉴Bagneux 묘지에 안장되었다. 가난한 외국인들이 묻히던 곳, 그의 죽음이 남긴 경제적 어려움을 그대로 드러내는 장소였다. 그러나 그의 오랜 친구이자 마지막까지 곁을 지켰던 로비 로스는 와일드를 그곳에 영원히 두지 않았다.

1909년, 로비 로스는 와일드의 유해를 지금의 페르 라셰즈Père-

Lachaise 묘지로 이장했다. 그리고 조각가 제이콥 엡스타인Jacob Epstein에게 거대한 스핑크스 형상의 묘비를 의뢰했다. 바뉴에서 보낸 쓸쓸한 9년을 지나, 와일드는 마침내 예술가들과 혁명가들이 잠든 파리의 중심부에서 영원한 안식을 찾았다. 그의 마지막 안식처, 페르 라셰즈 묘지는 파리에서 가장 크고, 가장 많은 이야기가 흐르고 있는 곳이다. 쇼팽, 짐 모리슨, 그리고 수많은 예술가와 혁명가들의 묘 사이에서 와일드의 무덤은 단번에 눈에 띈다. 지금도 거대한 스핑크스가 그를 지키고 있기 때문이다. 진정한 추모비는 차가운 돌이 아니라, 그를 사랑하는 이들이 남긴 흔적들이다. 1990년대부터 시작된 '입맞춤 예식'으로 그의 묘비는 온갖 붉은 자국으로 뒤덮였다. 결국, 와일드의 조국 아일랜드 정부는 비용을 들여 묘지 주변에 유리벽을 세워 보호에 나섰지만, 사람들은 여전히 그 위로 입술을 가져다 댄다. 와일드라면 이 광경을 보고 활짝 웃었을 것이다.

"입맞춤을 훔치는 것은 죄가 아니지 않은가?"

1995년, 오스카 와일드는 웨스트민스터 사원 내에 있는 '시인의 코너Poets' Corner' 허바드 추모 창문에 패널로 헌정되었다. 한때 죄인으로 낙인찍어 감옥에 보냈던 정부가 그를 시인 코너에 올려둔 건, 시대가 예술을 따라잡는 데 얼마나 오랜 시간이 걸리는지를 보여주는 장면이다. 당대의 권력은 그를 탄압했지만, 시간이 흐르며 그의 문장은 여전히 살아남아 세상에 영향을 미치고 있다. 그리고 2017년 1월 31일, 영국 정부는 과거 동성애 혐의로 유죄 판결을 받았던 5만여 명을 사후 사면하는 법안을 시행했다. '튜링 법'이라 불리는 이 조치는 오랜 시간 침묵 속에 갇혀 있던 이들에게 뒤늦은 명예를

페르 라셰즈묘지, 오스카 와일드 추모비

런던 웨스트민스터 사원 '시인의 코너' 허바드 추모 창문 패널

되돌려주었다. 와일드 역시 그 명단에 포함되었다. 한때 그를 죄인으로 낙인찍었던 나라가, 한 세기 넘게 흐른 뒤 마침내 그의 무죄를 인정한 것이다. 그러나 와일드는 이미 오래전에 알고 있었을 것이다. 진정한 사면은 법이 아니라, 그의 문장을 기억하는 사람들의 마음속에서 이루어진다는 것을.

EPILOGUE

## 잃어버린 빛과
## 자신의 침묵을 읽다

    1900년, 파리는 다시 거대한 만국박람회의 소용돌이 속에 있었다. 그 가운데 가장 눈길을 끄는 곳 중 하나는 로댕의 전용 전시관이었다. 무려 150점의 조각과 수많은 드로잉이 걸린 그 공간은, 이제 그가 프랑스를 넘어 국제적으로 인정받는 거장이 되었음을 웅변하고 있었다. 그의 전시관을 찾은 방문객들 중 와일드가 있었다.

    그때의 와일드는 파리에서 쇠약해진 몸을 이끌고 떠도는 망명자의 삶을 살고 있었다. 육신은 무너지고 있었지만, 영혼은 여전히 예리했다. 과거의 영광을 잊지 않았고, 가끔씩 '고급스럽고 사람들이 붐비는 장소'에서 자신의 존재를 드러내곤 했다. 그러나 삶은 확연히 변해 있었다. 한때 런던의 문단과 사교계를 휘어잡았던 그는 이제 가난과 조롱을 견디며 살아가야 했고, 그의 곁에 남아 있는 친구들도 점점 줄어들고 있었다. 그럼에도 불구하고, 와일드는 로댕의 전시관을 찾았다. 그는 이미 다른 전시에서 로댕의 작품을 마주한 적이 있었다. 그중에서도 발자크 상은 단연 압권이었다. 파리 엑스포에서 로댕은 화려한 에펠탑 주변의 중심부가 아닌, 세느강 북쪽 알마 광장Place de l'Alma 한적한 공간을 택해 자신의 작품을 전시했다. 많은 이들이 그곳을 지나쳤지만, 로댕은 개의치 않았다. 오히려 그는 자부심에 차 말했다. "나는 양(많은 이들)을 끌어오지 않아도, 질(수준) 높은 사람들은 찾아오지." 그리고 그는 그 '질 높은' 방문자 중 한 명으로 와일드를 지목했다.

와일드는 여전히 시인이었고, 조각을 시처럼 읽을 수 있는 사람이었다. 로댕의 돌 속에서 그는 언어를 보았고, 침묵하는 형태 속에서 목소리를 들었다. 그것은 마치 자신의 삶과도 닮아 있었다. 한때 명확하고 찬란했던 문장이 이제는 무거운 침묵 속에 묻혀 있었고, 그 침묵 너머에서 그는 다시 말하고자 했을지 모른다. 와일드는 로댕의 조각에 매료되었다. '그는 프랑스에서 가장 위대한 시인이다.' 와일드는 친구 로비 로스에게 보내는 편지에 그렇게 적었다. 조각이 시가 될 수 있다면, 로댕은 분명 시인이었다. '지옥의 문'은 마치 단테의 신곡을 대리석에 새긴 듯했고, 발자크 상은 문학과 조각이 하나가 되는 경지를 보여주었다. 와일드는 그 조각상 앞에서 발걸음을 멈췄다.

"소설가란 바로 이래야 한다."

와일드는 중얼거리며 발자크 상을 한참 바라보았다.

로댕 또한 와일드를 흥미롭게 바라보았다. 한때 찬란했던 작가, 그러나 지금은 불명예와 가난 속에서 떠도는 남자. 그럼에도 불구하고, 그의 눈빛 속에는 여전히 날카로운 위트와 직관이 살아 있었다. 로댕은 자신의 예술이 흔한 조각에 머무는 것이 아니라 인간 존재 자체를 담아낸다고 믿었다. 아마 그는 와일드를 통해 자신의 작품이 어떻게 한 인간의 내면에 스며드는지를 확인하고 있었을 것이다. 조각이 돌 속에 갇힌 감정이라면, 와일드는 지금 그 감정이 응고된 채 살아 있는 사람이었다.

로댕과 와일드는 마치 서로 다른 길을 걸어온 두 존재 같았다. 로댕은 오랜 시간 인정받지 못하다가 마침내 1900년, 파리 박람회에서 자신의 이름을 떨쳤다. 이제 그는 단독 전시관을 가질 만큼 거장이 되었고, 비평가들의 혹평과 논란에도 불구하고 그의 작품은 세계적 명성을 얻었다. 반면 와일드는 한때 문학계의 총아였으나, 스캔들과 사회적 배척 속에서 몰락한 인물이었다. 그러나 두 예술가는 서로를 통해, 그리고 예술을 통해 특별한 공명을 이루었다. 로댕은 와일드에게서 잃어버린 빛을 보았고, 와일드는 로댕의 조각 속에서 자신의 침묵을 읽었다. 한 사람은 절정에 섰고, 다른 한 사람은 저물어가고 있었지만, 그들이 나눈 순간만큼은 같은 높이에서 반짝였다.

그들은 오랜 시간 서로 이야기를 나누었다. 예술에 대하여, 삶에 대하여. 와일드는 아마도 자신의 입장에서 예술가의 비극을 말했을 것이고, 로댕은 자신의 작업과 그것이 어떻게 탄생하는지를 설명했을 것이다. 그러나 그들의 대화 공간은 정보의 교환이 아니라, 서로의 운명 속에서 자신을 비추어보는 시간이었다. 한 사람은 청동을 주조하고, 대리석을 깎아 존재의 형상을 남겼고, 다른 한 사람은 언어로 존재를 새겼다. 로댕은 와일드 속에서, 와일드는 로댕 속에서 각자 자신이 남기고 싶은 것들, 남겨야만 하는 것들을 발견하고 있었을 것이다.

만약 와일드가 다시 글을 쓸 힘이 있었다면, 그는 로댕을 주인공으로 한 편의 글을 남겼을지도 모른다. 천천히 돌을 깎아 의미를 드러내는 조각가의 손길을, 문장을 다듬어 감정을 새기는 자신의 작업과 겹쳐 보았을 것이다. 그리고 만약 로댕이 와일드를 모델로 한 조각을 만들었다면, 그것은 발자크 상처럼 기괴하지만 강렬한, 삶의 굴곡을 담아낸 작품이 되었을 것이다. 하지만 그런 일은 일어나지 않았다. 대신, 그날 파리의 한쪽 구석에서, 한 조각가와 한 작가가 만나 서로의 예술을 이야기했다. 그것으로 충분했다.

시간이 흐르며 와일드는 점점 더 대중에게 잊혔고, 로댕은 그 후에도 명성을 이어갔다. 그러나 우리가 지옥의 문을 바라볼 때마다, 어쩌면 그 틈 사이에서 한 남자의 그림자가 어른거릴지도 모른다. 자신의 고통과 욕망을 예술로 읽어내던 남자, 오스카 와일드. 그리고 그를 묵묵히 바라보던 조각가, 오귀스트 로댕. 말과 돌, 문장과 형상. 서로 다른 재료로 세상을 새기던 두 예술가는 그날 파리에서 스쳤고, 그 흔적은 우리가 알지 못하는 방식으로 여전히 남아 있을지도 모른다.

파리 로댕 미술관

# THE KEYWORDS OF OSCAR WILDE

## 오스카 와일드의 키워드

## 01 천재

옥스퍼드에 다니던 시절, 그는 이미 작가가 되기 전부터 유명했다. 글 한 줄 쓰지 않고도 사람들은 그를 알아봤다. 옷차림, 말투, 태도, 그리고 눈 깜짝할 사이에 던지는 유머 한 줄. 모든 것이 퍼포먼스였다. 그는 그렇게, "신고할 것은 천재성 뿐"이라고 선언하며 삶 전체를 작품처럼 밀고 나갔다. 빅토리아 시대의 집단적 가치와 도덕적 위선이 지배하던 사회에서 그는 해바라기를 들고 거리로 나왔고, 금장 담배를 물고 사람들 앞에 섰다. 도스토옙스키와 플로베르를 소개하며 문학의 지도를 다시 그렸고, 웃음과 위트를 통해 인간 내면의 모순과 불안을 해부했다. 그러나 진짜 와일드는 무대나 책 속보다 삶 그 자체에 있었다. 그는 사회가 허용하지 않는 방식으로 자신을 사랑했고, 욕망을 숨기지 않았으며, 끝내 감옥에서 그 대가를 치렀다. 그는 자신의 글에 재능을 담아냈지만, 삶에는 천재를 걸었다. 그가 남긴 가장 완성도 높은 작품은, 바로 오스카 와일드라는 이름 그 자체였다.

펠브리그에서 찍은 사진, 사진가 미상

## 02 유머리스트

와일드의 작품을 읽을 때면, 웃음 끝에 뭔가 씁쓸함이 남는다. 단어 하나를 톡 치면 그 안에서 진실이 툭 튀어나오는 느낌. 그는 언어를 가지고 노는 데 능숙했지만, 그 놀이의 끝은 언제나 시대에 대한 해부로 이어졌다. 「어니스트 되기의 중요성」같은 희곡을 보면, 겉으로는 기품 있고 우아한 대사들인데, 그 안엔 빅토리아 시대의 위선을 향한 날카로운 위트가 숨어 있다. "네 인생은 네가 살아. 다른 인생은 이미 다 주인 있으니까" 같은 말은, 처음엔 농담 같지만 자꾸 곱씹게 만든다. 와일드는 그렇게 사람을 웃기고 나서 멈추지 않는다. 웃고 난 다음에, 혼자 조용히 생각하게 만든다. 허영에 취한 상류층, 모순으로 가득한 그들의 삶, 터무니없는 상황들, 현실보다 더 현실 같은 인물들. 그 모든 것들을 웃음 속에 숨겨 보여준다. 그는 그 가벼움을 통해 가장 무거운 것을 다뤘다. 웃음이라는 도구로, 시대의 가장 민감한 지점을 정확히 짚어낸 사람. 유머리스트였지만, 결코 가벼운 사람이 아니었다.

## 03 사회주의자

우리는 와일드를 흔히 미와 쾌락의 아이콘으로 기억한다. 해바라기를 들고 거리를 걷던 그, 금장 담배를 문 채 위트를 날리던 그. 그러나 그런 와일드가 사회주의자였다고 하면, 고개를 갸웃하는 이들이 많다. 사실 그는 누구보다 현실을 똑바로 바라본 사람이었다. 1891년에 발표한 「인간의 영혼에 대한 사회주의」라는 글에서 와일드는, 당시 유행하던 마르크스주의와는 조금 다른 길을 택한다. 그는 국가가 아니라 개인에게 더 많은 자유를 줘야 한다고 믿었다. 자선은 가난을

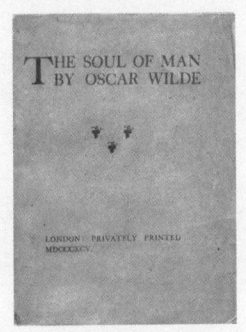

「인간의 영혼에 대한 사회주의」 초판본, 1891

없애지 못하고 오히려 체제를 정당화하는 도구일 뿐이라며 날카롭게 잘라 말한다. 가난은 아름다움을 짓밟고, 예술가의 숨을 막는다. 그가 꿈꾼 사회는, 예술가가 빵 걱정 없이 작업에 몰두할 수 있는 곳이었다. 와일드에게 사회주의는 연민이나 도덕의 문제가 아니었다. 그것은 미의 문제였고, 예술의 가능성을 지키기 위한 급진적인 상상력이었다. 그의 사회주의는 차가운 이념이 아니라, 뜨거운 창조를 위한 조건이었다.

## 04 자기 연출가

와일드는 글을 쓰기 전에 먼저 자신을 만들어 갔다. 아니, 조각했다는 표현이 더 어울릴지도 모른다. 그는 자신을 하나의 작품처럼 연출했다. 글이나 사상만이 아니었다. 옷차림, 말투, 손짓, 사진 속 포즈까지―모든 것이 계산된 무대 위의 연기처럼 느껴진다. 옥스퍼드 시절부터 그는 이미 평범함을 거부했다. 벨벳 코트와 터키석 장식의 지팡이, 그 화려함은 단순한 취향이 아니라 선언이었다. 나는 이런 사람이다, 나는 이렇게 존재하겠다고. 미국 강연에서는 말보다 먼저 시선이 도착했다. 청중은 그가 무슨 말을 하든, 이미 그의 '형태'에 압도당했다. 와일드는 스스로를 "살아 있는 미학주의"로 만든 최초의 인물이었다. 단지 보이기 위해서가 아니라, 보임으로써 흔들기 위해서였다. 빅토리아 시대의 도덕과 단정함, 그 단단한 껍데기를 그는 '재현'이 아니라 '실연'이라는 방식으로 나타냈다. 『도리언 그레이의 초상』에서처럼, 겉과 속의 괴리를 노출하면서 그는 예술과 삶의 경계를 흐렸다. 자기 연출은 그에게 허영이 아니라 실천이었다. 그는 한 편의 소설처럼, 하나의 조형물처럼 살았다.

사진가 나폴레옹 사로니 촬영, 1882

## 05 심미주의

그는 예술을 논하기 전에 먼저, 예술처럼 살았다. 그는 심미주의자였다. 단순히 아름다움을 추구하는 사람이 아니라, 삶 그 자체를 하나의 예술 장르로 받아들인 사람이었다. 「거짓의 쇠퇴」에서 그가 남긴 말―"예술이 삶을 모방하는 것이 아니라, 삶이 예술을 모방한다"―은 하나의 선언처럼 들린다. 세상은 진실을 좇는 대신, 아름다움을 흉내 낸다. 그는 『도리언 그레이의 초상』에서 미를 죄 없는 신처럼 등장시킨다. 아름답기 때문에 존재할 자격이 있고, 그 자체로 목적이 된다고. 도덕이나 교훈은 예술의 일이 아니라고 그는 믿었다. 예술은 스스로를 위해 존재해야 하며, 그래야 진실하다고. 그는 이런 생각을 단지 글에 남기지 않았다. 매일의 복장, 대화의 톤, 손짓 하나까지 철저히 조율된 '미적 선택'이었다. 감옥에서 쓴 「심연에서」에서조차 그는 고통마저 하나의 형식으로, 미학의 일부로 바라본다. 와일드에게 심미주의는 취향이 아니라, 하나의 신념이었다. 아니, 거의 종교였다. 그는 믿었다. 삶은 예술이 되어야 하며, 자신은 그 증거가 되어야 한다고.

## 06 최초의 현대적 셀럽

와일드는 글로만 유명해진 사람이 아니었다. 그는 자신이라는 브랜드를 기획하고, 연출하고, 끝내 그 무대 위에 올라선 현대적 인간의 전형이었다. 오늘날 우리가 '셀럽'이라고 부르는 존재의 원형. 1882년, 미국 순회 강연에서 그는 단지 강연을 위해 여정을 떠난 것이 아니었다. 자수 놓인 벨벳 코트를 입고, 날렵한 지팡이를 들고, 말보다 먼저 이미지를 건넸다. 언론은 그의 옷차림을 묘사했고, 대중은 그의 말투를 흉내 냈다. 그는 사진에 찍히고, 신문에 실렸고, 풍자화와 광고에까지 등장했다. 자기 자신이 하나의

미국 풍자 주간지 《퍽PUCK》에 실린 미래 미학주의자 오스카 와일드 만평

콘텐츠였고, 매일이 무대였다. 쇼맨이었고 비주얼 좋은 글로벌 스타였다. 그러나 쇼에는 대가가 따랐다. 1895년, 법정에 선 와일드는 더 이상 우아한 말장난의 주인공이 아니었다. 그를 사랑하던 대중은 가장 먼저 등을 돌렸고, 명성은 조롱으로, 스타일은 혐오로 바뀌었다. 하지만 쇼는 그렇게 끝나지 않았다. 그의 사후 생은 여전히 책 속에, 연극 무대 위에, 영화와 전시회로 계속된다. 그가 살아낸 삶은, 오늘날 모든 셀럽의 서사에 미리 쓰인 대본이었다.

## 07 이름할 수 없는 사랑

와일드의 삶을 결정적으로 비틀어 버린 건 한 편의 문장도, 한 권의 책도 아니었다. 그것은 한 사람, 알프레드 더글러스 경—보지였다. 이 사랑은 단지 사적인 감정의 문제가 아니었다. 그것은 빅토리아 시대가 가장 두려워했던 것, 말로 옮길 수 없는 감정, 그러나 분명히 존재하는 어떤 진실에 대한 도전이었다. "이름할 수 없는 사랑"이라는 표현은 더글러스가 쓴 시에서 나왔고, 와일드는 법정에서 이 사랑이 "정신적이며 순수한 것"이라고 말했다. 그러나 그 시대는 사랑이라는 말 뒤에 따라오는 함의를 문제 삼았고, 결국 와일드는 죄인으로 낙인찍혔다.

그는 「심연에서」에서 이 사랑이 나를 무너뜨렸지만, 동시에 나를 드러내게 했다고 고백한다. 그에게 그것은 말할 수 없었기에 더 선명했던 사랑이었다. 자유와 파멸을 동시에 품은 하나의 운명이자 고백이었다.

오스카 와일드와 알프레드 더글러스,
1894년경, 사진가 미상

오스카 와일드의 키워드

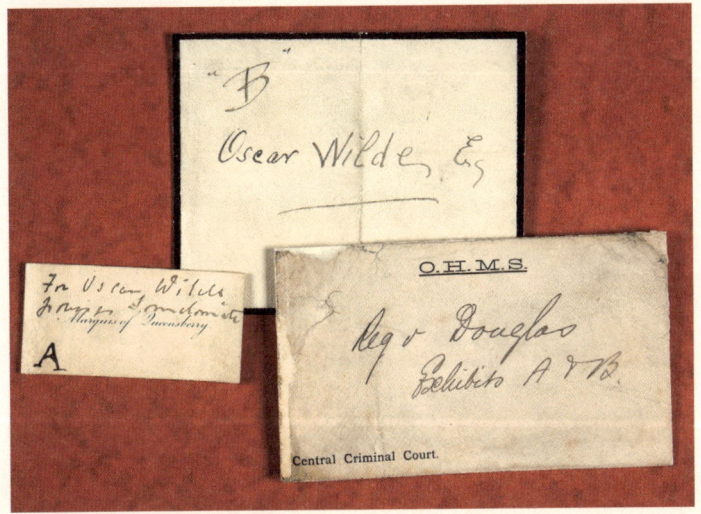

퀸즈베리 후작이 남긴 명함. 왼쪽 하단 A 카드,
1895년 2월 18일

## 08 금기

와일드는 늘 선을 넘었다. 아니, 선이 있다고 믿지 않았다. 그에게 예술은 안전한 울타리 안에서 길러지는 것이 아니라, 위험한 가장자리에서 태어나는 것이었다. 빅토리아 시대가 금기로 묶어둔 것들―성, 계급, 종교, 욕망―그는 하나씩 손을 댔다. 『도리언 그레이의 초상』에서 그는 아름다움 뒤에 숨어 있는 타락을, 욕망과 죄책감이 공존하는 인간의 내면을 드러냈다. 비평가들은 이를 '도덕적 타락'이라 불렀지만, 와일드는 고개를 숙이지 않았다. 『살로메』에서는 성서를 욕망의 무대로 바꾸었고, 검열은 그를 멈추게 하지 못했다. 연극 속 인물들은 겉으로는 웃기지만, 웃음 뒤에 남는 건 도덕의 이중성과 인간의 가면이다. 그러나 와일드가 정말 건드린 것은 연극도, 문학도 아닌, '사랑'이라는 이름의 마지막 금기였다. 그의 사랑은 수감과 추방, 그리고 죽음이란 대가로 돌아왔다. 하지만 그의 금기 파괴는 이후 세대를 위한 해방의 문을 연 선구적 행위가 되었다.

## 09 추방

레딩 감옥에서 출소한 후 와일드는 더 이상 돌아갈 집이 없었다. 영국 정부는 그에게 추방 명령을 내렸고, 그는 짐처럼 남은 이름을 들고 국경을 넘었다. 향한 곳은 파리. 과거에는 예술가들이 모여드는 살롱과 카페가 그를 반겼지만, 이제 그는 손님이 아니라 망명자였다. 이름도 바꿨다. 세바스찬 멜모스. 그곳엔 더

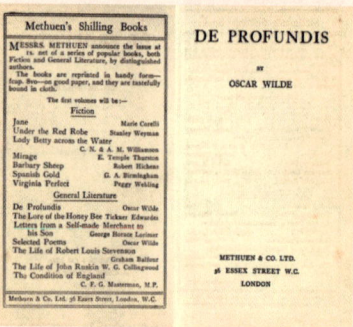

「심연에서」 런던 초판본 표제지

이상 그를 반기는 이도, 남은 자리도 없었다. 파리는 그에게 마지막 피난처였고, 동시에 조용한 유형지였다. 그의 주머니는 비어 있었고, 건강은 빠르게 무너졌으며, 이름은 천천히 잊혔다. 이탈리아로 잠시 떠났을 때, 그는 옥스퍼드 시절부터 동경했던 르네상스의 도시들 속에서 한때의 예술적 희열을 되찾는 듯했지만, 그것도 잠깐이었다. 남은 건 병든 육체와, 메모지 위에 흘려 쓴 몇 줄의 문장들. 『심연에서』에서 그는 썼다. 고통 속에서도 예술은 영혼을 지탱한다고. 결국 그는 파리의 허름한 호텔방에서 조용히 죽음을 맞이했다.

## 10 종교로서의 예술

예술은 하나의 신이었다. 장식도, 오락도 아니었다. 그것은 삶을 견디게 하는 힘이었고, 영혼을 붙잡는 마지막 언어였다. 젊은 시절, 그는 이탈리아에서 르네상스의 벽화를 올려다보며 숨을 멈췄고, 파리의 어두운 카페에서는 보들레르의 그림자와 마주했다. 아름다움 속에 신성이 있다는 믿음—그것은 그에게 일찍부터 시작된 일종의 신앙이었다. 하지만 진짜 신도가 된 건 감옥에 갇힌 뒤였다. 「심연에서」를 쓴 그는 이제 확신한다. 인간이 가장 깊은 곳에 떨어졌을 때, 오직 예술만이 그를 다시 끌어올릴 수 있다고. 굴욕과 상처, 상실과 침묵—그 모든 것을 견디게 해주는 유일한 형식. 와일드에게 예술은 고통을 의미로 바꾸는 의식이었다. 교회는 구원을 약속했지만, 그는 예술을 통해 스스로를 구원했다. 그의 미학은 결국 신앙이었다. 그리고 예술은, 그가 끝까지 붙든 유일한 성례전이었다.

오스카 와일드의 키워드

파리 로텔 소장, 오스카 와일드의 육필 메모,
화가 미상 오스카 와일드 초상화

# THE LIFE OF OSCAR WILDE

## 오스카 와일드 생애의 결정적 장면

**1854** 10월 16일, 아일랜드 더블린에서 의사 윌리엄 와일드와 시인 제인 와일드 사이에서 둘째 아들로 태어나다.
이후 집 근처 세인트 마크 교회에서 유아세례를 받다.

세인트 마크 교회

**1864** 형 윌리와 함께 포토라 로열 스쿨에 입학하여 1871년까지 수학하다.
고전과 신화의 세계에 매료되다.

**1867** 12월 23일 여동생 이솔라가 뇌수막염으로 세상을 떠나자 깊은 상실감에 빠지다. 슬픔에 잠긴 아들을 위로하기 위해, 어머니는 그해 여름 그를 처음으로 파리로 데려가다. 그는 이 여행에서 '빛의 도시' 파리와 이전까지 없었던 지상 최대 규모의 만국 박람회를 직접 마주하게 된다.

**1871**

더블린 트리니티 칼리지 장학생으로 입학하다.
"첫 번째 최고의 스승"이라 불렸던 마하피 교수와의 만남으로 고대 그리스 문화와 예술에 심취하다.

더블린 트리니티 칼리지 도서관

# 1874  옥스퍼드 대학생이 되다

9월 옥스퍼드 대학교에서도 가장 아름다운 캠퍼스를 가진 모들린 칼리지에 입학하다. 심미주의와 데카당스 운동에 열광하기 시작하던 시기로, 당대 미학의 거장인 월터 페이터와 존 러스킨으로부터 가르침을 받는다.

1878 시 「라베나」로 뉴디게이트상 수상하여 시인으로서의 재능을 인정받으며 옥스퍼드를 졸업하다. 졸업을 전후로 런던 사교계에 진출, 독특한 패션 감각과 재치 있는 언변으로 주목 받기 시작한다. 이 시기부터 와일드는 미학의 상징이자 런던 사회의 셀럽으로 자리매김해 나간다.

# 1882  미국 순회 강연으로 국제적 명성을 얻다

1월 3일, 미국에 도착하다. 뉴욕부터 샌프란시스코에 이르기까지 전역을 여행하다. 존경하던 시인 월트 휘트먼을 만나고, 같은 해 11월까지 미국과 캐나다 전역을 돌며 예술과 미학을 주제로 한 대중 강연을 이어가다.

오스카 와일드의 샌프란시스코 방문을 그린 카툰

**1883** 3월 파리에서 희곡 「파두아의 공작 부인」을 완성하다. 여름에는 비극 「베라 혹은 허무주의자」가 뉴욕에서 8월 20일에 초연되나 흥행에는 실패하다.

뉴욕 유니언 스퀘어 극장
공식 프로그램 광고지

**1884** 5월 29일 런던의 세인트 제임스 교회에서 콘스턴스 로이드와 결혼하다. 이듬해 6월 첫째 아들 시릴이 태어났고, 그 다음해 11월에는 둘째 비비안이 태어났다.

루이 윌리엄 데상스Louis William Desanges(1822-1887)가
그린 콘스턴스 로이드 초상화, 1882. 캔버스에 유화

**1887** 6월부터 약 2년간 월간지 《여성 세계》의 편집장으로 활동하다.

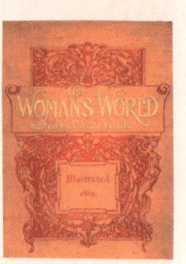

편집장 오스카 와일드가 펴낸
《여성 세계》 표지

**1888** 단편 동화집 「행복한 왕자」를 출간하다.

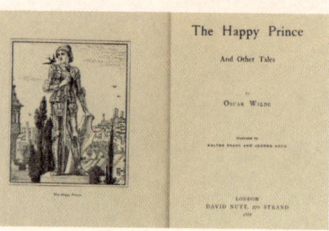

영국 런던 데이비드 넛 출간,
행복한 왕자를 묘사한 판화

오스카 와일드 생애의 결정적 장면

# 1890  소설 『도리언 그레이의 초상』을 발표하다

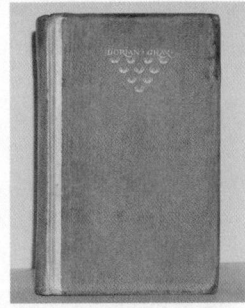

《리핀코츠 매거진》 7월호에 『도리언 그레이의 초상』 초판본을 발표하다. 다음 해 4월에 개정판을 출간하여 작가로서의 입지를 넓혀가다. 동시에 문학과 예술에 관한 비평적 에세이를 연이어 발표하고, 이를 모아 『의도들』이란 제목으로 출간하다.

『도리언 그레이의 초상』 초판본 표지

1891　단편 소설집 「아서 새빌경의 범죄」와 「석류로 만든 집」을 연이어 출간하다. 알프레드 더글라스 경을 처음 만나다.

1892　2월 20일 세인트 제임스 극장에서 희극 「윈더미어 부인의 부채」가 초연되다. 6월 「살로메」의 영국 초연을 위해 당대 유럽 최고의 여배우였던 사라 베르나르를 주인공으로 하여 영국의 로열 잉글리시 오페라 하우스(지금의 팰리스 극장)에서 리허설까지 마쳤으나 정부의 심의를 통과하지 못하고 좌초되다.

오브리 비어즐리가 그린 「살로메」 삽화

**1893**　4월 19일 헤이마켓 극장에서 희극 「보잘것없는 여인」을 처음 무대에 올리다.

# 1895　예술은 승리했지만 삶은 무너지다

1월 3일 희극 「이상적인 남편」이 헤이마켓 극장에서 초연되고, 2월 14일 또 다른 희극 「어니스트 되기의 중요성」이 연이어 무대에 올려지며 흥행에 성공을 거둔다. 이로서 극작가로서 전성기를 맞이한다. 그러나 3월, 퀸즈베리 후작을 명예훼손 혐의로 고소한 사건이 도리어 부메랑이 되어 와일드의 동성애 혐의가 드러나게 되고, 그는 "중대 외설 행위"로 유죄 판결을 받아 2년의 강제노역형을 선고받는다.

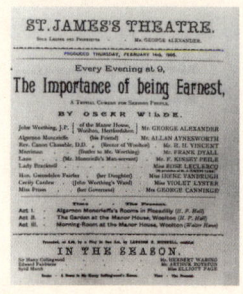

1895년 세인트 제임스 극장 프로그램 광고지에 안내된 「어니스트 되기의 중요성」

**1897**　5월 19일 레딩 감옥에서 출소하다. 감옥에 있으면서 『심연에서』를 집필하다. 출소 후에는 추방 명령을 받고 프랑스로 망명하다.

영국 도버에서 바라본 프랑스 칼레

오스카 와일드 생애의 결정적 장면

**1898**   2월, 감옥에서 있었던 일화를 바탕으로 쓴 시 「레딩감옥의 노래」를 출간하다.
4월 7일, 아내 콘스턴스가 심각한 척추질환 등의 합병증으로 인해 40세의 나이로 이탈리아 제노바에서 홀로 죽음을 맞이하다.

## 1990   쓸쓸한 죽음을 맞다

11월 30일, 파리의 한 작은 호텔에서 뇌수막염으로 생을 마감하다. 임종은 친구 로버트 로스가 지켰으며, 그의 시신은 처음에는 배뉴 공원 묘지에 안장되었다가 1909년 페르 라셰즈 묘지로 이장되다.

파리 페르 라셰즈 묘지에 있는 오스카 와일드 추모비

# 참고 문헌

김순배: 오스카 와일드의 희극에 나타난 유머의 미학. 실린 곳: 현대영어영문학 58.2(2014), 91-113.

김순배: 신여성과 패션 그리고 오스카 와일드의 미학론. 실린 곳: 19세기 영어권문학 22.2(2018), 7-27.

김순배: 오스카 와일드와 빅토리아 시대의 남성성. 실린 곳: 영미문학연구 37(2019), 5-42.

김순배: 신 저널리즘으로서의 문학비평: 오스카 와일드의 경우. 실린 곳: 비평과이론 25.2(2020), 5-29.

오스카 와일드: 『도리언 그레이의 초상』, 김순배 옮김, 아르테 2023.

David Friedman: Wilde in America: Oscar Wilde and the Invention of Modern Celebrity, W. W. Norton & Co. 2014.

David Newhoff: Who Invented Oscar Wilde?: The Photograph at the Center of Modern American Copyright, Photomac Books 2000.

Eleanor Fitzsimons: Wilde's Women: How Oscar Wilde was Shaped by the Women of his Life, Abrams Press 2019.

Geoff Dibb: Oscar Wilde – a Vagabond with a Mission: The Story of Oscar Wilde's Lecture Tours of Britain and Ireland, The Oscar Wilde Society 2013.

Giles Whiteley: Oscar Wilde and the Simulacrum: The Truth of Masks, Routledge 2015.

John Sloan: Oscar Wilde, Oxford University Press 2009.

Kerry Powell and Peter Raby: Oscar Wilde in Context, Cambridge University Press 2013.

Matthew Sturgis, Oscar Wilde: A Life, Knopf 2021.

Merlin Holland: The Wilde Album, Henry Holt and Co. 1998.

Michèle Mendelssohn: Making Oscar Wilde, Oxford University Press 2018.

Neil McKenna: The Secret Life of Oscar Wilde, Century 2003.

Nicholas Frankel: The Uncensored Picture of Dorian Gray, The Belknap Press of Harvard University Press 2012.

Nicholas Frankel: The Invention of Oscar Wilde, Reaktion Books 2021.

Oscar Wilde: The Complete Letters of Oscar Wilde, Henry Holt and Co. 2000.

Oscar Wilde: The Complete Works of Oscar Wilde, Collins 2003.

Renato Miracco: Oscar Wilde's Italian Dream 1875-1900, Damiani 2020.

Richard Ellmann: Oscar Wilde: A Biography, Vintage 1988

Roy Morris, Jr.: Declaring His Genius: Oscar Wilde in North America, The Belknap Press of Harvard University Press 2013.

— 사진 크레디트

124ⓒcommons.wikimedia.org/wiki/File:Cover_illustration_(b)_of_The_Happy_Prince_and_Other_Tales_(1888)

132ⓒcommons.wikimedia.org/wiki/File:Lippincott_doriangray

403ⓒcommons.wikimedia.org/wiki/File:The_Soul_of_Man_1895.jpg

405ⓒcommons.wikimedia.org/wiki/File:Oscar the apostle. Puck's "Wilde" dream_of_an_aesthetic_future_for_America

407ⓒcommons.wikimedia.org/wiki/File:Exhibits_A_and_B_and_their_envelope_in_Oscar_Wilde_trial,_1895._Catalogue_ref,_CRIM_1-41-6_-_Flickr_-_The_National_Archives_UK

408ⓒwww.ebay.de/itm/184663367240?srsltid=AfmBOoqvvcosFdVwg1bmrPPVULC-kZCrz49jVobMl-KRqwY0SX8ZkM2Z

411ⓒcommons.wikimedia.org/wiki/File:The_Modern_Messiah_-_Keller_1882

412ⓒprogram Vera the Nihilist union square theatre official programme, New York Library, collection 64

412ⓒcommons.wikimedia.org/wiki/File:Constance_Lloyd_by_Louis_Desanges_1882

412ⓒcommons.wikimedia.org/wiki/File:Womans_World_US_issue

412ⓒcommons.wikimedia.org/wiki/File:Plate_1_of_The_Happy_Prince_and_Other_Tales_(1888)

413ⓒwww.biblio.com/book/picture-dorian-gray-wilde-oscar

413ⓒcommons.wikimedia.org/wiki/File:Aubrey_Beardsly's_Illustrations_to_Salome_by_Oscar_Wilde_MET_DP86367

413ⓒcommons.wikimedia.org/wiki/File:Beardsley_apotheose

414ⓒcommons.wikimedia.org/wiki/File:The_Importance_of_Being_Earnest_Playbill_1895

클래식 클라우드 037

# 오스카 와일드

1판 1쇄 인쇄 2025년 9월 20일
1판 1쇄 발행 2025년 9월 30일

지은이 김순배
펴낸이 김영곤
펴낸곳 (주)북이십일 아르테

영업팀 정지은 한충희 남정한 장철용 강경남 황성진 김도연 이민재
편집 이영애  디자인 박지영
제작 이영민 권경민

출판등록 2000년 5월 6일 제406-2003-061호
주소 (10881) 경기도 파주시 회동길 201(문발동)
대표전화 031-955-2100  팩스 031-955-2151

ISBN 979-11-7357-526-6 04000
ISBN 978-89-509-7413-8 (세트)
아르테는 (주)북이십일의 문학 브랜드입니다.

**(주)북이십일  경계를 허무는 콘텐츠 리더**

아르테 채널에서 도서 정보와 다양한 영상자료, 이벤트를 만나세요!
네이버오디오클립/팟캐스트 [클래식 클라우드-책보다 여행]
인스타그램 instagram.com/classic_cloud21
페이스북 www.facebook.com/21classiccloud

· 책값은 뒤표지에 있습니다.
· 이 책 내용의 일부 또는 전부를 재사용하려면 반드시 (주)북이십일의 동의를 얻어야 합니다.
· 잘못 만들어진 책은 구입하신 서점에서 교환해드립니다.

## 또 다른 세계로 가는 문학의 다리
## 아르테 세계문학 시리즈 '클래식 라이브러리'

### CL 001 슬픔이여 안녕
프랑수아즈 사강 지음 | 김남주 옮김
값 15,000원

'매혹적인 작은 괴물'
프랑수아즈 사강의 대표작

### CL 002 평온한 삶
마르그리트 뒤라스 지음 | 윤진 옮김
값 15,000원

프랑스 현대문학의 거장
마르그리트 뒤라스의 숨은 걸작

### CL 003 자기만의 방
버지니아 울프 지음 | 안시열 옮김
값 15,000원

이름 없는 모든 여성들을 소환한
버지니아 울프의 기록

### CL 004 워더링 하이츠
에밀리 브론테 지음 | 윤교찬 옮김
값 22,000원

단 하나의 소설로 신화가 된
에밀리 브론테의 기념비적인 작품

### CL 005 변신
프란츠 카프카 지음 | 목승숙 옮김
값 15,000원

현대인의 불안과 소외를 예견한
프란츠 카프카의 대표 단편 4선

### CL 006 1984
조지 오웰 지음 | 배진희 옮김
값 19,800원

가장 정치적이면서도 가장 예술적인 고전
디스토피아적 SF 문학의 원조

### CL 007 인간 실격
다자이 오사무 지음 | 신현선 옮김
값 15,000원

일본 데카당스 문학의 결정체이자
청춘의 자화상과도 같은 작품

### CL 008 도리언 그레이의 초상
오스카 와일드 지음 | 김순배 옮김
값 16,000원

예술 같은 인생을 살다 간
심미주의 문학의 대가 오스카 와일드가 남긴
유일한 장편 소설

### CL 009 월든
헨리 데이비드 소로 지음 | 신재실 옮김
값 22,000원

월든 호수에서 소로가
보고 느낀 것들의 집대성

### CL 013 비곗덩어리
기 드 모파상 지음 | 임희근 옮김
값 16,000원

현대 소설의 아버지,
모파상의 걸작 단편선

### CL 010 코·초상화
니콜라이 바실리예비치 고골 지음 | 이경완 옮김
값 16,000원

고골의 페테르부르크 이야기들
'보이는 웃음 속의 보이지 않는 눈물'

### CL 014 사랑에 관하여
안톤 파블로비치 체호프 지음 | 김현정 옮김
값 16,000원

세계 3대 단편 작가,
체호프의 대표 단편 선집

### CL 011 수레바퀴 아래서
헤르만 헤세 지음 | 박광자 옮김
값 16,000원

흔들리며 성장해 가는 젊은 영혼들을 위하여
헤르만 헤세가 들려주는 자전적 이야기

### CL 015 허클베리 핀의 모험
마크 트웨인 지음 | 노동욱 옮김
값 24,000원

미국의 셰익스피어, 마크 트웨인의 대표작
반드시 읽어야 할 독보적 작품

### CL 012 데미안
헤르만 헤세 지음 | 정현규 옮김
값 16,000원

성장소설의 영원한 고전
헤르만 헤세의 영혼의 자서전

### CL 016 이방인
알베르 카뮈 지음 | 박언주 옮김
값 15,000원

태양 아래에서 발견한 진실,
그 의미를 묻지 않는 자
〈르 몽드〉 선정 세기의 도서 1위

---

**채널로 만나는 클래식 라이브러리 시리즈**

| | |
|---|---|
| 인스타그램 북이십일 | instagram.com/book_twentyone |
| 지인필 | instagram.com/jiinpill21 |
| 아르테 | instagram.com/21_arte |
| 북이십일 홈페이지 | www.book21.com |